ALEXANDRE HALLUNGA
Docteur de la Faculté de Droit de Paris

L'ÉVOLUTION ET LA RÉVISION RÉCENTE

DU

TARIF DOUANIER
EN ROUMANIE

PARIS
LIBRAIRIE DALLOZ
1 9 2 8

DU

TARIF DOUANIER

EN ROUMANIE

OUVRAGES ÉCONOMIQUES DU MÊME AUTEUR :

La protection douanière. Independenta economica, n° 2, 1927, Bucarest.

Les nombres-indices des prix des principaux produits d'importation et d'exportation. Independenta economica, n° 1, 1927, Bucarest (avec la collaboration du D G. Enesco).

La politique conventionnelle de la Roumanie. Argus, n° 4157, Bucarest.

La situation actuelle de la production industrielle. Argus, janvier 1927, Bucarest.

Les conventions commerciales. Import-Export, n° 2, 1927, Bucarest.

L'année douanière 1926. Import-Export, n° 8, 1927, Bucarest.

Le régime du cadenas. Import-Export, n° 12, 1927, Bucarest.

ALEXANDRE HALLUNGA

Docteur de la Faculté de Droit de Paris

L'ÉVOLUTION ET LA RÉVISION RÉCENTE

DU

TARIF DOUANIER

EN ROUMANIE

PARIS

LIBRAIRIE DALLOZ

1 9 2 8

A Monsieur MIHAIL MANOÏLESCO

Ancien Sous-Secrétaire d'Etat des Finances de Roumanie.

En témoignage de gratitude et d'admiration pour sa stimulante activité économique et la force de son exemple.

L'ÉVOLUTION ET LA RÉVISION RÉCENTE DU TARIF DOUANIER EN ROUMANIE

INTRODUCTION

Les événements économiques de l'après-guerre, tels que les changements de structures économiques des Etats, la multiplication du nombre des frontières, la situation des échanges monétaires, et les courants actuels d'opinions internationales ont tiré le problème tarifaire de son vieux cadre d'avant-guerre.

Aujourd'hui, la question du tarif douanier ne se présente plus sous l'aspect classique de la lutte entre le protectionnisme et le libre-échange. En général, aujourd'hui, il paraît être pris comme axiome, au fond du raisonnement de tout législateur, qu'être protectionniste ou libre-échangiste est une simple question d'opportunité, en rapport avec les conditions de développement des différentes branches de la production.

Il est vrai que de nos jours, nous assistons d'une part à des conférences internationales où l'on expose les desiderata des différents Etats et où l'on nous présente le plus grand nombre possible de tendances de suppression des murailles douanières , nous lisons des manifestes des différents groupements économiques dont le plus frappant est le manifeste international des économistes du monde ; tous préconisent le retour au libre échange. L'Amérique même, protectionniste par tradition, s'est prononcée à cette occasion pour le libre échange dans le but de combler le précipice entre les deux continents par l'entrée des marchandises européennes aux Etats-Unis.

Mais d'autre part, dans la majorité des Etats, on prend actuellement des mesures protectionnistes et même prohibitionnistes. Les représentants de ces Etats considèrent qu'un pays ne peut être libre-échangiste que lorsqu'il est devenu la « nation normale » dans le sens donné par Frédéric Liszt. Aux arguments libre-échangistes qui, en substance, destinent toute nation à l'activité pour laquelle elle est suffisamment établie et concluent que les nations qui n'ont pu devenir spécialisées pour la production de certaines marchandises doivent en importer des Etats spécialisés, les protectionnistes répondent par la réouverture de la vieille querelle, avec les mêmes arguments bien connus, envisagés seulement sous de nouvelles formes qui, en dernière analyse, se réduisent aux anciens.

Pour un pays d'une structure économique comme celle de la Roumanie, pays agricole à tendances d'industrialisation, l'argument libre échangiste qui lui dit de ne pas faire de l'industrie, mais de diriger son activité vers « autre chose » reste sans vigueur en face d'une simple question : « quelle autre chose » ? Faire seulement de l'agriculture ? Le rendement du travail d'un ouvrier dans l'agriculture pendant une année est vingt et une fois moindre que celui d'un ouvrier d'usine (1).

Se spécialiser économiquement, mais rester tributaires de l'étranger ? Que l'Etat roumain n'ait pas d'industrie de protection en cas dé guerre ? Que cette nation ne s'enrichisse pas par l'industrie ?

En particulier la Roumanie, pays à monnaie dépréciée et pour l'amélioration économique duquel une bonne balance économique peut au premier chef avoir une influence favorable, doit-elle prendre des mesures pour empêcher l'importation ?

Le tarif douanier doit tenir compte de toutes ces questions.

Dans notre étude, nous allons rechercher tout d'abord quel est le stade où se trouve actuellement le problème du tarif douanier en Roumanie. Nous allons voir quelle est l'œuvre du passé, pour l'élaboration de ce tarif et quel a été l'esprit dans

---

1. V. le calcul fait par M. Mihail Manoïlesco, dans *La Statistique Industrielle*, « Buletinul industriei », Bucarest, 1921, Le Ministère de l'Industrie et du Commerce.

lequel elle a été travaillée pour rechercher dans quelle mesure s'impose un travail de continuité ou bien une rupture avec le passé. C'est pourquoi nous chercherons tout d'abord à éclairer l'historique du tarif douanier en Roumanie (1).

Mais indépendamment de la politique que la Roumanie voudrait suivre, elle serait parfois forcée de ne pas tenir compte seulement des tendances intérieures, à cause de la conjoncture internationale. Dans l'hypothèse où la Roumanie établirait un tarif douanier libre-échangiste, pendant que la majorité des Etats seraient protectionnistes et auraient tendance à accaparer les marchés étrangers pour la production ou la surproduction de leurs marchandises d'exportation, il est facile de comprendre que les marchés roumains seraient envahis par les produits étrangers, qui arrivant en grande quantité et se faisant même concurrence en Roumanie rendraient défavorable la balance commerciale de ce pays, **en** contribuant ainsi à l'avarie monétaire et de là au déséquilibre total de l'économie nationale. Pour voir si cette hypothèse se confond avec le cas de la Roumanie, nous allons étudier la politique douanière

---

1. Nous n'avons trouvé aucun ouvrage comprenant toutes les révisions douanières et *les raisons* de ces révisions. Même dans les Archives de la Direction des tarifs douaniers auprès du Ministère des Finances roumain, on ne trouve presque rien des documents modificateurs du tarif ni même les exposés des motifs ou les rapports respectifs. C'est pourquoi, nous avons été obligé de suivre pendant longtemps la suite des publications du *Moniteur Officiel*, d'en extraire les données intéressantes, et d'utiliser même des souvenirs, que nous n'avons pu contrôler qu'avec beaucoup de peine.

des différents Etats étrangers en insistant spécialement sur les conclusions qui ressortent de l'étude
de la politique des Etats ayant une structure économique similaire à celle de la Roumanie. L'étude de
ce chapitre peut être non seulement une indication
du courant d'opinion internationale d'après guerre,
mais aussi une occasion de suggestions pour le tarif
roumain (1).

Par cette façon d'aborder le problème, on voit que
nous n'entendons pas répéter la vieille question :
« Protectionnisme ou libre-échange ? », pour l'ensemble du tarif. *Pour nous, la question devient* :
« Qu'y a-t-il d'opportun actuellement ? Le libre-
échange ou le protectionnisme ? *Pour quels articles
le libre échange est-il opportun ? Pour lesquels le
protectionnisme l'est-il ?*

Pour donner la documentation nécessaire à cette
étude, nous allons montrer la situation actuelle de
la protection en Roumanie et ses tendances d'évolution. On pourra ainsi voir si l'industrie de la Roumanie est sans base et stagnante ou bien si sa marche
doit inciter l'Etat roumain à l'appuyer et à faire
même des sacrifices pour elle.

L'étude plus détaillée de la réforme de 1927, y
compris celle des besoins qui ont conduit à cette
réforme, mettra en discussion plusieurs problèmes
de pratique tarifaire.

---

1. D'ailleurs, nous croyons également que notre ouvrage comprenant les considérations que nous faisons sur la politique douanière
de la Roumanie, pourrait être suggestif pour n'importe quel pays
de situation semblable.

A la fin, pour montrer comment doit être établi un tarif douanier en tenant compte de tous les éléments du problème ainsi que les révèlent le passé et les besoins sentis dernièrement en Roumanie et dans les autres pays, comme aussi pour voir si la dernière réforme douanière roumaine par ses idées directrices correspond à une bonne politique tarifaire, nous étudierons théoriquement certaines questions de politique commerciale qui peuvent se poser pour n'importe quel Etat dans son évolution. A cette occasion, le chapitre de politique commerciale que nous allons esquisser, traitera également de la façon dont on peut résoudre ce problème lorsque l'Etat évolue vers des conditions économiques avancées.

En résumé, notre étude comprend cinq parties :

Dans la première partie, nous nous occupons de la politique douanière de la Roumanie. Nous faisons un historique du tarif douanier dans les pays roumains des temps les plus éloignés jusqu'à nos jours. Dans cet historique, nous avons cherché à laisser de côté autant que possible, tous les éléments d'appréciation politique qui apparaissaient dans certains documents officiels que nous avons recherchés, et nous avons présenté à part nos observations révélées par les tarifs étudiés. Dans la partie historique est compris également le régime douanier d'exportation et celui des conventions commerciales. Dans la même partie, nous dressons un bilan du régime institué en 1924 pour mettre en évidence de quelle façon le

dernier tarif a influé sur l'économie nationale. Et
dans le dernier chapitre de cette partie, nous répon-
dons à la question de savoir si la Roumanie a ou non
une politique douanière traditionnelle.

Dans la seconde partie, nous étudions l'évolution de la politique douanière contemporaine des
principaux Etats d'Europe et des Etats-Unis d'Amérique.

Dans la troisième partie, nous montrons sur les
dernières statistiques la situation exacte de l'industrie roumaine.

Dans la quatrième partie, nous nous occupons
de la révision douanière au mois d'avril 1927.

Enfin dans la cinquième partie, nous exposons
les principes généraux des législateurs des tarifs
douaniers. Nous basant sur ces recherches, nous
pourrons par la suite apprécier si les idées conduc-
trices dans la dernière revision douanière en Roumanie correspondent ou non aux exigences d'une bonne
organisation tarifaire.

Nous voulons par cette étude faire d'une part un
essai en vue de montrer que le grand nombre de
modifications tarifaires ne sont pas les résultantes
de la mise en application d'une doctrine raisonnée,
mais qu'au contraire les faits ont créé dans notre
matière une doctrine nouvelle, vu l'insuffisance
manifeste des conceptions précédemment admises :
c'est ainsi que se sont élaborées des réformes, sous
la pression plus ou moins directe des circonstances.

D'autre part, nous nous efforçons de faire voir, derrière l'apparente incoordination des mesures, une harmonie dans la ligne de conduite suivie, qui montre à l'avenir la voie d'une politique rationnelle de continuité.

Nous espérons enfin provoquer de nouvelles recherches et des mises au point, utiles par leur valeur pratique.

PREMIÈRE PARTIE

LA POLITIQUE DOUANIÈRE
DE LA ROUMANIE JUSQU'EN 1927

CHAPITRE PREMIER

HISTORIQUE DE LA POLITIQUE DOUANIÈRE EN ROUMANIE. HISTORIQUE DES RÉGIMES DOUANIERS. PRINCIPES.

SECTION I

LA PÉRIODE HISTORIQUE

L'organisation de la Roumanie avant le Règlement organique (1831). — Les taxes douanières établies par les Romains dans les pays actuellement habités par les Roumains. — Indices d'organisation douanière au XVe siècle. — Exemples de clauses tarifaires des traités des XVe et XVIe siècles. — Caractères politiques de ces tarifs. — Systèmes de perception. — Revenu des douanes au XVIIIe siècle. — Les droits spécifiques en 1733. — Les droits *ad valorem* en 1873. — Divers traités tarifaires au XVIIIe siècle. — Conflits d'intérêts entre les seigneurs. — Le protectionnisme russe au XIXe siècle et son influence sur les Principautés roumaines.

Les douanes après le règlement organique. — La suppression des douanes intérieures. — Le traité de Paris de 1856. — Les rapides progrès des principautés roumaines. La loi de 1860, tendant à la protection de l'industrie nationale. Ses traits principaux. — Ses bases pastorale et agricole. — Modifications des années suivantes. — Taxes spécifiques en 1864. — Tendance à éviter une « fiscalité imprévoyante » en 1866. — L'abaissement continu des droits à l'importation. — La loi générale des douanes de 1874. — Le *tarif de 1875*, établi d'après

le modèle des tarifs français et belge. — *Les modifica-*
tions de 1876 et les notes en marge des articles. — *La*
convention commerciale de 1876. — *Deux grandes modi-*
fications en 1885. — *La liste des industries roumaines*
à protéger dès 1886. — **Autres modifications.** — **Le**
« tarif unique » de 1891. — **Conventions tarifaires.** —
Changement de 1900.

Il est audacieux de chercher à suivre des principes de politique douanière dans les Principautés
roumaines, avant le Règlement Organique (1831 en
Valachie et 1832 en Moldavie). Il est suffisant d'exa
miner l'organisation des Principautés d'alors, avec
les douanes intérieures des villes, foires et marchés,
entre les villages et quelquefois même entre différentes propriétés ; de repasser le nombre de points
douaniers que l'on trouvait à chaque pas, alors que
la douane était l'un des rares moyens d'imposition ;
de rappeler que les boyards et les princes régnants
savaient que les produits de la douane entraient
directement dans leurs poches, en ces temps de
crise de capital liquide ; nous comprendrons alors
que la politique douanière ne pouvait avoir comme
« principes » que la multiplication des accises
douanes intérieures) qui étaient un moyen efficace
d'enrichissement pour les douaniers.

C'est pour cette raison que nous n'avons pas trouvé
intéressant de nous occuper en détail de la situation
du régime douanier avant 1831.

Nous montrerons seulement d'une manière très
succincte quels sont les actes et les dispositions
douanières dans les pays actuellement habités par

les Roumains en remontant au temps de la Dacie Trajane.

Les taxes douanières, établies par les Romains immédia·tement après avoir conquis la Dacie, ne visaient sûrement à protéger ni l'agriculture, ni l'industrie, ni le commerce. Elles avaient simplement la mission de remplir l'*aerarium*, trésorerie publique.

On sait ainsi que l'on percevait le *portorium* c'est-à-dire une taxe sur les marchandises qui passaient la frontière de l'empire.

Il n'y avait pas d'administration douanière spéciale pour la Dacie, les Romains imposant la même norme à toute l'Illyrie conquise, c'est-à-dire aux provinces de Mœsie, Dalmatie, Boétie et Dacie tout ensemble. Les douanes étaient données en exploitation à des particuliers et à des sociétés.

Cet état de choses dure jusqu'à l'époque de l'invasion des Barbares. Aurélien avait alors retiré de la Dacie de Trajan les légions romaines et le personnel officiel.

Ainsi dans les pays de la Dacie, au temps de ces invasions, l'administration établie entre les années 106 et 274 cesse d'exister.

Mais après l'année 274, jusqu'au xv⁰ siècle, les fuites, les retraites et les retours continuels des populations, selon que le pays était ou non envahi par les hordes barbares, expliquent l'absence complète de documents révélateurs de toute espèce de continuité dans les institutions douanières des anciens pays de la Roumanie actuelle.

C'est au xvᵉ siècle à peine que nous pouvons y découvrir des indices d'organisation douanière.

En effet, dans les chroniques roumaines (*Archives historique de la Roumanie*, Hasdeu, t. I, 1ʳᵉ partie), on constate que, dès 1408, Mircea Voevod, Prince régnant en Valachie, signe avec Vladislav, Roi de Hongrie, un traité de commerce. Par ce traité, il était convenu entre autres que les commerçants hongrois devaient payer une taxe douanière à leur arrivée à Targoviste, qui était alors la capitale de la Valachie. On ne nous parle pas d'autres postes douaniers ni de la quotité des taxes de paiement. Les indications de cette époque sont trop sommaires pour faire comprendre l'influence du régime que nous étudions, sur la situation d'alors.

Nous savons que certaines douanes étaient données en fermage par les Princes régnants, que d'autres étaient établies par les *propriétaires* sur leurs propriétés, mais soumises au Prince régnant. Et ce prince pouvait disposer, — comme cela arrive dans le traité dont nous parlons, — que certains commerçants, dans ce cas les Hongrois, pussent exporter leurs marchandises sans taxe douanière. Plus encore, le Prince pouvait disposer de la douane à son gré comme un véritable propriétaire, ce qui arrive à la douane Gemma (à l'entrée de l'Olt, en Valachie), qui était cédée par le Prince Mircea au Monastère Cozia.

En Valachie, le 10 novembre 1424, Dan Voevod signe un traité avec la Hongrie, par lequel il accorde un « *nouveau tarif* moins élevé à la ville de Brashov » (Bogdan, *Les relations de la Principauté de Valachie avec la ville de Brashov*. Bucarest, 1905).

Le tarif est rédigé en latin et en slavon, et comprend, très clairement indiquées, les taxes douanières sur une longue série d'articles.

En Moldavie, en 1443, Ilie Vodà signe un traité de commerce avec la Transylvanie, traité dans lequel sont fixées quelques taxes. Par exemple, on payait 12 dinars pour un cheval, 2 dinars pour un bœuf, etc...

Une série d'autres traités ultérieurs ne spécifient pas les taxes douanières. Ils nous disent par exemple : (V. le traité de commerce signé entre Stéphane le Jeune, Prince régnant de Moldavie, et Sigismond, Roi de Hongrie. Les

Archives du Royaume, Nr. 22 f. 284). « Les commerçants hongrois sont libres de faire des achats dans la principauté de Moldavie, mais ils doivent payer les taxes douanières *anciennes* et *habituelles*. » Ou bien : « Les commerçants devront payer les taxes douanières *connues* » ; ou encore : « les taxes seront payées d'après le tarif établi (1). »

Pas un de ces traités ne nous donne de détails. On ne sait si les paiements se font en argent ou en nature. On ne sait comment était arrangée la douane à cette époque. On ne sait s'il y avait une direction générale.

M. Iordàchescou dans l'ouvrage cité nous donne encore quelques données :

Ainsi il nous est dit qu'il a été élaboré un tarif en 1552 sous le règne de Mircea Ciobanul, tarif qui s'applique à la douane de Tournou-Rochou sur toute marchandise exportée en Transylvanie. Les taxes sont perçues en nature et en argent.

Vers la fin du xvi⁰ siècle, en plus des traités de commerce examinés, les Princes régnants roumains signèrent divers accords commerciaux avec les Etats voisins ; en vertu de semblables accords, les perles, les montres d'or et autres marchandises de cette sorte, importées d'Autriche, ne payaient qu'une taxe minime de 1 %. En tous cas, les Princes régnants s'enrichissaient à l'aide des douanes, qui étaient une source sérieuse de revenus, des taxes d'exportation et des accises établies dans quelques villes ou bourgades privilégiées.

Souvent, la perception des taxes aux douanes de la frontière obligeait les Princes régnants à prendre certaines attitudes qui parfois revêtissaient un caractère politique. Ainsi, les pasteurs de Transylvanie qui, d'après une ancienne tradition, amenaient leurs troupeaux au pâturage dans les

----

1. Iordàchescou, *L'Evolution de la Politique douanière de la Roumanie*. Paris, 1924.

principautés, devaient payer une taxe d'entrée, et s'entendre, en dehors de cela, avec les propriétaires de la terre sur laquelle ils s'établissaient. La question des pasteurs transylvains a été la cause de nombreux conflits suivis d'accords entre l'Autriche et les Principautés.

Le tarif douanier fonctionnait à cette époque, d'après un système tout différent de celui de nos jours Ainsi, pour les Saxons de Transylvanie, les habitants se contentaient de fixer la somme qui revenait au Prince pour chaque article de commerce, comme le drap, la toile, les bestiaux, le poisson, les marchandises spéciales de l'Orient, la laine, le suif, la cire, les fourrures, les peaux. Cette somme était fixée en gros polonais, ou en florins et dinars pour tous les produits ci-dessus, excepté le poisson pour lequel on percevait une douane en nature (v. traité de M. Iorga, *Le négoce et les métiers dans les Principautés roumaines d'autrefois*. Bucarest, 1905. édit. Minerva). Les boyards ne payaient pas la douane.

Vlad Càlugàrul, Prince régnant en Valachie, par une ordonnance du 15 novembre 1482, adressée aux douanes, permet aux habitants de la ville de Brashov, qui achetaient du poisson en Valachie, de payer les taxes « d'après les anciennes coutumes ».

En Valachie, il existait encore une disposition intéressante : les marchandises importées pour être vendues payaient seulement la moitié des taxes douanières à leur entrée, l'autre moitié étant perçue comme taxe sur les ventes, au moment de la livraison.

On percevait les taxes douanières dans l'intérieur de chaque Principauté, à l'occasion des foires, à l'exception d'un certain nombre de villages, situés dans l'entourage des lieux forains, qui en étaient dispensés.

. . . .

L'insuffisance des publications officielles ne nous permet pas de rechercher si, au cours du siècle suivant, il y a des

indices de politique. douanière consciente, relatifs au tarif
et à son fonctionnement.

C'est seulement le 1ᵉʳ janvier 1691 qu'a été fixé un nouveau
tarif douanier. A cette époque on faisait beaucoup de commerce avec la Turquie, la Perse, Venise, etc. Sur 125 kilogrammes de toutes marchandises qui arrivaient d'Andrinople
en Valachie, on percevait 250 bani (sous), de Brousse,
166 bani, d'Agen (Perse), 166 bani, de Venise, 333 bani, pour
le poivre 333 bani, le safran 1.000 bani, etc. (v. Metes,
*Relations commerciales entre la Valachie et la Transylva-
nie.* Sighisoara, 1921).

Un autre tarif a été élaboré et appliqué le 30 février 1705.
Les bases de celui-ci étaient les mêmes que celles du précédent ; mais il avait souffert une majoration de taxes.

Vers 1716, les taxes douanières en Moldavie donnaient un
revenu de 30.000 thalers par an, environ 37.000 lei anciens
(v. D. Cantemir, *Descriptio antiqui et hodierni status Mol-
davia*, 1716).

Un peu plus tard, en 1733, Grégoire Ghica Voïvode, avait
introduit un changement dans les taxes douanières.

Les taxes *ad valorem* furent remplacées par des taxes spécifiques qui contribuèrent beaucoup à l'augmentation du
revenu fiscal. Les Principautés donnèrent une puissante
extension à l'élevage des bestiaux, tandis que l'exportation
en Autriche-Hongrie et en Turquie augmenta de telle sorte
que les taxes douanières atteignirent en 1767 la somme de
115.000 lei anciens.

Revenant sur le tarif douanier, nous trouvons dans le
traité russo-turc, signé à Constantinople, le 10 juin 1783, et
auquel les Principautés étaient soumises dans leurs rapports
commerciaux avec les Etats voisins, que les marchandises
payaient, à leur entrée en Turquie, un droit fixe de 3 %.

L'article 19 du traité de 1783, dont le texte vise les taxes
douanières, le fixe à 3 % sur les marchandises qui passaient
par les territoires de la Sublime Porte et des Principautés.

Quelle que soit la provenance de ces marchandises, on ne payait qu'une fois les droits.Spécialement dans les provinces de Moldavie, Valachie,les douaniers et autres fonctionnaires ne devaient pas obliger les commerçants russes, qui passaient par ces endroits, à payer des droits de transit aux dénominations inventées par eux. Mais, pour les marchandises que lesdits commerçants vont apporter des Etats russes ou des autres puissances dans les susdites provinces et dans les autres districts de la Sublime Porte, ils ne paieront qu'une douane de 3 % et une seule fois, au lieu dans lequel viendront lesdites marchandises ; de même, pour les marchandises qui seront exportées par les susdites provinces et autres districts de la Sublime Porte ils ne payeront qu'une seule fois 3 % au lieu où ils achèteront lesdites marchandises (v. de Martens, II, t. III, p. 625).

Quand ces taxes étaient perçues à la douane roumaine, elles revenaient au fisc roumain. Cette clause était donc favorable aux Principautés. Mais les taxes *ad valorem* donnaient lieu à de nombreuses contrebandes. « En général, il y avait fraude à cet égard, soit qu'il y eut entente ¡avec les douaniers qui s'y prêtaient facilement, soit que l'on cachât ce qui s'introduisait dans le pays, chose aussi facile » (v. Colson Félix, *De l'Etat présent et de l'avenir des Principautés de la Moldavie et de la Valachie*. Paris, 1839).

Peu de temps après cela, l'Autriche obtient par une convention signée le 24 février 1784 avec la Sublime Porte des avantages considérables au détriment de la Valachie et de la Moldavie, comme la suppression des droits de douane de transit qui revenaient auparavant aux Principautés, en faveur d'une seule douane, celle de Constantinople.

La même année le Prince régnant de Moldavie, Alexandre, par une ordonnance du 9 mars, offre aux commerçants autrichiens un tarif douanier très favorable, ne tenant aucun compte de la convention ci-dessus.

On suppose qu'Alexandre Vodà a établi les douanes en

Moldavie le long des frontières. En Valachie, on connaît à cette époque la douane Calafat sur le Danube. Toutefois il y avait en même temps une puissante organisation de douanes intérieures. Ainsi il y avait une ligne douanière le long de l'Olt enclavée dans la Valachie.

Les douanes intérieures étaient de cette manière un privilège pour le Prince régnant et en même temps une entrave remarquable pour le commerce intérieur.

De plus, les douanes intérieures, par leurs nombreuses divisions, déchaînèrent différents conflits d'intérêts, conflits fortement alimentés, au demeurant, par des ambitions personnelles qui furent très défavorables au développement économique, puisque chaque domaine, chaque ville, chaque village ne pouvait satisfaire ses exigences économiques. La circulation des produits s'arrêtait à leur frontière, si l'on ne voulait pas passer par-dessus le cercle douanier. Ainsi le territoire de la Valachie et de la Moldavie était morcelé en un grand nombre de domaines féodaux. Il y avait une multitude de frontières et par la suite beaucoup de points de contact et de pénétration réciproque.

Assurément tous les seigneurs combattaient souvent entre eux. Là se bornait leur rôle négatif; mais par-dessus les luttes il y avait la liaison féodale commune qui faisait de l'union de ces grands seigneurs propriétaires un véritable trust économique, comme on dirait aujourd'hui. Ils étaient liés par des intérêts communs qui se manifestèrent plusieurs fois pour réprimer d'une manière inexorable les révoltes des paysans.

Les grands boyards étaient dispensés de toute charge envers l'Etat, et eux seuls avaient accès aux hautes fonctions. Il n'y en avait que 75 en Valachie, environ 300 en Moldavie, qui, tous se jugeant égaux, aspirant au trône, étaient en perpétuelle opposition avec d'autres, choisis par la Porte pour être nommés « Administrateurs », parvenus aux fonctions par la porte dérobée, toujours ravisseurs, serviles

Al. Hallunga   2

envers tous les puissants, durs avec les faibles qu'ils spoliaient sans honte. Et sur la dernière marche sociale il y avait le paysan pauvre, attaché à la glèbe comme une véritable bête de somme, exploité par le propriétaire ou par le fermier, écrasé par les impôts, décimé par les fièvres paludéennes, le choléra et la peste, se nourrissant de misère avec un peu de soupe de millet ou de la bouillie de farine de maïs.

Dans les villes, les petits industriels, tanneurs, menuisiers, bouchers, fourreurs, tonneliers, — roumains, hongrois, serbes et bulgares s'étaient constitués en corporations. Pour ce qui est du commerce, il était surtout entre les mains des grecs, des arméniens et des juifs. (v. Damé, « Histoire des Roumains », Paris, 1900).

Ceci est le tableau exact de l'état lamentable dans lequel se trouvait le peuple roumain à l'époque phanariote. Aussi peut-on très bien comprendre que la formation des douanes intérieures a été déterminée par le développement des conditions sociales intérieures en corrélation avec les influences extérieures de même nature.

Les Principautés roumaines souffraient de l'influence prépondérante du milieu économique qui se préparait en Europe — C'est pourquoi, en mars 1821, quand la Russie élabora un système douanier, inspiré par la doctrine de Colbert, en vue du développement industriel et de la protection agraire, les Principautés roumaines allaient s'en ressentir. Inaugurant son nouveau régime économique, la Russie cherche à surveiller avec attention ses progrès en Orient.

Sous prétexte de protéger la cause chrétienne et de faire régner l'ordre, elle occupe les Principautés en 1828 et charge le général Kiseleff d'élaborer un « Règlement organique ».

Après de longs et pénibles travaux ce dernier applique en 1831 le premier règlement administratif qui devait ramener l'ordre troublé par de nombreux conflits éclatant entre les princes régnants.

Ainsi le premier essai de législation douanière apparaît dans le Règlement organique de 1831.

1831-32. — En 1831-32, avec le Règlement Organique, les principes économiques devaient avoir en vue la phase dans laquelle se trouvait l'économie nationale. La Roumanie était encore à la première marche de son évolution économique : au pâturage. Le Règlement Organique prend en considération que la base de résistance de l'économie nationale est l'exportation des bestiaux, et il établit les taxes d'exportation sur les bestiaux. C'est tout. En ce qui concerne l'*importation*, personne ne s'en occupe. On ne se préoccupe pas des possibilités des Principautés ; aucune prévoyance sur la phase économique qui devait suivre ; aucune norme de stimulation de l'activité nationale.

Même si les principes fondamentaux du Règlement de 1831 avaient été merveilleux, leur application n'aurait pas réussi.

Avec l'organisation administrative d'alors, les moyens de contrôle inefficaces et le manque de voies de communication, on ne pouvait s'attendre à la mise en pratique de ces principes. Toutefois il faut retenir qu'en 1832 furent prises quelques décisions intéressantes.

Le Règlement Organique supprime pour la première fois en Roumanie les douanes intérieures.

La taxe des douanes extérieures passait au profit de l'Etat. — On ouvrait les portes du Danube aux pavillons de toutes les nations. Ainsi posait-on les bases de la liberté du commerce ; le transit était laissé libre.

1832. — Après 1832 le régime douanier institué est appliqué sans aucune considération de principe économique. On encaissait à l'importation, d'après les règles des douanes turques, les taxes sur la valeur. Leur but était purement fiscal.

1856. — Par le traité de Paris, en 1856, sont fixées les dispositions relatives à la liberté du transit ; ce fait est mis suffisamment en évidence par les pas rapides des progrès économiques roumains.

1859. — Toutes ces circonstances font naître, en 1859, au moment où pénètrent les idées d'union politique, l'idée d'union économique. On institue une Commission centrale à Focshani, limite des Principautés. Cette commission établit un projet où les douanes sont administrées par l'Etat.

La taxe était de 5 % sur la valeur des objets, aussi bien importés qu'exportés.

1860. — C'est la première loi dans le domaine des tarifs douaniers roumains, loi qui a des tendances à la protection industrielle.

Quelles que soient les critiques qui lui ont été faites, et indépendamment de sa valeur pratique, on ne peut nier que c'est la première loi douanière qui ait en Roumanie des préoccupations économiques décidées.

Ce tarif a deux traits principaux :

Il est l'occasion d'un redressement économique et en même temps il considère de façon assez sensible le second grand rôle joué par un tarif douanier dans un pays d'une structure économique comme celle des Principautés roumaines, c'est-à-dire celui de ressource fiscale.

1° Le tarif tendait en effet à *favoriser l'industrie*. On dispensait de taxe d'*importation* les machines et les ustensiles pour les fabriques roumaines, ainsi que le charbon de terre.

Etaient dispensés de taxe à l'*exportation* le papier, la stéarine, le charbon de terre.

On a dit que ces dispenses étaient complètement inutiles, les machines n'étant pas importées, puisque le manque de voies de communications d'alors augmentait les frais de transport de 15 % de leur valeur, ce qui renchérissait énormément les produits de fabrication indigène ; qu'il y avait d'autant moins besoin de charbon de terre que le bois était bon marché et que l'on pouvait avoir suffisamment de charbon de bois.

De même, ce semble un non-sens que de dispenser de taxe l'exportation du papier, de la stéarine et du charbon de terre, ces produits n'existant pas alors en Roumanie.

Enfin, si nous laissons à part les critiques apportées par les politiciens et si nous voulons regarder le passé sans parti pris, nous devons reconnaître que, justement parce qu'il y avait de grands frais de transport pour les machines, la dispense de la taxe douanière encourageait leur introduction dans le pays ; que la dispense de la taxe d'importation pour le charbon de terre représente une mesure autant de protectionnisme que de libre-échange, puisqu'elle laisse une liberté entière pour l'importation et l'exportation du charbon de terre. Quant à la dispense de taxe à l'exportation du papier et de la stéarine, elle représente une première forme de protection industrielle, et annonce qu'il sera accordé des dispenses de taxe douanière au moment où les différentes industries seront en état d'exporter.

2° Ce même tarif favorisait en général l'*économie nationale*. Par lui, ainsi que dans quelques dispositions douanières antérieures, était mise en évidence la structure économique du pays, à cette époque. Le pays avait la possibilité de s'industrialiser ; mais la base de son économie était toute pastorale. L'une des dispositions de ce tarif nous montre que le législateur voulait que les pasteurs de l'Ardéal continuassent à venir faire paître leurs troupeaux dans les Principautés. Dans ce but on avait dispensé de taxe à l'exportation les produits des troupeaux (fromage, laine), venus de Transylvanie, alors que les produits des troupeaux indigènes étaient imposés à l'exportation.

3° Enfin, non seulement *le but fiscal* n'était pas négligé mais encore il était fort en vue. On percevait 5% de la valeur tant à l'importation qu'à l'exportation ; il n'était fait aucune différence entre l'importation et l'exportation ni aucune faveur à cette dernière ; même en admettant qu'il était utile pour les Principautés de ne pas exporter d'autres produits que ceux qui étaient dispensés de la taxe d'exportation, on peut critiquer l'égalité entre les taxes d'importation et celles d'exportation.

Et cela d'autant plus qu'à l'exportation on appliquait la taxe de 5 % sur les prix augmentés de la taxe de transport jusqu'à la frontière, tandis qu'à l'importation on considérait les prix de facture sans cette augmentation.

1862. — Deux ans plus tard, en 1862, on observe la partie défectueuse de cette conception. Cette année-là, une loi laisse libre l'exportation des bestiaux et des produits bruts ou fabriqués. Ainsi l'on tend à l'accroissement de l'exportation et à l'extension du travail national.

1864. — Cependant, en 1864, on rétablit la taxe de 5 % sur la valeur à l'exportation. A peine avait-on introduit ce régime que, sans lui laisser le temps d'en montrer les fruits, on passait à de profondes modifications.

La même année on crée une Commission ayant pour but d'instituer un nouveau régime douanier. Celui-ci remplace les taxes d'après la valeur par des taxes fixes. Et cela pour 404 articles.

Cette même Commission fait encore une longue énumération de dispenses de taxes à l'exportation pour un certain nombre de produits qui étaient en majorité des articles d'importation ne faisant pas partie de l'exportation roumaine.

En 1865, on réduit la cote de 5 % à 4 % pour l'exportation, les taxes restant cependant fixes, au contraire des taxes d'importation qui étaient perçues d'après leur valeur.

Inutile d'insister sur les effets anti-économiques provenant de cette bizarre différence entre la taxation pour l'importation et la taxation pour l'exportation.

1866. — En 1866 (11 février) le gouvernement fait une proposition fort louable. Il veut instituer un régime douanier, ayant en vue non seulement les intérêts du trésor mais encore les besoins du commerce du pays. Il fallait cependant éviter une « fiscalité imprévoyante ». On voulait en même temps supprimer la taxation sur la valeur et la remplacer par une taxe sur le poids, la mesure ou le nombre.

On voit comme résultat des conceptions de ce gouvernement, dans la loi de cette même année, la préoccupation de la facilité de l'exportation et de la restriction de l'importation. La taxe d'importation augmente de 5 % à 7 1/2 % et celle de l'exportation descend de 4 % à 3 %.

1867. — Dans la même voie, en l'année 1867, on abaisse la taxe d'exportation à 2 %.

1868. — Puis en 1868 cette même taxe descend jusqu'à 1 %.

1874. — En 1874 on voit, enfin, un grand progrès vers la réalisation des desiderata exposés en 1866. Cette année-là on sanctionne la *loi générale des douanes*, qui prévoit l'arrangement d'un tarif par lequel *les taxes douanières seront fixées d'après le poids, la mesure ou le nombre des produits*, et non d'après la *valeur*, comme jusqu'à présent. On prévoyait encore l'institution d'une commission de 16 membres pour la création de ce tarif.

1875. — Mais les travaux traînèrent. A cause de ce retard en 1875, on remplace la commission de 16 membres par une autre de 3. Ainsi, *l'on arriva en 1875 à un tarif douanier autonome d'importation*. Il avait eu pour modèle les tarifs français et belge ; il était assez bien présenté, même comparativement aux tarifs de tous les pays à cette époque.

Les tendances en étaient visiblement *protectionnistes*. On imposait par de grandes taxes d'importation les peaux tannées, les planches, la farine, les draps, les confections, le papier, les objets ordinaires de bois et de métal, la charronnerie, la pelleterie, les fourrures et d'autres encore.

Cependant ce tarif, indice de la nécessité du relèvement économique roumain, ne fut pas mis en application, à la date prévue.

1876. — En 1876, il était modifié à cause de la

pression exercée par les commerçants étrangers et roumains, qui avaient intérêt à ce que le pays restât le consommateur des produits étrangers.

Toutefois, la modification fut insensible, puisque le tarif resta établi sur les mêmes bases protectrices. Ce tarif du 16 novembre 1876, bien que n'ayant pas été appliqué dès le commencement, présente un intérêt particulier pour les recherches du tarif roumain ; si l'on considère les observations et les explications données dans la marge de la page sur chaque article, il ressort avec précision que pour beaucoup de produits le tarif, selon l'intention des auteurs du texte, est resté le même jusqu'à ce jour. Par ses notes explicatives, c'est un précurseur du dictionnaire douanier établi en 1926 par l'Office des études du Sous-Secrétariat d'Etat du Ministère des Finances.

1876. — Mais l'efficacité de ce tarif a été fort affaiblie par la convention commerciale signée, toujours en 1876, avec l'Autriche-Hongrie. Par cette convention une grande partie des avantages économiques qui résultaient pour la Roumanie de l'application de ce tarif autonome ont été perdus sans retour. L'industrie roumaine, stimulée par ce tarif autonome, était étouffée par la concurrence étrangère, réduite par le tarif conventionnel avec l'Autriche-Hongrie ; par sa situation géographique à la frontière ouest de la Roumanie, l'Autriche-Hongrie devenait le pays qui canalisait le passage des produits étrangers concurrents.

La convention prévoit les avantages suivants pour l'Autriche-Hongrie.

1° Une bonne partie des marchandises austro-hongroises était dispensée de taxe à son entrée en Roumanie. Ainsi entraient en franchise la farine et les planches.

2° Etaient *fort peu taxées* les peaux tannées et les chaussures.

Les taxes n'étaient pas fixées d'après la valeur mais c'étaient des taxes spécifiques sur le poids, la mesure et le nombre. Cependant leur rendement était réduit à 3 ou 5 %, alors qu'il était de 7 % dans le tarif autonome.

3° Les marchandises qui n'étaient pas expressément stipulées, étaient taxées à 7 % de leur valeur. Cette disposition constitue une réduction générale de 0,50 % par rapport aux tarifs précédents qui étaient de 7 1/2 %.

4° Dans ces 7 % devaient entrer toutes les taxes additionnelles. C'était un motif pour d'autres diminutions en faveur de l'Autriche-Hongrie.

En échange des avantages qu'elle procurait à l'Autriche-Hongrie, la Roumanie obtenait deux grands droits.

1° Les bestiaux et les grains roumains étaient privilégiés à leur entrée en Hongrie. Les bestiaux entraient presque librement, la taxe établie sur eux étant fort réduite ; quant aux grains, ils étaient complètement dispensés de droits à l'importation. Cet avantage a été nié par quelques-uns ; la Convention

autorisait l'entrée libre des bestiaux, alors que réel-
lement l'Autriche-Hongrie, en leur fermant les frontières, a essayé de ravir à la Roumanie cette liberté.
On dit qu'une seule bête à cornes (photographiée
par Kogalniceanu !) serait entrée en Autriche-Hongrie.

2º Certains articles austro-hongrois, comme le
sucre, les bougies et le papier, dont la production
devait être protégée en Roumanie, étaient taxés
jusqu'à environ 40 %.

Cependant. malgré cette apparence d'avantages
bilatéraux, on constate que l'importation avait monté
de 40 millions en 1875 à 179 millions en 1877. L'exportation avait diminué sensiblement; la monnaie
d'or avait disparu complètement du pays et on ne
trouvait plus que peu d'argent.

Ceci a eu pour résultat qu'Emile Costinesco
et d'autres historiens du tarif douanier n'ont vu
dans cette convention qu'un « désastre économique » une convention néfaste » plus mauvaise que
sous le régime turc, « funeste pour le travail national », « triste page du régime économique », « avec
prévisions et évaluations fantaisistes » et « avec
des excédents imaginaires ».

De toute façon les critiques qui lui ont été adres-
sées et qui affirmaient que la liberté de l'entrée des
bestiaux en Autriche-Hongrie était de fait inexis-
tante, diminuent la valeur d'autres critiques faites
par ces mêmes historiens, puisqu'il a été constaté que les bestiaux sont entrés en nombre

considérable en Hongrie jusqu'en 1882, date à laquelle l'Autriche-Hongrie ferme sa frontière à la Roumanie. Et le célèbre « bœuf unique », photographié par Kogalniceanu, qui serait entré en Autriche-Hongrie, n'y est entré qu'après 1882 ; Kogalniceanu eut été bien fatigué s'il avait photographié les nombreux bœufs et porcs passés de l'autre côté de la frontière pendant six ans, avant 1882. La statistique de l'exportation en Autriche Hongrie nous montre qu'en une seule année, en 1879, il est entré en Roumanie 15 millions 1/2 lei d'or pour le paiement des bestiaux, grands ou petits, exportés en Autriche-Hongrie (1).

D'autre part, le remplacement dans cette convention des taxes sur la valeur par les taxes spécifiques sur le poids avait une grande importance. Par cette convention, c'est la première fois que l'on *appliquait* les taxes sur le poids, la mesure ou le nombre. A ce point de vue il n'y avait pour le pays aucune perte. De fait, les taxes sur la valeur, si grandes qu'elles eussent été, produisaient moins que les taxes spécifiques ; car à la taxation des valeurs, les commerçants déclaraient presque toujours la moitié de la valeur des marchandises.

N'importe quel calcul, si simple fût-il, menait à la conclusion que le trésor encaissait plus par de petites taxes sur le poids que par les taxes sur la valeur qui existaient jusqu'alors.

1. Voir Baicoïanu, *Histoire de notre politique douanière*, Bucarest, 1904, t. II, annexes.

Il ne faut pas non plus négliger la mesure protectionniste prévue pour certains articles en faveur de la Roumanie, dont nous parlons au paragraphe 2 ci-dessus, au sujet des contre-avantages relatifs à certaines marchandises importées, qui avaient leur équivalent dans le pays.

Une chose est certaine dans cette question : c'est la première convention internationale signée par la Roumanie comme pays indépendant au point de vue économique. C'était une occasion de flatterie pour l'orgueil national.

Même si la Roumanie n'était pas un peu enivrée d'avoir traité sur un pied d'égalité avec une grande puissance, même si ce n'était pas une question d'amour-propre, c'était toutefois la hâte de signer un acte d'indépendance économique.

1878. — Revenons à notre tarif autonome. Son application fut toujours remise. En 1878, il n'avait pas encore été appliqué. Cette année-là on décida de renoncer à ce tarif tant loué ! On décida que le tarif conventionnel, — objet des critiques les plus acerbes, — serait remplacé par le tarif autonome ; et pour faire du nouveau tarif un régime plus dur, comme le voulait la tradition des tarifs généraux, on prévoyait que les taxes en seraient celles du tarif conventionnel, augmentées de 15 %.

Ainsi la Roumanie tendait à avoir deux tarifs douaniers clairement définis. Mais il était à prévoir que tous les états allaient chercher à signer des conventions avec elle pour éviter le tarif général. On arriva ainsi à dire que la Roumanie n'avait plus qu'un tarif conventionnel.

Ce régime, qui ne lui laissait aucune autonomie douanière, causa de profonds mécontentements, spécialement en 1882, quand l'Autriche-Hongrie, contrairement à la Convention de 1876, ferma sa frontière aux bestiaux roumains.

Mais il est étonnant de constater que la Roumanie, devant une dérogation aussi grave, n'ait pas dénoncé la convention, d'autant plus qu'à ce moment le gouvernement qui est à sa tête n'a pas ménagé les critiques à cette convention de 1876. Il est encore plus étonnant de penser que le même gouvernement a établi avec l'Allemagne une convention d'une durée de seize ans, qui, par bien des clauses, était « tout aussi lourde que celle de l'Autriche ». En effet la convention signée avec l'Autriche dispensait de toute taxe l'importation des planches ; il en était de même pour le tarif accordé à l'Allemagne. Les peaux tannées étaient imposées de 40 lei dans la convention autrichienne et autant pour l'Allemagne en 1881. Les chaussures de cuir ordinaire qui étaient cédées à l'Autriche à 45 lei les 100 kilos, « c'est-à-dire avec taxe de 30 % de leur valeur » de telle sorte que « les cordonniers roumains étaient tués (1) », étaient cédées à l'Allemagne à ce même prix de 45 lei. Enfin, le pétrole, la bière et les autres articles qui étaient dispensés de taxes par la convention autri-

1. V. les *Documents parlementaires* (Chambre des Députés), 1904.

chienne, l'étaient aussi dans la convention avec l'Allemagne, et ainsi de suite.

En échange de ces concessions, l'Allemagne n'accorde presque rien à la Roumanie. En 1876, la Roumanie obtient de l'Autriche-Hongrie un tarif consolidé qui laisse à ses céréales l'entrée libre en Autriche-Hongrie et qui fixe des taxes modérées à l'entrée des bestiaux.

De l'Allemagne, la Roumanie n'obtient que la clause de la nation la plus favorisée. Ce manque de proportions de droits réciproques explique pour quoi la convention avec l'Allemagne a pu être dénommée « monstre diplomatique ».

Ce régime dure jusqu'au 22 mars 1885.

1885. — On fait alors *deux grandes réformes*. On abroge la loi de 1878, *le tarif de 1876 n'ayant pas été mis en vigueur*, en attendant la promulgation d'un nouveau tarif général. On décide aussi que le gouvernement peut modifier et prélever seul les taxes douanières jusqu'au maximum de 50 % sur la valeur des marchandises. Enfin, la même année, on édifie sur la base du tarif de 1876 un nouveau tarif général provisoire, avec des taxes visiblement protectrices.

1886. — Un an plus tard, on a fixé un tarif définitif longuement étudié et fort débattu par le pouvoir législatif. On a pris comme point de départ ce même tarif de 1876, modifié en 1885. On a cherché à mettre plus d'objectivité dans *la classification des industries qui devaient être protégées*. Et, bien entendu, comme mesure de dignité nationale, on a décidé d'appliquer une surtaxe, montant jusqu'à 30 % de la valeur des produits importés des pays qui appliquaient une surtaxe aux marchandises roumaines.

En ce qui concerne le régime conventionnel, pour décider de l'attitude à suivre dans une prochaine convention, *le gouvernement fixe une liste d'industries roumaines à protéger.* Il décide que, dans aucune convention future, on ne fera de concession qui puisse annihiler les facilités accordées aux industries nationales.

Cette liste dans laquelle sont comprises les marchandises du tarif pour lesquelles le Gouvernement institue un régime *en faveur du travail national,* orme le *tableau A* de la convention avec la Suisse, signée cette même année.

Comme on le voit, on pouvait dire alors que la Roumanie avait une politique commerciale établie ; elle avait un tarif autonome et un tarif conventionnel. De plus, elle avait compris qu'il lui fallait étendre ses relations commerciales internationales, sans toutefois mettre opposition à l'évolution naturelle de sa vie économique.

Mais on était encore lié par les conventions qui n'expiraient pas cette année-là. La Roumanie comptait alors obtenir des renonciations de la part des Etats intéressés par ces conventions. C'est ainsi

Al. Hallunga   3

qu'elle obtint cette renonciation de la France et de l'Angleterre.

En 1887, sur cette même base, on modifie le traité avec l'Allemagne. Ainsi, la Roumanie regagne des avantages pour quelques-uns des articles prévus dans le tableau A. La Convention avec l'Allemagne ainsi modifiée sert, à partir de ce moment, de modèle pour de futures conventions, sans qu'il soit nécessaire d'établir de liste spéciale des articles réservés. Par elle, on obtient un tarif consolidé incomparablement supérieur à la situation de 1881.

De même on signa des conventions contenant la clause de la nation la plus favorisée avec la Turquie, la Serbie, l'Italie, la Belgique.

Toutes ces conventions avaient deux traits principaux :

1º Les articles du tarif général gardaient leur autonomie.

2º Toutes les conventions devaient expirer en 1891, afin qu'ensuite, la Roumanie pût établir son régime douanier sans rencontrer les obstacles du passé.

1889. — Ce désir d'autonomie de tarif se fit sentir jusqu'en 1889, quand une commission fut nommée pour l'établissement d'un nouveau tarif.

Pour cette commission, le problème était beaucoup moins grave. L'opinion publique s'était formé des desiderata et il semble qu'il se soit produit une ombre de politique commerciale traditionnelle.

1891. — Dans ces circonstances apparaît le nouveau tarif de 1891 qui continuait de protéger les industries et les produits favorisés de 1890. *Mais on diminuait de beaucoup les taxes sur les autres articles.* La raison de base de ce tarif était simple. On croyait qu'un tarif réduit serait reçu sans difficulté par les États intéressés qui, en ce cas, ne seraient plus tentés de signer avec la Roumanie de nouvelles conventions douanières. De cette façon, celle-ci n'était plus liée par des conventions à longs intervalles et était libre de reformer son tarif, quand bon lui semblerait.

Un seul point était oublié par le législateur de 1891 : presque tous les Etats ont un régime plus lourd pour les pays avec lesquels ils n'ont pas de conventions tarifées.

Suivre les principes d'alors revenait à déclarer inutiles les traités de commerce.

D'ailleurs on a vu peu de temps après que les Etats étrangers, pour lesquels le tarif était « facilement appliqué », ont insisté et ont réussi à réduire davantage les taxes en leur faveur.

1893. — La Roumanie a signé plus tard, en 1893, trois conventions avec l'Angleterre, la France et la Suisse. Il y était seulement stipulé réciproquement la clause de la nation la plus favorisée.

La même année, elle signe avec l'Allemagne un traité, mais dans de tout autres conditions. Il comprend, outre l'assurance réciproque du traitement de la nation la plus favorisée, deux tarifs. Le premier, pour l'exportation de la Roumanie en Allemagne, comprenait 65 taxes. Le second concernait l'exportation de l'Allemagne en Roumanie et comprenait 185 articles. Ainsi, l'Allemagne retirait à la Roumanie la liberté de tarif pour 185 taxes, alors que la Roumanie n'obtenait de faveurs conventionnelles que pour 65 taxes.

Toutefois, cette convention, prise à part, n'aurait eu aucun mauvais effet trop sensible. Mais une conséquence immédiate regrettable s'y rattachait. Voici les faits. Le gouvernement poursuivait son ancienne intention d'établir un nouveau tarif « unique ».

C'est pourquoi la convention avec l'Allemagne étant un fait accompli, il n'y avait pas d'autre solution que d'établir un tarif presque identique à celui qu'elle contenait.

Aussi ce tarif fort diminué devint le régulateur du commerce extérieur roumain. Tous les Etats avec lesquels la Roumanie avait des relations commerciales signèrent avec elle une convention contenant la clause de la nation la plus favorisée. Pas un Etat n'a eu l'intérêt de demander une diminution aux taxes modiques du tarif.

Seule la Turquie demandait de favoriser par un tarif spécial l'entrée de quelques articles et réussit ainsi à détruire la fabrication locale de « lokoum ».

1900. — Jusqu'en 1904 il n'y eut qu'un seul changement dans le tarif, en 1900, quand on augmenta les taxes sur une vingtaine d'articles, dans un but purement fiscal.

SECTION II

L'AVANT-GUERRE

Le tarif Costinesco (1904). — L'exposé systématique des motifs de Costinesco. — La grande importance de ce tarif. — La remise de son application. — Diverses modalités d'application. — Les résultats de ce tarif ; données statistiques. — Modifications en 1906, 1911, 1912 et 1913.

1904. — 1904 est l'année la plus intéressante dans l'histoire de la législation des tarifs roumains. Le *tarif Costinesco* est une œuvre monumentale. La parution de ce tarif documenté indique la tendance de l'avènement des sciences dans la législation, au lieu de l'empirisme.

Emile Costinesco était un industriel expérimenté. C'était une raison de plus pour que son tarif, basé sur des nécessités bien éprouvées, fût largement protectionniste. L'œuvre de protection industrielle du passé commençait à montrer ses fruits. C'est pourquoi, dit Costinesco, c'eût été un acte de trahison nationale que d'abandonner le terrain gagné.

Voici systématisés les points de vue du ministre des Finances d'alors.

1º L'élément primordial de l'économie nationale était évidemment l'agriculture. Mais le pays offrait des possibilités de progrès industriel. S'il avait une grande ressource de richesse nationale, l'agriculture, cela n'empêchait pas le développement de quelques-uns de « ses enfants ». « Laisser les enfants venir à moi », devait être, en ce stade économique, le mot de l'agriculture pour les industries nouvellement nées.

2° Contrairement au tarif précédent, ce tarif devait accorder une protection suffisante là où c'était nécessaire. Pas de taxes trop minimes. « Si la protection accordée aux industries est trop petite, toute leur agilité s'endort. »

3° A l'opposé des tarifs précédents, les dispenses en masse, sans aucune raison économique, ne sont pas admises.

Il ne faut pas que l'intérêt du fisc soit sacrifié sans aucun but économique.

4° On dispense seulement les matières «vraiment premières ». Plus explicitement : les matières qui ont été d'abord soumises à une transformation industrielle quelconque et que l'on importe toutefois comme matières premières pour un travail plus fini, ne sont pas dispensées. Mais les taxes auxquelles étaient soumises ces industries importatrices étaient petites. Mieux encore, pour ne pas les décourager, on taxait fortement les produits de l'étranger semblables aux produits de ces industries du pays. Par exemple, les étoffes étaient imposées à de modiques taxes douanières, mais les habits confectionnés payaient des taxes fort élevées.

En un mot, il n'est plus admis de dispenses pour

les marchandises considérées, par erreur, comme matières premières. Par exemple, les étoffes ne sont plus complètement dispensées pour la raison qu'elles serviraient à la confection des habits. « On détruirait des industries sérieuses et même fondamentales pour favoriser des semblants d'industries... »

5° On n'admet plus de dispenses pour les marchandises inexistantes dans le pays, comme les olives et d'autres. Leur dispense ne serait pas raisonnable, le but des taxes douanières n'étant pas seulement économique, mais fiscal.

6° En ce qui concerne les taxes purement fiscales, on applique les règles d'un bon impôt, règles courantes en 1904 ; les marchandises chères sont imposées proportionnellement plus que les marchandises bon marché.

Ainsi finit l'avantage dont bénéficiaient les articles de luxe.

Outre la pénétration essentielle de ces principes, nous remarquons dans l'exposé des motifs du tarif de 1904 un exemple significatif d'ordre et de prévoyance.

Il existe une grande préoccupation de juste évaluation des marchandises, de bonne classification et de bonne tarification. Depuis lors il existe un partage du tarif en quatre divisions connues jusqu'en 1926 et dans lesquelles l'énumération des marchandises commençait depuis les produits primitifs jusqu'aux plus transformés par le travail, ainsi qu'ils découlent les uns des autres de façon naturelle. De plus, les

statistiques y abondent d'une manière inconnue jusqu'alors.

Il faut éviter de laisser la question des tarifs à
l'appréciation des douaniers ; la loi des tarifs doit
être complète.

Ensuite, on montre les raisons qui ont conduit
aux principes exposés par nous sous les postes 2
et 6.

De longues discussions fort controversécs eurent
lieu aux assemblées législatives. On a donné de multiples arguments contre le protectionnisme industriel. Mais Costinesco a montré que les taxes établies
n'étaient en aucun cas trop grandes, puisque tout le
commerce mondial était habitué à des taxes plus.
grandes que celles de la Roumanie et qu'en retirant
les taxes considérées comme impôts sur la consommation, on ne satisferait pas les intérêts des consommateurs.

Car il serait inconséquent d'imposer les produits
nécessaires du pays, et de faire des réductions pour
les produits étrangers qui ne sont pas de première
nécessité ! Il y a encore une puissante considération
de droit. Il est juste d'imposer les marchandises
importées dans la même mesure que les produits
du pays, d'autant plus que les marchandises étrangères arrivent à la frontière roumaine aux prix les
plus bas, *n'ayant pas été imposées* dans leur pays
d'origine, puisqu'elles étaient destinées à l'exportation. On a constaté que ces marchandises étrangères
peuvent abaisser jusqu'à 30 % les prix lorsqu'elles

entrent en Roumanie, quand on crée dans ce pays des industries concurrentes. *Il fallait donc que la taxe douanière élevât les prix des marchandises jusqu'au niveau de prix de vente dans le pays d'origine.* On s'opposait ainsi à l'exportation de ces marchandises en Roumanie.

Ne nous arrêtons pas plus longtemps sur ce tarif. Nous avons commencé son étude sur un mot d'appréciation favorable et nous le terminerons de même. Mais nous n'hésiterons pas à attirer l'attention du chercheur trop pressé sur une insuffisance d'exposé des motifs du tarif de 1904. Il est regrettable qu'à côté de l'homme de science, l'homme politique parle trop. D'après l'exposé des motifs, tout ce qui était erreur dans la politique douanière du passé était l'œuvre du parti dont l'auteur de ce tarif n'était **pas membre.**

Toutefois le tarif a passé avec la réussite qui couronne les belles œuvres, bien étudiées et d'intérêt public.

Il est intéressant de suivre en même temps les résultats du tarif Costinesco. Nous allons citer le pourcentage de chaque année, sous ce tarif, des encaissements douaniers sur la valeur de l'importation.

Les encaissements douaniers dans les années précédant ce tarif, en moyenne annuelle, sont de 8,38 % de la valeur de l'importation.

Dans les années qui suivirent immédiatement l'application du tarif (1906), les encaissements douaniers sont comme suit :

Entre 1906-1910, les taxes douanières sont :

En 1906, 9,76 % de la valeur de l'importation,

En 1907, 10,97 % ;

En 1908, 12,02 % ;

En 1909, 12,74 % ;

En 1910, 12, 85 %.

Comme moyenne annuelle, les taxes douanières représentent 11,63 % de la valeur de l'importation par rapport à 9,38 % de cette même valeur dans les années précédant le tarif (1901-1905).

Le tarif, avec la loi le concernant, après de longues discussions commencées à la Chambre, le 16 février 1904, est voté par elle, le 23 mars 1904. Au Sénat les discussions commencent le 14 avril et durent jusqu'au 18 avril 1904, date à laquelle le tarif est voté par cette assemblée.

Mais les conventions commerciales qui étaient encore en vigueur ne permettaient pas l'application générale de ce nouveau tarif. Ce tarif ne pouvait justifier son utilité que s'il était appliqué, dégagé des liens conventionnels du passé. C'est pourquoi on attend jusqu'au 28 janvier 1906, date à laquelle la Roumanie recouvre son indépendance de tarif. Alors, la loi votée par la Chambre le 20 janvier 1906 et par le Sénat le 23 janvier 1906 est promulguée ; elle modifie les taxes pour quelques articles du tarif voté en 1904, comme les étalons et les chevaux hongres, les tricotages de laine, les vins, les fruits, les fils tors (torturile) de coton, les tissus de coton même combinés avec des plumes ou de la cire, le fil de fer, les charrues, différents instruments agricoles et quelques autres articles.

En même temps, on promulgue une loi de mise en application du tarif de 1904 modifié, en ayant soin de prévoir que le Gouvernement est autorisé à appliquer ce tarif *entièrement ou en partie, á la date qui lui conviendra, dans l'intervalle de la date de promulgation jusqu'au 16 février 1906 au plus tard*. Dans cet intervalle, le gouvernement avait la libre appréciation d'appliquer ou non le tarif, de l'appliquer entièrement ou partiellement, selon qu'il le jugeait opportun, pouvant ainsi l'expérimenter pendant 17 jours.

Il était également prévu que, au cas où les Etats avec lesquels on ne pourrait signer de convention de commerce, voudraient appliquer des surtaxes à divers produits roumains, à leur tour les produits de ces Etats seraient imposés à leur entrée en Roumanie d'une surtaxe de 50 % en plus des taxes prévues par le tarif général. Si ces articles étaient auparavant dispensés, ils devaient être taxés de 30 % *sur leur valeur*. Si les Etats étrangers veulent appliquer aux produits roumains une taxe équivalente à la prohibition, le gouvernement est autorisé, en l'absence du Corps législatif, à augmenter, lui aussi, les taxes des produits de ces Etats, même jusqu'à la prohibition, en tenant compte des intérêts industriels et économiques du pays. Et si les Etats étrangers arrêtent le transit des produits roumains, la Roumanie, elle aussi, peut arrêter le transit des produits de ces Etats.

A partir de ce moment, jusqu'en 1920, il n'est plus fait au tarif que de légères modifications peu intéressantes.

Mai 1906.— L'exposé des motifs d'une loi de modification du 23 mai de cette même année observe que dans le tarif il n'y avait pas de texte précis pour certains articles, que l'on avait oublié d'en passer d'autres et que, parfois, le tarif était « difficile à appliquer en pratique ». Ainsi, pour éviter l'incertitude des importateurs, on passe par exemple dans le tarif, les chaussures faites seulement d'étoffe, et le corozo, qui n'étaient pas prévus dans ce tarif. On décide que l'oléine sera taxée parmi les huiles, même quand elle est de nature animale, car on ne peut la distinguer de celle dont l'origine est végétale ; et ainsi de suite pour d'autres articles.

Puis, comme principe de politique douanière relevé par l'exposé des motifs, nous notons par exemple que l'on élève la taxe sur la crème « afin qu'elle soit plus proportionnée à la taxe sur le beurre ».

En ce qui concerne le régime de l'exportation, on défend l'exportation des œufs d'oiseaux sauvages pendant tout le temps que la chasse est défendue dans le pays.

1911. —Par la loi votée à la Chambre le 23 mars 1911, au Sénat le 30 mars 1911 et appliquée le 3 avril 1911 (*Moniteur Officiel*, n°3 d'avril 1911), on modifie quelques autres articles ; on avait observé que les produits alimentaires de première nécessité étaient trop lourdement imposés. Pour le riz, le poisson salé, il ne pouvait y avoir aucune tendance protectionniste comme pour les produits fabriqués. Toujours par cette même loi, comme mesure protectionniste, on prévoyait la diminution des taxes douanières pour les ustensiles agricoles, les instruments nécessaires aux métiers et aux industries (par ex. le jute pour la confection des sacs nécessaires à l'agriculture) et autres.

On tendait aussi par ces modifications à l'augmentation de l'importation. En même temps, on restreignait l'exportation des bois de chêne et de noyer par de grandes taxes, parce que la destruction des forêts de ces espèces prenait des proportions inquiétantes.

1912. — Le 1ᵉʳ mars 1912, après le vote de la Chambre le 13 février et du Sénat le 17 février, on promulguait une nouvelle loi de modification.

On fait alors un âpre réquisitoire du tarif de 1904. En 1904, dit le législateur de 1912, on n'accordait pas de dispenses pour les matières premières, mais on mettait de grandes taxes à l'importation des produits fabriqués ; on poursuivait ainsi la mise des fabriques et des métiers sur un pied d'égalité. Le tarif de 1904 inaugurait un protectionnisme exagéré, en élevant les taxes de tous les produits, sans aucune sélection entre les industries et sans se préoccuper si on ne sacrifiait pas les intérêts de leurs consommateurs ; il fallait, dans l'intérêt de l'agriculture, diminuer par exemple les taxes sur les bestiaux qui étaient restés trop lourdement taxés.

En 1904, on imposait trop les fils de coton, qui, bien que produits fabriqués, sont aussi des matières premières. On croyait que les fils de coton allaient constituer une industrie.

En général, en 1904, on avait établi une fiscalité

exagérée ; aussi cette modification était-elle un remède.

Toujours en 1912, on ajoute quelques autres articles à l'exportation : le son, la ferraille et le vieux cuivre.

1913. — En juin 1913, par une loi promulguée le 6 juillet 1913 (*Moniteur Officiel* du 9 juin 1913) le tarif reçoit encore quelques modifications dans le but de favoriser la viticulture.

Ainsi, on diminue la taxe du fer laminé, sous toutes ses formes, importé par les sociétés de cultivateurs, pour être employé comme paisseaux à la culture des vignes ; de même pour le fer galvanisé et pour l'acétate de cuivre.

Par ces modifications, le tarif général de 1904 continue de vivre jusqu'au 1er mai 1920. Il sert de base à la signature de plusieurs traités de commerce importants.

SECTION III

L'APRÈS-GUERRE

Une première modification du 11 juillet 1919 ; trois catégories de marchandises. — La dépréciation du change et le manque de protection des industries roumaines en 1920 ; essai de relèvement des droits au niveau d'avant-guerre ; majoration de 500 %. — La loi promulguée par le décret royal n⁰ 4061 du 6 octobre 1920.
Tarif du gouvernement Averesco (1921) ; son important exposé des motifs. — Protection restreinte pour ne pas empêcher la concurrence intérieure . — Tendances à ne pas conclure des conventions, mais de simples accords commerciaux. — Les principales industries protégées en 1921.

Tarif Vintila Bratiano de 1924. — Les nouvelles possibilités d'exportation des industries étrangères rendent nécessaire le renforcement de la protection douanière. — La protection résultant de la dépréciation continuelle de la monnaie nationale n'opérant plus, on doit prendre des mesures pour contrebalancer l'influence du « dumping » et la concurrence étrangère en général. — La protection ne doit pas produire l'augmentation des prix. Il faut engager les producteurs nationaux à réprimer et à réduire les dépenses superflues : « la protection ne peut être que parallèle à la répression des dépenses et des bénéfices de toutes sortes ». L'industrie de défense nationale doit être protégée sous forme d'une assurance donnée aux fabriques, que leur production trouve son écoulement dans les commandes des autorités ou des entreprises nationales. Les marchandises de luxe restent prohibées. La Roumanie doit adopter un tarif maximum.

Les catégories de produits protégés en 1924. — *On tend à la stabilité des droits par leur fixation en lei-or.*

La modification Vintila Bratiano, le 26 mars 1926. — Le développement des industries métallurgiques et textile, impose une modification de nomenclature. — La concurrence étrangère est toujours grandissante. On prévoit beaucoup de *notes de réductions* des droits, au cas où la production roumaine serait insuffisante.

Modifications Averesco du 5 juin, du 1er septembre et du 10 décembre 1926. Répartition des marchandises en quatre catégories relativement à la liberté d'importation.

1919. — Après la guerre, le régime d'importation a été réglementé une première fois par le décret-loi n° 2969 du 11 juillet 1919. Les marchandises du tarif douanier roumain ont été alors partagées en trois grandes catégories, à savoir :

a) Marchandises de première nécessité, qui ont été laissées libres à l'importation ;

b) Marchandises de luxe prévues dans un tableau A, et qui ont été prohibées à l'importation d'une façon absolue ;

c) Marchandises de luxe les moins nécessaires, prévues dans un autre tableau B, et qui ont été laissées libres à l'importation, mais seulement avec l'autorisation préalable du Ministre du Commerce et de l'Industrie.

1920. — Le Ministre des Finances de 1920 constate, dans son rapport au Conseil des Ministres, que, à cause de la dépréciation du change national, les taxes douanières ne correspondaient plus aux besoins de plus en plus grands du trésor, ni au besoin de protection de l'industrie développée en Roumanie depuis la guerre. Leur augmentation s'imposait.

Une résolution du Conseil des Ministres de 1920 (20 avril) augmente toutes les taxes douanières de 1913 de 500 %.

Ce n'était pas en réalité une augmentation ; c'était seulement un essai de leur relèvement au niveau d'avant-guerre, car les fluctuations du change avaient abaissé le « leu » bien au-dessous de sa valeur-or, dans laquelle étaient fixées les taxes douanières.

Octobre 1920. — Le 6 octobre 1920, on fait une réforme très intéressante.

Les prix inattendus auxquels s'élevaient sur les marchés mondiaux quelques produits étrangers représentaient un gain disproportionné avec les prix de production. Aussi paraît-il juste que l'Etat, représentant de la Communauté, et qui fait des sacrifices extraordinaires, prenne part à ces gains, sous forme de taxes d'exportation et d'importation.

Il est évident que ces taxes devaient opérer avec beaucoup de mesure. C'est pourquoi devant les grands et rapides changements du moment, les taxes devaient être en continuel mouvement de même que les prix mondiaux se trouvaient en perpétuel changement.

La rigidité de la forme législative ne convenait pas à de telles taxes qui devaient avoir un caractère temporaire et changeant.

Aussi voit-on la nécessité impérieuse d'en laisser la fixation et la modification au pouvoir exécutif.

Dans ce sens, par le décret royal no 4061, on promulgue une loi par laquelle on prévoit que le Gouvernement peut modifier les taxes d'importation et d'exportation par un simple décret royal.

1921. — *Tarif du Gouvernement Averesco*. — Le premier tarif établi sur la base de la loi du 6 octobre 1920 est le tarif appliqué à partir du 1er juillet 1921 (*Moniteur Officiel* du 31 juin 1921).

L'exposé des motifs de ce tarif observe que dans presque tous les pays ont été faites des modifications de tarifs dûes aux fréquentes fluctuations de change d'après-guerre. Ces fluctuations avaient des effets regrettables :

1° Les anciennes taxes produisaient des sommes insignifiantes en ces temps de nouveaux besoins financiers.

2° Le tarif douanier ne donnait plus aux industries la protection nécessaire, spécialement à cette époque où on avait d'elle un besoin particulier, parce que les industries de Transylvanie, refaites après guerre, commençaient à produire elles aussi. C'est la première disposition d'après-guerre, par laquelle on poursuit une politique de protection plus accentuée que celle d'avant-guerre, étant donné que la Roumanie avait changé sa structure économique. Le Gouvernement de 1921 s'était bien rendu compte que le régime douanier doit refléter la structure économique de l'Etat. De plus : maintenant que la Roumanie a acquis la Transylvanie, qui lui apporte un grand avenir industriel, son régime douanier doit varier suivant ce nouveau changement économique, en tendant vers le progrès national. Le tarif douanier de la Roumanie devait donc tenir compte, non seulement de sa configuration économique actuelle, mais encore de ses possibilités de progrès.

Les produits du pays ne pouvaient plus supporter la concurrence des produits étrangers, que l'on importait à bon marché, à cause de la dépréciation de la monnaie de ces pays respectifs et de leurs moyens de production plus faciles.

3° L'importation était énorme. La diminuer devait être la principale préoccupation de la Roumanie.

4° Dans les conditions d'après-guerre, en 1921, quelques articles strictement indispensables aux besoins immédiats étaient trop taxés. Il était évident que les taxes douanières concernant ces articles devaient être diminuées.

Aux temps troubles dont il est question, on trouve

des mesures tout à fait différentes de celles qui ont été prises en temps normal :

1° Aussi, cette fois, ne suit-on plus la méthode traditionnelle d'établir un tarif aussi long que possible. On nous dit maintenant que l'on a procédé à l'établissement d'un *tarif provisoire* dans le but de faire face aux variations de change.

2° La protection industrielle nationale sera alors établie de telle sorte qu'elle n'empêche pas la concurrence à l'intérieur.

3° Dans l'état provisoire prévu, on ne signera plus de conventions tarifées, mais de simples accords commerciaux.

4° Les mesures prises sont dictées par *l'intérêt de se défendre avec les mêmes armes*, employées par tous les Etats en ce temps.

Voici les principales industries protégées, en 1921, par l'augmentation des taxes douanières à l'importation :

1° *L'industrie des conserves de viande et de poisson.* — Cette industrie a en Roumanie un champ d'activité intense, étant donné la richesse du pays en produits animaux alimentaires.

2° *L'industrie de la tannerie, des chaussures et des objets de cuir fin.* — Cette industrie trouve la matière première dans le pays. Sa protection a commencé avec le tarif de 1866. C'est une des plus anciennes industries encouragées.

3° *L'industrie des peaux dressées* (pour les peaux de prix) est protégée par des taxes doubles de celles des peaux non dressées. Cette industrie n'a pu réussir en Roumanie ; c'est une spécialité de l'Allemagne.

4° *L'industrie des fils tors de laine.* On protège cette industrie, en brisant avec la politique d'avant-guerre, non seulement parce que le tarif de 1906 ne lui accordait aucune protection, mais aussi parce qu'en Transylvanie il y a une industrie des fils de laine qui offre des conditions de rapide développement.

5° *L'industrie du tissage.* On pourra fabriquer dans le pays des tissus fins et des tricotages de laine de la meilleure qualité. Tenant compte du fait que cette industrie est très importante, on espère que, grâce à la protection qui lui est donnée, elle pourra beaucoup se développer, car elle est en même temps une bonne occasion pour le placement des capitaux.

6° *L'industrie des chapeaux de feutre.*

7° *L'industrie des brosses*, pinceaux à badigeonner, balais et petits pinceaux.

8° *L'industrie des colles pour la menuiserie.*

9° *L'industrie des savons.* Les savons ordinaires profiteront eux aussi de la même protection que dans le passé.

10° *L'industrie des tissus et tricotages de soie.* Le champ d'activité ouvert à cette industrie par la protection douanière sera plus appréciable au cas où renaîtra l'élevage des vers à soie, renommé autrefois en Roumanie.

11° *L'industrie de la décortication du riz.* On maintient l'ancienne protection sur la base de laquelle cette industrie était née.

12° *L'industrie des pâtes farineuses.*

13• *L'industrie des pâtisseries fines.*

14° *L'industie de la dextrine et de l'amidon.*

15° *L'industrie des conserves de légumes et de la moutarde.* On a donné à ces dernières une protection suffisante, d'autant plus qu'elles peuvent devenir même des industries d'exportation.

16° *L'industrie des huiles végétales.* Pour les huiles végétales sans dénomination on a établi une légère protection.

17° *L'industrie des liqueurs, cognacs et vins mousseux.*

18° *L'industrie du chocolat.*

19° *L'industrie du sucre* sur lequel on fixe une taxe de 3 lei par kilogramme.

20° *L'industrie des sucreries, marmelades, pâtes de fruits et confitures.* Cette industrie trouve la matière première en grande abondance dans le pays et peut même devenir une industrie d'exportation.

21° *L'industrie des meubles (de bois).* Par une protection suffisante on tend à mettre en valeur l'immense ressource en bois qui se trouve dans le pays.

22° *L'industrie du bois sous toutes ses formes.*

23° *L'industrie des fils de chanvre, rafia, jute, etc.*

24° *L'industrie des cordes, filets et tissages textiles.*

25° *L'industrie des confections* (cols, cravates, etc.)

26° *L'industrie du papier.* Pour cette industrie, l'une des plus anciennes industries encouragées, le problème consistait à modifier ou ne pas modifier la cote de la protection traditionnelle.

27° *L'industrie du ciment.*

28° *L'industrie de la céramique.*

29° *L'industrie du verre.*

30° *L'industrie des pétroles et des bitumes.*

31° *L'industrie métallurgique.*

32° *L'industrie des machines.* On a donné une protection spéciale aux machines agricoles.

33° *L'industrie des wagons.*

34° *Les industries chimiques,* auxquelles on a accordé une protection spéciale.

Etabli de cette façon, le tarif du gouvernement Averesco a pu satisfaire la politique douanière roumaine pendant 3 ans (1ᵉʳ juillet 1921-31 juillet 1924). Quelques petites modifications y ont été apportées le 20 décembre 1922.

1924. — *Tarif Vintilà Bràtianu.* — En 1924, on fait une grande modification au tarif d'importation. M. Vintilà Bràtianu, qui était alors Ministre des Finances, nous dit dans son rapport au Conseil des Ministres, que le but final d'une bonne politique douanière est certainement d'arriver au libre-échange. Mais ce régime ne pouvait être institué pour le moment. En attendant on modifiait le tarif d'importation pour protéger les industries nationales.

Voici comment M. V. Bràtianu justifie la réforme faite en 1924.

1° Le tarif de 1921 ne convenait plus au pays, ayant été établi dans des conditions économiques tout à fait différentes de celle de 1924.

En 1921 les industries étrangères se limitaient à satisfaire les besoins de la consommation intérieure dans les pays respectifs. Il y avait de grandes difficultés de transport et de relations commerciales internationales.

Dans ces conditions, il est évident que les Etats industriels étrangers ne cherchaient pas à exporter. *Ainsi l'industrie roumaine était de fait protégée.*

Mais, en 1924, les conditions ayant changé, les industries étrangères regagnèrent leur capacité d'exportation et commencèrent à la protéger.

D'autre part, disait M. Vintilà Bràtianu, la production du pays était revenue en 1924 à la normale.

D'où la nécessité d'intervenir devant la concurrence faite par les produits étrangers aux industries roumaines.

2º Cette protection de fait a encore été renforcée de 1921 à 1924 car « la variation de la monnaie nationale amenant, elle aussi, un changement continu des taxes douanières fixées en lei, a également influencé la protection accordée en 1921 ».

3• De 1921 à 1924, le leu variant de 12 centimes suisses à 2,30 centimes suisses, la *dépréciation continuelle du leu est venue en aide à la production intérieure et a ainsi augmenté la protection accordée en 1921.*

L'industrie roumaine produisait à meilleur marché que les industries étrangères à cause de la dépréciation de la monnaie nationale.

Depuis le commencement de l'année 1923, le leu

gardant sa valeur « sauf de légères exceptions », cette protection dûe au change disparait et l'influence du « dumping » et de la concurrence étrangère en général ne peut plus être contrebalancée par son intermédiaire, comme jusqu'en 1924.

4º Même si on accorde une protection aux industries nationales, il ne faut pas oublier que nous sommes encore en un moment de déséquilibre monétaire, qui produit une cherté croissante de la vie.

C'est pourquoi, dans cette situation, pour ne pas renchérir encore la vie, maintenant que la Roumanie ne pouvait plus se permettre de souffrances, et même dans le but de protection des industries nationales, on ne pouvait satisfaire les intérêts de la production *qu'en liaison avec les intérêts de la consommation. C'est également pourquoi il ne fallait pas élever, si peu que ce fût, les taxes douanières, parce que leur augmentation aurait conduit à la hausse des prix, ce qui, à cette époque, devait être tout à fait évité.*

Dans le **même** ordre d'idées, il faut observer que les industriels demandent l'augmentation des tarifs douaniers, en général, *dans le but d'augmenter* les prix intérieurs à l'abri des tarifs élevés.

Mais comme la considération principale de la politique économique et financière tout entière vise à la préparation du lendemain, où le change national sera affermi (car M. V. Bràtianu est sûr que le change s'affermira) et fera ainsi diminuer les prix, il est tout à fait à propos de ne pas permettre de protection à la production du pays, mais de la prévenir de s'attendre à un abaissement des prix, et de cette façon de *réprimer et de réduire les grandes dépenses d'aujourd'hui* qu'elle ne pourra plus maintenir demain.

« *La protection* que l'Etat donne aux industries nationales *ne peut être que parallèle* à cette politique de répression des dépenses et des *bénéfices de toutes sortes.* »

En faisant ici toutes réserves, nous considérons comme intéressant ce point de vue, qu'aucune législation connue de nous n'avait encore exprimé.

5º En ce qui concerne les industries qui méritent un encouragement il faut bien distinguer les catégories à considérer. Il y a trois catégories d'industries :

a) *L'industrie qui satisfait complètement les besoins de la consommation du pays et qui n'a besoin d'aucune protection.* Pour cela il faut que le tarif d'exportation soit 'établi de telle sorte qu'il ne ferme pas à l'exportation les débouchés qu'elle peut avoir.

b) Les industries qui couvrent complètement la consommation intérieure ou simplement une partie, et qui ont besoin de protection, étant débutantes ou insuffisamment consolidées. Celles-ci méritent d'être encouragées, car à l'abri de la concurrence étrangère, elles peuvent devenir même des industries d'exportation. Mais la protection qui leur est donnée doit être telle *qu'elle ne produise pas une augmentation trop brusque des prix.* Dans ce but il est indiqué que, à côté de la protection douanière, on poursuive une politique de compression des prix intérieurs. Il serait faux, par exemple, dans le désir de provoquer le développement de l'industrie des tissus de coton, qui ne peut pas encore couvrir entièrement la consommation intérieure, d'augmenter les taxes douanières dans les grandes proportions demandées par les industriels intéressés et de ne pas tendre à déterminer un abaissement des prix actuellement trop élevés.

Encore une chose, en liaison avec la protection à accorder aux industries de cette catégorie : on doit tenir compte du régime des matières premières ou des industries qui procurent ces matières premières (comme par exemple celle des tanneries pour les fabriques de chaussures, celle de la laine pour le tissage), afin qu'une facilité trop grande accordée à l'exportation de ces matières premières, n'amène pas indirectement une augmentation de prix des produits fabriqués.

c) En ce qui concerne les industries qui ne pourront jamais couvrir la consommation intérieure (telles que les fabriques de machines, la métallurgie du fer et les constructions métalliques) mais qui nécessitent une protection parce que leur existence dans le pays est utile pour des considérations de défense nationale (même en cas de guerres économiques), ou pour faciliter les autres branches de l'activité roumaine, — *il n'est pas à propos de les protéger par le tarif douanier. Les protéger par des taxes douanières élevées reviendrait à rendre toute la consommation du pays tributaire du monopole dont bénéficieraient ces industries. C'est pourquoi il faut que la protection vienne ici sous forme d'assurance donnée aux fabriques que leur production trouvera une possibilité d'écoulement à l'intérieur du pays par les commandes des autorités publiques ou des entreprises nationales.* « Par l'application de la loi de commercialisation des mines et de l'énergie, il faut assurer aussi le développement de ces industries », laissant toutefois « plus de liberté » à l'introduction des produits du dehors.

6° Il y a quelques articles qui entrent en grande quantité à l'importation, bien qu'ils ne soient pas de première nécessité. Ainsi sont les jouets, les objets de luxe, les produits coloniaux.

L'Etat n'a aucun interêt à voir augmenter leur importation. Aussi ces produits doivent-ils être taxés le plus possible.

7° Par la restriction de l'importation on tend aussi à un autre résultat plus éloigné, mais avec des effets vastes au point de vue financier pour la Roumanie, pays à change faible.

La diminution de l'importation conduit à une réduction des paiements extérieurs, et, ainsi, à une consolidation de la monnaie nationale.

8° La Roumanie doit prendre des mesures semblables à celles des autres nations qui ont un tarif minimum et maximum. En 1924 elle est sans protection au point de vue douanier car elle n'a qu'un seul tarif, celui de 1921, qui ne peut être suffisamment protecteur.

C'est pourquoi elle aussi doit appliquer un tarif maximum aux pays ne lui accordant pas leur tarif minimum.

Devant cette situation il fallait faire des réformes très mesurées, graduées, pour ne pas donner naissance à des perturbations.

M. V. Bràtianu nous dit que, pour prendre des mesures équilibrées, il tient compte de beaucoup de considérations. Ainsi il a en vue : *a)* les importations faites dans les derniers temps ; *b)* la production intérieure ; *c)* les intérêts des consommateurs ; *d)* la politique de transition et de compression des prix.

Dans ce but :

1º Il faut absolument établir un tarif général comportant une *nomenclature modifiée*, correspondant aux nouvelles conditions de la production roumaine ;

2º Le tarif général qui va être établi pour l'avenir va servir de base aux futures conventions avec tarif, celles ci ne pouvant plus tarder dès que l'on reviendra à la fixité dans les relations commerciales ;

3º On donne aux industries une protection supplémentaire provisoire, *sans arriver à la protection en lei or, comme elle était accordée par le tarif de 1906*, puisque, de cette façon, on arriverait à un déséquilibre trop grand dans les prix.

4º Une politique pour réfréner les prix, comme indiqué ci-dessus, s'impose.

Si l'industrie diminuait ses dépenses, elle n'aurait pas besoin de protection douanière. Il faut lui demander de réduire ses dépenses superflues et la prévenir que la protection actuelle n'opérera plus, du fait de la revalorisation du *leu* dans l'avenir.

Grâce à cette politique, le but final (celui de la suppression des mesures exceptionnelles) était laissé dans la dépendance de l'attitude *plus ou moins raisonnable* des industriels.

Le 1ᵉʳ août 1924 on met le nouveau tarif en application.

1º Au moyen de ce tarif, on veut encourager un certain nombre d'industries viables et qui peuvent encore se développer. Voici les catégories de produits des industries protégées en 1924 par des modifications aux taxes d'importation.

1º La laine, les poils et les travaux de ces matières ;
2º Les textiles ;
3º Le papier ;
4º Les produits miniers, les métaux, les machines ;
5º Les véhicules (véhicules sur rails) ;
6º Les produits chimiques ;
7º Les couleurs et les laques ;
8º Les produits animaux, les aliments ;
9º La peausserie, corroierie, les chaussures ;
10º Les soieries ;
11º Les pâtes farineuses, les légumes verts et les légumes secs ;
12º Le sucre et les sucreries ;
13º Les meubles tapissés et non tapissés ;
14º Le ciment ;
Et quelques autres.

2º Les taxes modifiées sont perçues en lei or. On tend ainsi à réaliser la stabilité de la politique de tarif, mais comme le rétablissement du change demande encore du temps, on crée la stabilité des taxes par leur fixation en lei or. Et pour leur perception en papier-monnaie, on fixe, par le *Journal du Conseil des Ministres*, un coefficient en rapport avec la base or, lequel, multiplié par les taxes prévues, donne la somme à percevoir. Ce coefficient est valable pour un temps minimum de trois mois.

Cette fois le coefficient est fixé à 3o, bien que le cours du leu par raport au leu-or soit de 1/35-1/38. Ceci simplement pour ne pas être obligé d'y revenir trop vite, à cause des fréquentes fluctuations du change.

3º Ce tarif est minimum. Il est applicable à toutes les marchandises provenant des pays qui appliquent aux produits roumains leur tarif minimum et le traitement de la nation la plus favorisée (art. 3 du décret royal).

Et pour les pays qui voudront appliquer aux marchandises roumaines leur tarif maximum, ou qui les soumettront à un régime autre que celui de la nation la plus favorisée, on appliquera un tarif maximum qui triple les taxes du tarif minimum.

4º Les marchandises de luxe restent prohibées.

Ce tarif est resté en vigueur jusqu'en 1927 sauf pour les articles métallurgiques et textiles, pour lesquels on a fait une forte modification le 26 mars 1926.

1926. — On fait la révision des articles de la métallurgie et des textiles, qui ont une influence principale sur l'importation roumaine.

La fixation du régime de ces articles ne pouvait être faite sans tenir compte de la situation évolutive de l'économie nationale et de la politique douanière traditionnelle.

Cette politique douanière, dans sa dernière phase, voulait d'abord le retour graduel du tarif de 1906 à la normale et ensuite de simples accords commerciaux avec la clause de la nation la plus favorisée, mais pas de conventions tarifaires.

Cette politique était naturelle dans les conditions précédant celle de 1926.

Cette même année puisque la Roumanie avait des apparences d'état normal, il fallait établir sur d'autres bases son régime douanier.

Pour arriver à un régime douanier « plus normal », il fallait prendre graduellement les mesures d'adaptation aux nouvelles conditions.

1° Le développement des industries dans les territoires libérés et de l'industrie en général imposait une révision de la nomenclature du tarif douanier, la modifiant d'après ces nouvelles conditions ;

2° En même temps que la nouvelle nomenclature, on révise les taxes douanières. Dans ce sens, on tient compte de la concurrence sans cesse grandissante dont les produits étrangers menacent le pays, des conditions actuelles de transport et des conditions d'échange ;

3º On fait quelques majorations de taxe, en considérant que la balance commerciale de 1925 avait été déficitaire ; il faut donc prendre des mesures pour la diminution de l'importation ;

4º Les matières premières ne sont frappées que de taxes statistiques ;

5º On prévoit, par des notes dans le tarif, la réduction de taxes pour les produits concurrents importés, au cas où la production roumaine serait insuffisante pour toute la consommation intérieure. L'importation, dans ces conditions, ne pourra être faite que par certaines institutions avec l'autorisation de la commission industrielle et douanière ;

6º Il reste quelques produits qui ne sont pas suffisamment protégés, parce qu'on n'a pu mettre de plus grandes taxes d'importation sur les produits concurrents, car il se serait produit un manque d'équilibre préjudiciable aux consommateurs ;

7º Aux pays qui n'appliquent pas aux marchandises roumaines leur tarif minimum, on appliquera un tarif maximum qui double la taxe du tarif maximum (et ne la triple pas comme en 1924).

A côté de ce tarif douanier, dit le rapport du ministre des Finances au Conseil des Ministres, et pour qu'il atteigne son but, il faut prendre aussi d'autres mesures. Il faudrait donc adapter aux dispositions du tarif la loi pour favoriser l'industrie, les tarifs des chemins de fer et des lois pour empêcher les cartels et s'opposer aux augmentations artificielles des prix.

Il serait encore à désirer, dit le même rapport, *que le tarif douanier fasse partie, comme avant la guerre, de l'œuvre de législation parlementaire.* Mais la concurrence étrangère et le déficit de la balance commerciale ont imposé l'élaboration du tarif par le pouvoir exécutif selon le décret royal n° 4061/920.

Beaucoup de protestations ont été élevées contre ce tarif. On a dit qu'il créait des taxes excessives et que, de fait, l'importation était prohibée pour beaucoup d'articles.

Plus grave était le fait qu'à la suite de ce tarif les articles atteints par cette prohibition de fait continuaient à être introduits par des voies frauduleuses très difficiles à découvrir.

En ce qui concerne les réductions des taxes d'importation autorisées par les commissions industrielles et douanières, on a observé que ces deux commissions étaient arbitraires et défectueuses.

En tous cas, en laissant en vigueur deux régimes très différents (1), tant par les cotes de protection évidemment disproportionnées que par le manque d'harmonie entre les problèmes d'ensemble qui se posent pour la satisfaction des différents intérêts de chaque catégorie de produits, ce tarif a mis à différentes reprises des désavantages en évidence.

Nous en reparlerons à l'occasion de l'étude des considérations qui ont conduit à la révision actuelle.

1. L'un pour les produits des industries métallurgiques et textiles ; l'autre moins élevé pour le reste des articles du tarif.

5 juin 1926. — On s'attendait, à l'arrivée du parti du peuple au gouvernement, à d'importantes réformes de tarif.

Le 5 juin 1926, c'est-à-dire deux mois après la date de mise en application du tarif du 26 mars 1926, on fait une nouvelle modification. On ne fait de changement qu'aux chapitres de la métallurgie et des textiles, le tarif de 1924 restant le même pour les autres catégories.

Pour donner un caractère plus stable aux taxes douanières sur les catégories « métallurgique et textile », on propose « leur retouche ».

L'auteur de ces retouches considère que les taxes de mars 1926 était exagérées et qu'elles ne tenaient pas compte dans des proportions voulues des besoins de l'industrie et de ceux du commerce.

C'est pourquoi l'on réduit les taxes des articles se rapportant à la métallurgie et aux textiles de telle sorte que pas une taxe ne puisse dépasser le triple de la taxe respective de l'ancien tarif :

1º Les articles qui ont, en 1926, par rapport au tarif de 1924, une majoration de taxe de 50 % maximum, la verront appliquer dorénavant sans aucun changement ;

2º Pour les articles dont la majoration est plus grande que 50 %, tout ce qui dépasse cette limite est réduit de moitié. L'augmentation ainsi obtenue ne peut, en aucun cas, être plus élevée que le triple de l'ancienne taxe respective.

On voit donc que les modifications ne sont plus faites que sur les droits.

4 septembre 1926. — Le 4 septembre 1926, on fait une modification de tarif concernant la pelleterie, la levure, les vitres, le fer laminé, les rails de chemins de fer, les divers autres articles de métallurgie et différents articles de la catégorie des textiles et du sucre.

10 décembre 1926. — Le 10 décembre 1926, entre en vigueur le décret du 29 novembre 1926 (le *Journal Officiel* du 3 déc. 1926) par lequel on fait quelques modifications au tarif du 5 juin 1926 sur la métallurgie et les textiles et une modification au tarif de 1924 concernant les enveloppes usées de caoutchouc.

A la catégorie métallurgique on ajoute un nouvel article pour les tissus de fils métalliques et on ajoute et modifie quelques *notes* pour les rails des chemins de fer et tramways, les charrues et les instruments agricoles, les machines-outils, les machines et appareils (art. 195), les moteurs, les électrodes pour les fours électriques et les machines comprises à l'article 378.

A la catégorie des textiles, on modifie certaines *notes* et on clarifie le sens de la définition tarifaire des tissus peluchés.

Ainsi, à la fin de l'année 1926, le régime douanier d'importation est donc celui qui avait été établi en 1924, avec les modifications faites par deux fois aux chapitres des produits métallurgiques et textiles et avec une insignifiante adjonction de notes au tarif de 1924.

Sous le rapport de la liberté d'importation, les marchandises du tarif douanier étaient partagées jusqu'en avril 1927 en quatre catégories, comme suit :

a) Marchandises prohibées complètement à l'importation.

b) Marchandises de luxe libres à l'importation, mais avec le paiement de certaines taxes de luxe, en plus des taxes douanières en vigueur.

c) Marchandises de luxe libres à l'importation mais avec le paiement des taxes douanières en or.

d) Marchandises libres à l'importation, seulement avec paiement des taxes douanières du tarif.

A. — Les marchandises complètement prohibées à l'importation sont les suivantes :

1º Les tapis turcs, persans, indiens, ou provenant d'autres régions de l'Orient; les tapis à double face (chilim) et toute espèce de tapis paysans travaillés à la main ainsi que les tapis travaillés dans le genre oriental, quel que soit leur pays d'origine ;

2º Les châles des Indes, dits turcs ;

3º Les vins mousseux et les liqueurs ;

4º Tous les parfums en général, excepté l'eau de Cologne non parfumée, l'eau dentifrice et les lotions pour cheveux;

5º Les bustes et statuettes de marbre, les objets d'albâtre, serpentine, marbre, qui sont employés comme bibelots d'ornements ; les objets ouvragés comme les meubles, les ornements, les tables, encriers, chandeliers, presse-papier, coupes, statuettes, médaillons, cadres, etc.. soit faits du matériel ci-dessus, soit d'agathe, onyx, malachite, cristal de roche, grenat, jais, tourmaline, soit de n'importe quelle pierre précieuse, combinée avec l'or ou l'argent ;

6º Les houppes à poudre combinées avec des matières fines.

7º Les confections de tissus de soie pure;

8º Le corail travaillé et toutes les espèces de pierres précieuses brutes, travaillées ou non, ainsi que les imitations de ces pierres;

9º Les objects d'écume de mer ou leur imitation ;

10º Tous les vêtements ou confections de soie, de laine ou de coton, garnis de fourrure, plumes, dentelles ou broderies faites à la main, ainsi que les confections de chanvre garnies de la même manière ;

11º Les chiens de luxe, de chasse ;

12º Les canaris, paons, perroquets, pigeons, faisans et autres oiseaux de luxe ;

13º Les figures et masques du soir ;

14º Les arbres et arbustes d'ornement ;

15º Les éventails de plumes, dentelles et broderies, soie, ou de tout autre matériel, quand ils sont combinés avec de l'ivoire, de la nacre, de l'écaille ou toute autre matière première ;

16º Les perles et papillons de laiton argenté ou doré, d'argent doré, d'argent, d'or ;

17º Le caviar noir frais, égoutté ou pressé ;

18º Les spiritueux de fruits, racines ou plantes, ainsi que le cognac, l'ammoniaque, le rhum, l'eau-de-vie (slibovita), l'eau-de-vie naturelle de fruits et le tafia;

19º Les boîtes à musique, petites ou grandes, avec un mécanisme d'horlogerie ;

20º L'alcool distillé des céréales, betteraves, de la mélasse, combiné ou non avec du sucre ou des aromates;

21º Les vins, moûts et jus de raisin de toute espèce;

22º Le cidre et autres boissons fermentées ;

23º Les harmoniums, orgues de Barbarie, et toutes espèces d'instruments à touches, ainsi que les pièces de ces instruments ;

24º Les bretelles, jarretières, ceintures confectionnées de soie pure, de broderies et dentelles mécaniques ;

25º Les bretelles, jarretières, ceintures confectionnées de soie mélangée, ou décorées de rubans de soie mêlés de broderies et dentelles mécaniques ;

26º Les corsets de soie ou autre tissu, mais décorés, brodés ou avec de la dentelle ;

27º Les chaussures confectionnées ou taillées, de cuir fin (daim, antilope, vernis) ou de soie et cuir ;

28º Les pâtés de gibier, de volailles, de foie, etc. ;

29º Les tulles proprement dits, façonnés, brodés pour voiles de dames, rubans;

30º Les pendules pour les murs et les tables montées avec des matières précieuses ;

31º Les fleurs naturelles ;

32º Le feutre fin ;

33º Les fruits méridionaux, séchés ou conservés, excepté les olives, le café, les câpres, les noisettes, les figues, les amandes, le raisin sec, les dattes, les caroubes et ceux qui servent à la fabrication de l'huile et aux besoins médicaux ;

34º Le papier à monogrammes, emblèmes, dessins de toute espèce, en relief, doré, argenté ou bronzé, les boîtes de carton de luxe ;

35º Les cravates de soie ;

36º Les vieilles machines.

B. — Les marchandises de luxe libres à l'importation, mais avec le paiement de certains droits de luxe en plus des taxes douanières en vigueur, sont les suivantes :

1º Les objets en poils d'animaux, reliés de bois fin polis ou sculptés, la corne, le laiton, l'aluminium ;

2º Les parquets sous n'importe quelle forme ;

3º Les boutons de tout métal, argentés ou dorés, les peignes de tout métal, argentés ou dorés ;

4º Les ouvrages et objets non dénommés de fil de fer de laiton, de ses alliages, s'ils sont argentés ou dorés ;

5º Les gants de fil, de chanvre, de lin, et tout autre textile végétal, décorés à la main, brodés à la main ou avec dentelle ;

6º Les vêtements d'étoffe de laine ou de coton, doublés de soie ou tout autre confection doublée de cette façon ;

7º Les chapeaux, casquettes, bonnets, bretelles et autres espèces de coiffures confectionnées de soie, peluche ou velours de soie ;

8º Les ombrelles de soie ou de tout autre matière, quand elles sont décorées, brodées, ou avec dentelle ou manche fin ;

9º La passementerie et les cordonnets de soie ;

10º Les petits objets de menuiserie, les boîtes, cassettes, coupe-papier de bois, encriers et autres combinaisons de matières fines et de métaux précieux, ainsi que les cadres, chassis, combinés, avec ces mêmes matières ou du métal ;

11º Les cartes postales illustrées ;

12º Le chocolat sous toutes ses formes, en poudre ou en tablettes ; les marmelades et les pâtes de fruits ;

13º La bière ;

14º Les lustres, candélabres, chandeliers et veilleuses de fer travaillés artistiquement, nickelés, argentés ou dorés ;

15° Les petits objets de zinc pour bureaux, tables, les figurines, bibelots, ainsi que tous autres objets de zinc, s'ils sont argentés ou dorés ;

16° Les abat-jour, porte-bouquets, fleurs et autres ouvrages de papier qui servent d'ornements, les pochettes de papier à lettre de luxe, les albums pour photographies ;

17° Les dentelles de tous textiles, même combinées entre elles, travaillées à la main, et les broderies à la main de toute espèce de matières et devant servir à la confection ;

18° Les moutardes épicées et les diverses sauces de table ;

19° Les fleurs artificielles ou des parties de fleurs de papier, de porcelaine, de verre, de celluloïd, de gutta-percha, cire ou autres préparations, et en général toutes les fournitures de luxe pour les chapeaux de dame ;

20° La verrerie d'art et les objets de luxe, comme les lustres, candélabres, girandoles, cadres de miroirs et tableaux, mosaïques, breloques, perles de verre, bracelets, colliers de monnaies d'or et autres colliers ;

21° Les ouvrages et objets d'étain, même allié au plomb, zinc, antimoine; nickelés, argentés ou dorés, et en général, les figurines de table, les bibelots et autres ;

22° Les ouvrages et objets d'aluminium et ses alliages combinés avec la soie, la nacre, l'ivoire, l'écaille, l'argent, l'or.

23° Les objets d'art pour bureaux, tables, les figurines bibelots et tous autres objets de nickel, argentés ou dorés, ou ornés d'or ou d'argent ;

24° Les bustes et statuettes d'art, combinés avec des matières fines et autres objets de tôle, de cuivre ou de leurs alliages, argentés ou dorés;

25° Les objets de cuir combinés de métal précieux ou de matières fines ;

26° Les objets de toile goudronnée, combinés de maroquin, nacre, ivoire, écaille ou autres matières fines ;

27° Les bracelets, colliers, colliers de monnaies, perles de faïence et de porcelaine ;

28° Les fruits frais de toute espèce, excepté les citrons, oranges et ceux qui sont destinés aux besoins de la médecine;

29° Les confitures, les fruits ou racines conservés dans le miel, le sucre ou les alcools sucrés, le sucre candi, les sirops, gelées, compotes, pâtes de fruits, loukoum, bonbons de toute espèce ;

30° Les plumes pour la parure, de toute espèce d'oiseaux, les oiseaux empaillés pour ornement, les objets de plume pour garnir les vêtements ;

31° Toute espèce de jouets en général, quelle que soit la nature des matières dont ils sont faits ;

Les marchandises de luxe du tableau **ci-dessus** doivent acquitter à l'importation le paiement des droits du tarif douanier en vigueur, augmentés de la taxe de luxe, dont le quantum variable avec l'article est d'une, deux ou trois fois plus grand que les droits douaniers.

C. — Les marchandises de luxe libres à l'importation, mais avec le paiement des droits de douane en or, sont les suivantes :

1º Les tissus de soie pure, teints ou non, les velours tondus ou non, ainsi que les tissus de soie légère, à l'exception des tamis de soie pour les moulins ;

2º Les tricotages de soie, les rubans de soie de toute sorte, même le tulle, la gaze et le velours ;

3º Les savons fins pour la toilette, parfumés ou non, en pains, pâte, poudre ou liquide ;

4º Les cols, poignets, plastrons, brodés à la main ou confectionnés de tissus de soie avec au moins 40 % de soie ou autres textiles de végétaux ;

5º Les couvertures, draperies, fichus, couvertures de soie de lit, de toilette et rideaux confectionnés en soie, velours, peluche ou autres matières si elles sont brodées, décorées ou garnies de dentelles ;

6º Les cravates ou autres parures de cou, pour dames, confectionnées en soie ou garnies de broderies ;

7º Les cols, gants, plastrons, avec broderies à la main ou confectionnées de soie pure ;

8º Les fourrures de moyenne valeur, le renard blanc (blanc teint en gris, marron, etc.), les peaux de loutre chères qui imitent la loutre, l'astrakan, le castor, le raton, le ragondin, le skungs, le kolinski, le putois de Russie, le putois de Virginie (pékan), l'ours blanc, la taupe, la panthère, le lion, tigre, antilope, singe, le renard (croisé).

9º L'argenterie et les objets d'argent non dénommés, les objets d'or non dénommés servant d'ornement ;

10º Les dentelles de soie ;

11º Les huîtres ;

12º Les fourrures de luxe, peaux d'astrakan, grandes queues de Breitshwantz, de renard bleu et noir, de loutre, martre, hermine, chinchilla, du Kamchatka, zibeline russe et du Canada, le renard argenté, le renard noir naturel ;

13ᵉ Les bagues et boucles d'oreilles de métal, argentées ou dorées, les bijoux de métal argentés ou dorés ;

14° Les bijoux de métal plaqué, d'argent ou d'or et combinés d'imitation de pierres fines ;

15° Les objets d'ivoire, écaille et autres coquillages travaillés ou non ;

16° Les bijoux d'argent ou d'or, avec ou sans pierres fines ainsi que les bijoux de platine et les colliers de perles ;

17° Les bas et gants de soie ;

18° La passementerie de soie.

En l'année 1921, quand on a établi le régime d'importation des marchandises du tableau ci-dessus, les droits de douane étaient perçus en lei. Pour créer des difficultés à l'importation de ces marchandises, on a décidé qu'elles seraient imposées à un paiement de droits douaniers en lei or.

La perception de ce droit était faite en lei papier, « sur la base du coefficient de 20 lei papier pour 1 leu or ».

Aujourd'hui, tous les droits d'importation sont fixés en lei or et sont perçus en lei papier sur la base d'un coefficient de 30 ou de 40 lei papier pour un leu-or. Et comme pour les marchandises de luxe du tableau ci-dessus le système d'impôt a été maintenu, elles payent à l'importation actuellement les droits en lei papier du tarif en vigueur, augmentés de vingt fois.

D. — Les marchandises libres à l'importation, seulement avec paiement des droits de douane du tarif, sont toutes les autres marchandises non comprises dans le tableau ci-dessus.

CHAPITRE II

LE RÉGIME DE L'EXPORTATION
EN ROUMANIE

Le régime d'exportation avant la guerre. — La période de l'éclatement de la guerre mondiale jusqu'au 14 août 1916 (date de l'entrée en guerre de la Roumanie). — La stagnation de l'exportation jusqu'à la fin de la guerre. — La reprise de l'exportation en 1919. — Le régime actuel de l'exportation. — 28 catégories de marchandises complétement prohibées. — Six catégories de marchandises sous le régime des autorisations. — La tendance de suppression des droits à l'exportation.

Alors qu'aujourd'hui, par tarif régulateur du commerce extérieur de la Roumanie, on entend d'abord le tarif d'importation, il y a trois quarts de siècle, lorsqu'on parlait dans les régions roumaines du régime douanier, on comprenait le régime de l'exportation.

C'est pourquoi, pour rechercher l'influence de la législation des tarifs sur l'économie nationale, nous trouvons intéressant de nous arrêter spécialement au régime de l'exportation.

1831-1832. — Nous avons vu que pour 1831-1832, quand le pays était conduit par le règlement organique, le seul article de ce règlement sur le régime douanier ne considérait que l'exportation des bestiaux, les bestiaux étant la principale richesse du pays. On taxait, par exemple, d'un demi ducat (galben) les bœufs, les vaches et les chevaux. Les produits agricoles n'étaient pas des produits d'exportation ; ils suffisaient seulement aux besoins intérieurs. Un seul de ces produits, le vin, était recherché au dehors, à Brasov, Sibiu et en Russie.

De l'exportation d'autres produits, il ne pouvait être question. Non seulement le travail national n'était pas stimulé, mais encore toute tentative de production plus grande que celle des besoins immédiats était risquée, dans les conditions sociales d'alors.

1860. — Plus tard, en 1860, en même temps que le règlement administratif des douanes, on inaugurait par une loi un régime douanier tout à fait anti-économique. Non seulement, l'exportation n'était pas encouragée, mais encore, elle était frappée de 5 % de sa valeur, c'est-à-dire de la même taxe que l'importation ; de plus, contre les apparences, l'exportation était imposée plus lourdement que l'importation. Alors que pour l'exportation, les taxes étaient établies sur les prix, augmentés de toutes les dépenses de commission, transport et autres, à l'importation les taxes étaient établies sur les prix au lieu de provenance, c'est-à-dire sans les moindres frais de transport ; ce qui faisait que les prix des produits d'importation étant réduits, les taxes respectives étaient de beaucoup inférieures à celles des produits roumains d'exportation.

Il y avait dans cette loi une autre disposition très curieuse.

On encourageait l'exportation de certains produits, comme le papier et le charbon de terre, produits qui n'avaient évidemment aucune possibilité de devenir principaux articles d'exportation.

Mais outre cette curieuse disposition, tout l'arrangement douanier était purement fiscal.

Seule une mesure élémentaire de prudence économique maintenait les dispositions antérieures qui dispensaient de tout droit d'exportation le fromage, la laine et tous les produits des troupeaux de l'Ardeal, venus seulement pour paître dans le pays, cela pour ne pas empêcher les pâtres de continuer à venir avec leurs brebis en Roumanie et pour ne pas priver ainsi le pays du gain de la pâture.

1862. — Une loi de 1862 prend une énergique mesure de tarif relativement à l'exportation. Pour la première fois en Roumanie, on encourageait l'exportation, en supprimant les droits de douane à la sortie des bestiaux et des produits bruts ou fabriqués.

En prenant cette mesure, on espérait en voir rapidement les effets. Mais comme naturellement la production ne pouvait augmenter brusquement en un an, et comme le gouvernement était mécontent de ce que les revenus eussent diminué d'une somme importante, l'année suivante, on proposa le rétablissement de la taxe d'exportation.

Il est intéressant toutefois de remarquer que, malgré l'insistance du gouvernement, le pouvoir législatif refusa deux fois de suite de prendre cette mesure.

1864. — Ce régime de liberté commerciale dure jusqu'en 1864 ; on rétablit alors la taxe d'exportation de 5 %.

Toujours dans la même année, on crée une commission qui devait, pour la première fois, transformer les taxes sur la valeur en taxes spécifiques, d'après le poids, la mesure et le nombre des marchandises. Ainsi, le droit sur le blé était de 5 lei par kilog, sur le seigle de 3 lei le kilog, sur les bœufs de 17 lei par tête.

De cette manière étaient établis, en 1864, les droits de douane sur 404 articles d'exportation.

Ce tarif devait être modifié chaque année, afin d'établir de nouveaux droits pour pouvoir faire face au manque d'esprit de suite dans la taxation qui pourrait provenir des fluctuations de prix.

1865. — Mais en 1865, on fait un nouveau tarif par lequel on réduit les taxes d'exportation à 4 %, établissant toujours des droits fixes.

1866-1867-1868. — Dans cette voie de réduction des taxes d'exportation, le gouvernement diminue les taxes à 3 % en 1866, à 2 % en 1867, enfin à 1 % en 1868.

Ensuite, à peu près chaque année, le tarif subit

des modifications. On forma diverses commissions qui le remanièrent souvent.

1871. — En 1871, on introduit dans ces commissions des délégués des commerçants étrangers, *désignés par les représentants des puissances étrangères.*

Des décisions prises par ces commissions, on ne peut voir clairement quels étaient les principes d'après lesquels on fixait le tarif. Nous voyons, par exemple, que l'on augmente les droits d'exportation sur les bestiaux. On en a trouvé l'explication dans le fait que les membres de ces commissions étant à peu près tous habitants des ports, ils cherchaient à faciliter spécialement l'exportation principale de leurs villes, de telle sorte que les revenus nécessaires au fisc fussent tirés de l'exportation par terre.

Dans le tarif général promulgué le 16 mars 1876, et dans celui de 1878, il n'y a aucun article taxé à l'exportation.

1886. — Mais le tarif, des droits de douane établis par la loi du 17 mai 1886, dans la partie B, concernant l'exportation, établit des taxes sur 4 articles (les os, sabots de cheval, queues de bestiaux, râpures de cuir) et défend l'exportation de deux articles (morceaux de chiffons, papiers ordinaires et déchets de papiers).

1893. — En 1893, on impose encore des droits d'exportation sur les articles suivants :

Les troncs de noyer et autres espèces de bois, les ouvrages communs en bois de noyer simplement dégrossis ou façonnés au rabot.

1904. — Dans le tarif de 1904, il y avait en tou 10 articles taxés à l'exportation.

1º Le gibier de plume tué ;
2º Les os bruts ;
3º Les cornes d'animaux ;
4º Les queues de bestiaux, les déchets de cuir et les engrais animaux ;
5º Les peaux brutes de toute espèce d'animaux ;
6º Les troncs de chêne et autres bois façonnés ;
7º Les troncs de noyer et autres bois non façonnés ;
8º Les papiers ordinaires et déchets de papier ;
9º Les morceaux de chiffons de matières végétales et les vieilles cordes ;
10º Le marc et la lie.

Enfin, de 1904 jusqu'à la guerre, nous rencontrons de rares dispositions relatives à l'exportation.

1906. — En même temps que la modification du 23 mai 1906 nous trouvons la prohibition à l'exportation des œufs d'oiseaux sauvages au temps où la chasse est interdite dans le pays.

1911. — En mars 1911 on fixait de fortes taxes sur l'exportation du bois de chêne et de noyer pour diminuer leur sortie du pays, car la destruction des forêts de ces espèces avait pris des proportions inquiétantes.

1912. — En 1912 on ajoute encore quelques nouveaux articles taxés à l'exportation : le son, la ferraille et le vieux cuivre.

Tel était le régime de l'exportation jusqu'au commencement de la guerre mondiale.

L'organisation économique en Roumanie, comme presque partout ailleurs, était basée sur les principes de la liberté du commerce et de la libre concurrence.

En Roumanie, il n'y avait qu'une seule dérogation au régime de la liberté. La loi générale des douanes prévoyait dans l'article 12, qu'en cas d'urgence, on pourrait interdire par *décret royal*, l'exportation des grains et autres produits nécessaires à l'alimentation comme au fourrage. De même on pouvait interdire l'exportation ou l'importation de n'importe quel article sous le motif de sûreté publique.

Mais le même article prévoyait encore que les dispositions prises par décret royal devaient être soumises à la ratification du Corps législatif, à sa plus proche réunion.

De plus, les prohibitions produisant de grandes perturbations, surtout lorsqu'elles sont faites inopinément, le législateur prévoit que si le délai d'exécution des mesures prohibitionnistes est inférieur à trente jours, le ministère des Finances *peut permettre* encore *pendant trente jours l'exportation du pays*, à condition que les exportateurs prouvent par acte légal qu'ils avaient des engagements antérieurs vis-à-vis de l'étranger.

Mais l'éclatement de la guerre mondiale amène de grands changements. On établit une politique d'empêchement du commerce, connue seulement en ce qui concerne l'importation, mais inconnue partout jusqu'à présent dans l'histoire des régimes douaniers d'exportation.

En Roumanie, à la différence de ce qui se passait dans les autres Etats, ces mesures de restriction de l'exportation ont été pratiquées sans aucune méthode, sans considérer la situation ni les exigences spéciales du pays.

Assurément, les restrictions d'exportation trouvaient leur justification dans les circonstances exceptionnelles dans lesquelles se trouvait le pays.

Mais elles ont créé une situation très défavorable au travail national.

Pendant les premiers jours de la déclaration de guerre, l'exportation a été réglementée conformément à l'article 12 de la loi des douanes. Mais plus tard, comme pour l'importation, le pouvoir législatif a passé au pouvoir exécutif les attributions de réglementation de l'exportation.

Voici quelles ont été les mesures prises successivement, à partir du 15/28 juillet (1).

Immédiatement après que la guerre mondiale a éclaté (15/28 juillet 1914) on a inauguré le régime des *prohibitions* à l'exportation, pour assurer l'approvisionnement à l'intérieur et pour prévenir toute difficulté qui pourrait provenir de la guerre.

---

1. Pour certaines parties, pour lesquelles nous n'avons pu obtenir directement la documentation nécessaire, nous avons consulté avec avantage le travail de M. Gh. Chistodoresco, *Notre Politique commerciale*, Edit. de la revue *Import-Export*, Bucarest, 1926. Parmi les lignes qui suivent, nous utiliserons quelques passages intéressants de cet ouvrage.

Al. Hallunga   6

Le 21 et le 22 juillet, on a prohibé provisoirement : la sortie des chevaux, des bœufs et autres animaux de transport, des véhicules et de la laine.

Le 25 et le 29 juillet, l'avoine, le foin et tous les autres fourrages. Toujours le 25 juillet, on prohibait provisoirement les monnaies d'or de toute espèce.

Vient ensuite une série de décrets royaux qui prohibaient l'un après l'autre le goudron, les fourrures, le charbon, la farine de blé, le blé, les paillassons, le maïs, le seigle et l'orge, les crins de chevaux et les soies de porcs.

Toujours dans ce temps apparaît le *régime des permis d'exportation*, qui a duré jusqu'à ces dernières années.

Quant aux droits d'exportation, ils se multiplient beaucoup en ce temps-là.

Mais l'exportation était alors influencée non seulement par le régime douanier, mais par les changements provoqués dans l'organisation des transports pour l'exportation, par la fermeture des détroits turcs et par l'interdiction de l'exportation par le Haut-Danube. Ces circonstances avec la crise de crédit d'alors ont provoqué une époque très trouble pour l'agriculture et l'industrie.

1915 (1ᵉʳ août). — A partir du 1ᵉʳ août 1915, on voit un retour vers un régime de liberté. Il y avait alors dans le pays une grande quantité disponible de céréales, résultant autant de la bonne récolte de

1915 que des réserves des années précédentes.

Toujours à partir du 1er août 1915, à la suite du *Journal du Conseil des Ministres* du 31 juillet 1915, on inaugure une autre forme de régime d'exportation, *l'exportation avec compensation.*

A partir de ce moment, l'échange de marchandises entre les Etats devait se faire avec avantages réciproques. L'Etat qui avait intérêt à importer des marchandises de la Roumanie devait accepter l'exportation en Roumanie des produits dont ce dernier pays avait besoin. Dans ce but, *la Commission de Compensation* devait se prononcer sur les demandes d'exportation et de transit des marchandises prohibées à l'exportation.

Les pays avec lesquels on faisait l'échange de marchandises par compensation étaient spécialement l'Allemagne, l'Autriche-Hongrie, la Turquie et la Bulgarie.

En dernier lieu, cette Commission a été supprimée. Mais le régime d'exportation est resté le même, les attributions de la Commission de Compensation passant le 18 janvier 1916 à une nouvelle commission, *la Commission d'importation.*

1915 (Octobre). — A partir du 13/26 octobre 1915, on observe que le régime de retour vers la liberté n'avait pas donné les résultats attendus. La situation était encore plus grave parce que les Etats dans lesquels la Roumanie pouvait alors trouver des débouchés avaient institué un régime de monopole d'importation qui l'obligeait à écouler ses produits dans des conditions désavantageuses. Ainsi, les Etats allemands et austro-hongrois, établissant le monopole d'importation des céréales, voulaient d'une façon évidente contraindre les producteurs et les commerçants roumains à vendre les grains à des prix extrêmements réduits. Devant cette situation, la Roumanie réglemente à nouveau son exportation. *On établit 3 Commissions* officielles, qui ont la mission de prendre des mesures pour que les produits d'exportation qui sont disponibles trouvent des conditions avantageuses d'écoulement à l'étranger.

Ces mêmes Commissions devaient exécuter les mesures qu'elles prenaient dans le but indiqué.

Ces commissions étaient :

1º Une commission centrale pour la vente et l'exportation des céréales et de leurs dérivés ;

2º Une commission pour l'exportation du vin ;

3º Une commission *d'exportation*, qui s'occupait de l'exportation de toutes les autres marchandises, excepté les céréales et le vin.

Le Gouvernement a concédé à la Commission centrale pour la vente et l'exportation des céréales et de ses dérivés *le monopole* du commerce de la vente à l'intérieur, du transport en vue de l'exportation et des conditions de vente pour l'étranger.

L'activité de cette Commission a donné de bons fruits. Elle a établi des conditions avantageuses pour la vente des produits d'exportation et elle a assuré la satisfaction de l'exportation dans les conditions les plus propices à la consommation intérieure.

En quelques mois seulement, on a vendu des céréales pour une valeur de plus de 600 millions de lei. Ce fait a beaucoup servi aux agriculteurs et aux commerçants qui ont pu ainsi obtenir sans retard des capitaux qui leur manquaient énormément à cette époque. Il a servi aussi à l'Etat qui a encaissé d'importantes taxes douanières en or. De plus, cet or a augmenté le stock métallique de la Banque Nationale, et conformément à la loi, on a pu augmenter la circulation trop restreinte des billets de banque.

1916. — (14 août) A cette époque satisfaisante succède un temps de stagnation complète de l'exportation, dûe à l'entrée en guerre de la Roumanie.

A partir du 14/27 août 1916, toute activité d'exportation a cessé jusqu'à la signature de la paix. Si en temps de guerre quelques produits roumains sont sortis du pays, ils ont été en majorité du butin de guerre. Le régime légal était la prohibition complète, motivée par la nécessité de l'approvisionnement de la consommation intérieure.

1919. — A partir de 1919, on prend les premières mesures d'après guerre pour la reprise de l'exportation.

On crée auprès du Ministère de l'Industrie et du

Commerce une direction générale du commerce avec une direction spéciale de l'exportation. La Direction générale du commerce obtient le pouvoir de réglementer l'exportation. Pas une marchandise ne pouvait sortir du pays sans l'autorisation de cette Direction générale.

Ainsi, on réintroduisait le régime des permis d'exportation, régime qui, nous l'avons vu, existait à l'époque de la neutralité et qui a continué jusqu'à ces derniers temps.

En général, il faut dire que presque toutes les marchandises étaient prohibées, excepté les produits pétrolifères et le bois.

Deux conditions étaient imposées à toute opération d'exportation de ces produits disponibles : 1º l'Etat participerait aux bénéfices résultant de l'exportation. 2º les exportateurs seraient obligés de céder à l'Etat les devises étrangères obtenues par leur opération.

1º. — L'Etat posait ainsi comme première condition sa participation aux bénéfices de l'exportation.

C'est en vertu de ce principe qu'a été organisée toute l'exportation de produits pétrolifères. La réglementation de l'exportation a été faite par un accord intervenu entre le Ministère de l'Industrie et du Commerce et les sociétés pétrolifères les plus importantes.

Nous devons remarquer ici une innovation intéressante dans le régime de l'exportation. Le Ministère de l'Industrie et du Commerce se réserve à lui seul le droit de faire les ventes à l'étranger, ayant la possibilité d'acheter aux producteurs à des prix maxima fixés pour la consommation intérieure et de vendre à l'étranger avec bénéfice.

2º. — Nous avons vu que les exportateurs étaient encore obligés (par un décret-loi) de céder à l'Etat les devises étrangères obtenues par l'exportation. L'Etat a profité de ce droit, non seulement pour le pétrole, mais encore pour tous les autres produits d'exportation.

Le Ministère de l'Industrie et du Commerce, pour toutes les devises étrangères qui lui étaient cédées, acquittait aux exportateurs la contrevaleur en lei, au cours établi par le service de contrôle des Devises, ou à un taux convenu qui toujours était à l'avantage de l'Etat.

Notons que ce régime était appliqué seulement dans l'ancien royaume et jusqu'en 1920 ; dans l'Ardeal et dans les autres provinces libérées, il y avait des régimes spéciaux basés également sur les prohibitions et les restrictions.

Pour la réalisation de ces deux principes de l'Etat, en matière d'exportation, un grand nombre de formalités très compliquées était nécessaire.

A côté de tous ces obstacles mis au commerce, toujours dans la même année, on établit deux nouvelles taxes.

Le décret-loi du 12 janvier 1919 crée *une taxe de commission de* 2 % sur toutes les marchandises autorisées à l'exportation.

Le décret-loi du 7 juillet 1919 établit un droit de *20 % sur la valeur de toutes les marchandises que l'on exportait.*

1920 (18 avril). — Une nouvelle période du régime de l'exportation commence avec le décret-loi n° 1573 du 18 avril 1920.

Celui-ci prévoit la formation de nouvelles commissions d'exportation et de prix qui réglementent par voie d'établissement de procès-verbaux les droits de douane et les taxes d'exportation et de commission par voie de décisions ministérielles ; on n'établissait pas ces taxes par décrets ou décisions du Conseil des Ministres, formalités qui étaient considérées comme trop longues.

La première séance de là commission d'exportation et des prix a eu lieu le 13 mai 1920, quand on a rédigé un premier procès-verbal par lequel on décidait que jusqu'à la fixation des prix des produits d'exportation, prix qui devront servir de base à l'établissement de taxes spécifiques, on percevrait toujours *20 % de la valeur comme taxe douanière d'exportation, sur toutes les marchandises, excepté le pétrole.*

Par suite, les exportateurs sont informés, par le *Moniteur Officiel* du 27 août 1920 de la première décision ministérielle qui porte à leur connaissance les droits d'exportation des produits pétrolifères.

L'exportation subit beaucoup de modifications entre le 18 mai et le 19 octobre 1920. Aux taxes d'exportation, on a ajouté les taxes de commission, souvent changées par les signatures des procès-verbaux des Commissions d'exportation et de prix dont nous parlions plus haut.

1920 (19 octobre). — Depuis le 19 octobre 1920, on devait établir de nouvelles taxes d'exportation et de commission par voie de Décret, (Journal du Conseil des Ministres ou Décision ministérielle avec publication obligatoire par le *Moniteur Officiel*).

Le 19 octobre, 114 marchandises étaient taxées à l'exportation.

Ainsi cette époque est caractérisée par le maintien des mesures de la période précédente. De plus, ces mèsures se généralisent.

1º *On maintient encore le principe qu'aucune marchandise ne doit sortir du pays sans l'autorisation du Ministère de l'Industrie et du Commerce.* La Commission d'exportation, commission consultative, constituée dans ce but, devait aviser sur les modalités selon lesquelles il fallait régler l'exportation du pays. Mais bien qu'elle ne fût qu'une commission consultative, elle avait un rôle important dans la fixation des conditions de l'exportation. Ses avis étaient de véritables décisions, car elles étaient exécutées même sans approbation du Ministre.

2º *Par une loi ultérieure, on généralise le principe de la participation de l'Etat aux bénéfices résultant de l'exportation,* non seulement pour les produits pétrolifères, mais encore pour *toutes les marchandises*. On fixe en même temps les cotes de participation de l'Etat aux bénéfices.

3º Un autre *droit de l'Etat*, celui d'acheter à l'inté rieur les produits d'exportation à des prix maxima et *de les vendre* à l'étranger avec bénéfice, n'apparaît plus aussi timide qu'auparavant. Une loi établit que l'Etat peut faire cette opération, ou directement, ou par consortium privé, mis sous son contrôle.

Ce droit de l'Etat était sujet à critique. En vue d'obtenir l'autorisation nécessaire à l'exportation, le particulier était à la discrétion de l'Etat pour une opération dans laquelle il était en concurrence avec celui-ci. De fait, ce droit de l'Etat n'a jamais été appliqué. L'exportation s'est faite sans empêchement par les particuliers seulement.

4º Dans cette période, toutefois, l'Etat renonce à un principe très critiquable du régime de l'exportation.

Il ne demande plus qu'on lui cède les devises étrangères résultant du commerce d'exportation. On décide que le payement des produits exportés doit se faire en lei et non en devises étrangères ; et par suite de cette mesure, on supprime le service de contrôle des devises.

5º Toujours dans la même période, on inaugure une nouvelle politique, celle du contingentement de l'exportation. On n'admet plus à l'exportation que les quantités qui dépassent les nécessités de la consommation intérieure.

Dans ce sens on a signé une convention avec l'Autriche par laquelle on établissait des cotes précises dans les limites desquelles les Etats contractants s'engageaient à admettre l'exportation.

En même temps que l'institution de ce régime d'exportation, les droits de douane de 20 % sur la valeur, institués à l'époque précédente, sont supprimés. Mais ils sont rétablis sous une autre forme, car par le décret-loi *n° 4061 du 6 octobre 1920,* le gouvernement est autorisé à établir, à augmenter ou à diminuer les taxes douanières par simple décret royal.

1920 (27 novembre). — Le 27 novembre 1920, on vote une nouvelle loi relative à l'exportation. Par cette loi, le gouvernement est autorisé à décider des catégories de marchandises qui peuvent être exportées et à déterminer les conditions dans lesquelles sera faite l'exportation.

Cette loi, qui est actuellement en vigueur, concède à l'avenir au pouvoir exécutif le droit de réglementer l'exportation.

La différence entre la situation actuelle et la situation antérieure consiste seulement en ceci que les *attributions* des Directions du *Ministère de l'Industrie et du Commerce* passent au Conseil des Ministre à la suite de cette loi.

Le régime d'exportation d'alors distinguait quatre catégories de marchandises et établissait pour chacune d'elles des normes spéciales. Il y avait ainsi :

1º Les produits prohibés à l'exportation ;

2º Les produits réservés pour les compensations de l'Etat, lesquelles faisaient l'objet d'un monopole de l'Etat ;

3º Les produits libres à l'exportation, mais qui ne pouvaient être exportés qu'avec une autorisation spéciale ;

4º Les produits libres à l'exportation, sans autorisation, mais qui devaient payer les droits d'exportation.

Les marchandises les plus importantes faisaient presque toutes partie des trois premières catégories ; ainsi il ne restait plus que fort peu d'articles sous le régime de la liberté d'exportation.

1º Le régime prohibitionniste avait deux caractères :

Il était utile au point de vue *social*, parce qu'il retenait dans le pays les produits alimentaires et évitait ainsi des crises éventuelles.

Il était justifié également au point de vue *économique*, alors qu'il retenait dans le pays les matières premières nécessaires à l'industrie roumaine.

2º Le régime du monopole de l'Etat en vue des compensations n'a été appliqué qu'à deux ventes faites par la Roumanie à l'Etat suisse et à l'Etat français, qui lui procuraient des moyens de paiement pour ses dettes à l'étranger.

3º Le régime des autorisations d'exportation a été très souvent appliqué. Dans ce régime entraient toutes les marchandises qui étaient disponibles dans le pays.

On ne les accordait qu'après avoir constaté l'existence d'un stock de marchandises ou de produits supérieur aux nécessités de la consommation intérieure. Dans ce but, on a eu recours dans la majorité des cas au système du contingentement.

Pour l'application de ce système, on a pris des mesures fort nombreuses et variées.

Ainsi on a fixé les contingents qui devaient être réservés à la consommation intérieure, on a pris des dispositions relatives *à leur livraison* et à la fixation des prix de vente (comprimés d'une façon évidente) des produits réservés pour l'alimentation intérieure.

Ce régime des autorisations a été appliqué spécialement par le ministère de l'Industrie et du Commerce, auprès duquel fonctionnait une Commission d'exportation composée de spécialistes.

Il y eut de nombreuses protestations contre ce régime.

Il a été porté des accusations très graves sur la manière avec laquelle les dispositions établies étaient appliquées. Si nécessaire que put être ce régime, on a cependant enregistré de nombreuses plaintes, non seulement contre les formalités compliquées qui étaient exigées, mais encore contre quelques digressions à la plus élémentaire moralité publique, au cours de son application.

1922 (8 juillet). — En 1922, alors que les suites de la guerre commencent à se dissiper peu à peu, il est naturel de revenir à un régime d'exportation plus proche de la normale.

Le 8 juillet 1922, le gouvernement supprimé le régime de certaines restrictions, renonce au système des contingents et établit la libre exportation pour certains produits agricoles : l'orge, l'escourgeon, l'avoine, les haricots, les pois, les lentilles, les graines de trèfle, les graines de luzerne, le millet et la gesse.

Le même jour, on établit des taxes douanières d'exportation pour chacun de ces articles.

Jusqu'au 20 octobre 1923, en suivant cette voie, le gouvernement a encore retiré d'autres articles du régime des restrictions, les mettant dans la catégorie de l'exportation libre, avec des droits de douane.

1923 (20 octobre). — Le 20 octobre 1923, le gouvernement prend plusieurs mesures importantes.

1º Il supprime le régime des permis d'exportation, à peu près pour tous les produits et les marchandises du pays. Il ne restait plus que quelques articles sous le régime restrictif.

2º On supprime la Commission d'exportation placée auprès du ministère de l'Industrie et du Commerce.

3º On fusionne en un seul les deux régimes différents des marchandises prohibées et de celles qui étaient réservées aux compensations. Les quelques marchandises qui étaient encore soumises aux normes restrictives citées plus haut étaient soumises à partir de ce moment à un régime commun.

Après le 23 octobre 1923. — A la suite de ces réformes, le retour à la normale continue sans cesse ; on retire du régime prohibitionniste une série d'autres marchandises.

Par suite de ces modifications répétées, voici quel est aujourd'hui le régime de l'exportation.

Il y a 28 catégories de marchandises complètement prohibées.

Il y a encore 6 catégories de marchandises sous le régime des autorisations.

Tous les autres produits non compris dans les catégories ci-dessus, sont libres à l'exportation, sauf paiement des taxes douanières, s'ils se trouvent parmi les marchandises taxées à l'exportation (1).

Voici quelles sont les marchandises prohibées :

1º Le laiton sous toutes ses formes ;

2º L'argent ;

3º L'or ;

4º Les tonneaux vides de métal ;

5º Les chevaux châtrés et les mulets au-dessus de 5 ans, les taureaux pour la reproduction à l'exception de ceux qui ont passé 7 ans, les buffles, les ânes, les juments, les chèvres et les étalons ;

6º Le coke ;

7º Le chanvre sous toutes ses formes, à l'exception des graines et des objets confectionnés en toile avec broderies nationales et de l'étoupe ;

8º Les os ;

9º Le lait, à l'exception du lait condensé et pulvérisé ;

10º Les poissons frais et salés, à l'exception du caviar, des conserves de poisson (husso, esturgeon, zacusca et sardines russes), le poisson fumé, le muge, les harengs du Danube, la raie

1. Car il y a des marchandises exportables sans paiement des droits d'exportation, par exemple certains produits monopolisés par l'Etat.

« cambula » « ilarii » « rizeasca » sous toutes ses formes et l'épaule de morue salée ;

11° Les troncs de chêne et de hêtre, toutes les espèces de poutres et bois de chêne dégrossis pour construction, le bois de noyer, le frêne, à l'exception des rais, des cercles, anneaux et des moyaux de frêne complètement confectionnés, mais non réunis, l'orme, le bois de hêtre dégrossi, quel que soit le nombre de côtés façonnés d'une grosseur supérieure à 25 centimètres ;

12° Le pétrole brut y compris le pétrole dépourvu de benzine ;

13° Les sacs vides, à l'exception de ceux de papier ;

14° Le zinc sous toutes ses formes ;

15° Le cuivre sous toutes ses formes ;

16° Les bijoux de platine, or et argent ;

17° Les explosifs ;

18° Le fer et l'acier sous toutes leurs formes, excepté les meubles de fer, les chaînes et les treillis de fil de fer, les poëles et leurs accessoires de fonte ;

19° Les monnaies de toute espèce de métal ;

20° Les minerais de toute espèce excepté la bauxite et la pirite, ayant moins de 2 grammes d'or, 200 grammes d'argent à la tonne et 1/2 gramme pour cent de cuivre ;

21° Le plomb ;

22° Le nickel ;

23° Le platine ;

24° Les pierres précieuses ;

25° Les sels et alliages de platine, or et argent ;

26° Les tanins et extraits de toute espèce servant au tannage à l'exception de l'écorce de chêne et des noix de galle ;

27° Les objets d'équipement et les ornements militaires ;

28° Le sucre ;

Voici les marchandises mises sous le régime des autorisations d'exportation :

1° Les machines, pièces de machines, ainsi que les ustensiles de toutes sortes, à l'exception des nouvelles machines isolées fabriquées dans le pays (ces dernières sont libres) ;

2° Les tableaux (seulement sur l'avis du ministère des Arts) ;

3° Les traverses de chêne (après avoir satisfait les besoins des chemins de fer de l'Etat roumain), les bois de peuplier et de tilleul sur l'avis de la Régie des Monopoles de l'Etat) ;

4° La soude caustique (sur l'avis de la Direction générale de l'Industrie) ;

5° La fonte brute (sur l'avis de la Direction générale de l'Industrie) ;

6° Les chiffons (sur l'avis de la Direction générale de l'Industrie).

Tous les autres articles sont librement exportables, avec paiement des droits de douane. Pour 477 articles on a fixé des taxes spéciales spécifiques. Pour tous les autres articles, non compris dans le tableau de ces 477 articles on a maintenu le système de la taxation *ad valorem* (20 %).

Il est évident que, bien qu'aujourd'hui la situation économique présente de nombreux aspects de l'état normal, les taxes d'exportation justifient encore leur raison d'être de deux manières :

Tout d'abord, les droits d'exportation représentent pour le fisc un important apport de revenus. Ainsi, en 1923, ils donnent à l'Etat un revenu de 4.981.000.000 lei, en 1924, 5.087.000.000 lei, et en 1925, 3.900.000.000 lei.

Deuxièmement, les taxes d'exportation servent à bon droit d'instrument de compression des prix de l'intérieur. Les taxes d'exportation nivelant les prix des marchandises d'exportation avec les prix mondiaux, la tendance d'évasion exagérée des produits roumains diminue. La quantité de marchandises ne diminuant pas à l'intérieur, ce fait conduit au maintien des prix intérieurs comprimés.

Mais, dans les derniers temps, on a pu observer une tendance continue de suppression de ces taxes parce que, en face des arguments qui soutiennent le maintien des taxes d'exportation, s'élève un argument plus puissant en faveur de la liberté : l'exportation libre stimule l'activité et donne un essor à la production nationale.

Al. Hallunga

7

CHAPITRE III

RÉGIME DES CONVENTIONS
COMMERCIALES DE LA ROUMANIE

Court aperçu historique. — Situation actuelle. — Dates
exactes auxquelles expirent les Conventions et les
accords actuellement en vigueur.

Nous ne trouvons pas intéressant de nous occuper d'une façon détaillée de l'historique des conventions commerciales avant 1875.

Non seulement la Roumanie n'avait pas avant cette date une politique commerciale bien définie, mais encore malgré tous les efforts faits pour trouver une liaison d'unité entre les causes déterminantes des différentes conventions de ce temps, nous n'avons pu arriver à en trouver aucune.

Nous allons faire une courte esquisse des différentes dispositions conventionnelles relatives au régime douanier des temps plus éloignés, pour étudier ensuite avec plus de détails les conventions négociées après la fixation d'une certaine politique commerciale en Roumanie, avec des préoccupations manifestes de consolidation de la production indigène et du développement des marchés de vente.

Jusqu'au xv⁰ siècle il est difficile de découvrir des indices de conventions douanières relatives aux régions occupées par les Roumains.

D'ailleurs les fuites continuelles au temps des invasions barbares et les retours de courte durée au moment de l'éloignement des hordes étrangères des contrées roumaines expliquent suffisamment le manque d'intérêt de toute convention commerciale en cet état de choses exceptionnel.

Nous avons vu plus haut que c'est seulement au xv⁰ siècle qu'apparaissent quelques documents (1). Nous avons étudié le traité de commerce de 1408 entre Mircea Voda et Vladislav roi de Hongrie ; le traité de 1424 de Dan Voevod avec l'Autriche ; le traité de Ilie Vodà avec la Transylvanie.

Nous avons vu aussi différentes modalités contractuelles dans le xv⁰ et le xvi⁰ siècle, les clauses du traité russo-turc de 1783 relatives aux pays roumains, la convention entre l'Autriche et la Turquie de 1784 et quelques autres.

De leur étude on a facilement pu conclure que les conventions commerciales dans les pays roumains, loin d'offrir un fil de continuité, présentent l'aspect d'une lutte interminable au détriment manifeste des Principautés.

Obligé de se soumettre aux règlements turcs, le pays ne pouvait mettre en évidence ses véritables intérêts et ce qui était plus grave, ne pouvait imposer ces intérêts.

1. V. chap. 1, page 13 et suiv.

1876. — Mais l'année 1876 est la première année importante dans l'histoire des conventions de la Roumanie. C'est alors qu'est signée la convention avec l'Autriche-Hongrie qui a été si discutée. On rédige alors la première convention internationale signée par la Roumanie, travaillant comme pays indépendant au point de vue économique.

Quand nous avons étudié plus haut cette convention, nous avons cherché à faire ressortir le plus objectivement possible son importance sur l'économie roumaine.

Le régime conventionnel avec l'Autriche-Hongrie a été longuement discuté, spécialement à la suite de la décision d'établir ce régime pour tous les Etats, au lieu du tarif autonome (1).

---

1. Conformément à une loi dans ce sens et à quelques déclarations provisoires avec chaque pays pris à part, on accorde le tarif conventionnel d'abord à l'Allemagne, la France et la Grèce, puis à l'Angleterre, la Hollande, l'Italie, la Suisse et la Serbie.

Voici les Conventions commerciales que la Roumanie a signées dans cette période jusqu'en 1886.

1º Convention avec la Russie signée le 15-27 mars 1876 à Bucarest, entrée en vigueur le 22 novembre 1876.

2º Avec la Suisse. signée à Vienne, le 18-30 mars 1878, entrée en vigueur le 22 novembre 1876.

3º Avec la Grèce, signée à Bucarest le 6-18 avril, entrée en vigueur le 15 mai 1880.

4º Avec l'Angleterre, signée à Bucarest le 24 mars 1880.

5º Avec l'Italie, signée à Rome le 11-23 mars 1878, entrée en vigueur le 1ᵉʳ avril 1881.

6º Avec la Belgique, signée à Bruxelles le 2-14 août 1880, entrée en vigueur le 1ᵉʳ avril 1881.

7º Avec l'Allemagne, signée à Berlin le 2-14 novembre 1877, entrée en vigueur le 28 juillet 1881.

8º Avec les pays du Sud, signée à Bucarest le 5-17 juin 1881 entrée en vigueur le 28 août 1882.

(V. Trandafir Djuvara-Traités, conventions et adhésions interna-

En tous cas, comme la tradition des tarifs généraux demandait que le nouveau tarif général fût plus lourd que le tarif conventionnel, on prévoyait que les taxes du tarif général seraient les taxes de la convention sus-nommée, majorée de 15 %.

Ainsi qu'on pouvait le prévoir, dans cette situation tous les Etats ont cherché à signer des conventions avec la Roumanie pour éviter le tarif général, de telle sorte qu'on a pu dire que la Roumanie n'avait qu'un tarif conventionnel.

Le traitement de la Convention fut appliqué tour à tour à la Russie, l'Allemagne, la France, l'Angleterre, l'Italie, la Hollande, la Suisse, la Grèce, la Serbie.

Ce régime qui ne laissait pas d'autonomie douanière à la Roumanie provoquait de profonds mécontentements, particulièrement en 1882, quand l'Autriche-Hongrie, contrairement à la convention de 1876, ferma sa frontière aux bestiaux roumains. Il est étonnant, en tous cas, que la Roumanie n'ait pas dénoncé la convention devant cette grave infraction en sa défaveur, bien qu'elle eût alors un gouvernement qui fit plus tard une âpre critique de cette convention (1).

tionales de la Roumanie. Bucarest, 1888, pages 288-300 et C. Braileanu: Conventions de la Roumanie avec les Etats voisins, etc... Bucarest. 1898, page 25).

1. Même en admettant que celle-ci ne pouvait être dénoncée, car la convention commerciale est un contrat synallagmatique qui ne peut être détruit par la simple volonté d'une seule partie, il est inexplicable que le gouvernement qui considérait les intérêts de l'Etat m ?

En 1877, la Roumanie a signé une convention avec l'Allemagne, convention obligatoire pour 16 ans, qui, dans beaucoup de clauses, était tout aussi lourde pour elle que celle de l'Autriche (V. page 33).

En 1886, après l'institution d'un nouveau tarif douanier, pour fixer l'attitude à garder dans les futures conventions, *le gouvernement établit une liste d'industries roumaines à protéger*. On décide de ne faire en aucune convention future, aucune concession qui pourrait écarter les facilités accordées aux industries nationales.

Cette liste dans laquelle sont comprises les marchandises pour lesquels le gouvernement institue un régime en faveur du travail national, forme la *liste A.* de la convention avec la Suisse, signée dans la même année (1).

nifestement lésés, n'ait pas procédé, à son tour, à l'écartement du régime de faveur accordé par la Roumanie aux marchandises austro-hongroises.

1. Les articles protégés par la liste A. faisaient partie des 22 catégories suivantes : farine de blé de n'importe quelle qualité, farine de seigle, légumes secs farineux et leurs farines, pâtes farineuses dites « d'Italie » ; cire brute blanche ou jaune de toute espèce ; cire travaillée blanche ou jaune, savonnerie de toute espèce ; cuirs tannés ordinaires non dénommés spécialement; travaux de cuirs ordinaires. comme : travaux de cordonnerie, de bourrellerie, de corroierie, de cuir ordinaire, même combiné à d'autres matières, excepté celles qui ont été énumérées dans l'article 445 des tarifs conventionnels; les peaux tannées fines, les chaussures, bottes, bottines, souliers,etc.., les tissus de laine ordinaire, soit : les couvertures grossières à poils longs, les draps pour vêtements grossiers, dits de « haline » (bure, sarrau,...) le drap brut, les tapis de laine de toute espèce, les semelles, les chaussons avec ou sans semelles, les chapeaux ou le feutre pour l'usage des paysans ou des soldats ; la toile non blanchie très ordinaire; le papier, la papeterie ordinaire soit : le papier violet ou autre pour l'empaquetage, simple ou goudronné; le carton ordi-

Comme on le voit, on pouvait dire maintenant que la Roumanie avait une politique commerciale établie. Elle avait non seulement un tarif autonome, mais encore un tarif conventionnel. De plus, elle avait compris qu'il lui fallait agrandir ses relations commerciales internationales, sans toutefois mettre de barrière à l'évolution naturelle de sa vie économique.

Mais, malgré toutes ces mesures protectrices, la situation n'avait pas changé vis-à-vis de beaucoup d'Etats dont les conventions avec la Roumanie expiraient seulement en 1891. .

La seule sortie de cette impasse ne pouvait être réalisée que par l'obtention de renonciations de la part des Etats avec lesquels la Roumanie avait signé des conventions à quelques-uns des avantages qu'ils avaient obtenus.

Cette politique réussit.

En décembre 1886, l'Angleterre renonce à une partie des articles en sa faveur, par exemple le pétrole brut et le pétrole raffiné, les cuirs tannés et le verre, en échange de quelques autres articles que la Roumanie lui accorde.

Dans le même mois, la France renonce aussi à

naire ; le papier de verre ; le papier à l'émeri et autres semblables ; le papier non dénommé spécialement, le bois de construction; les ouvrages de bois tout à fait ordinaires, comme : la tonnelerie, la charpenterie, les travaux du tourneur, « grosoaie » bruts ; les travaux de bois simplement rabotés ou sculptés ; les travaux communs de vannerie ; tous ces ouvrages non peints, non passés au mordant non lustrés, non vernis, non polis, non combinés à d'autres matières ; le pétrole et l'huile de schiste brut et raffiné (Cité de C. Baicoianu, *Quelques mots*, etc..., 1901, Bucarest).

une surtaxe de 50 % qu'elle nous avait imposée quelque temps avant.

1887. — En janvier 1887, on promulgue le traité avec la Russie. Par ce traité, la Roumanie ne cède qu'un nombre restreint d'articles, comparativement à ceux qu'elle avait accordés dans les conventions précédentes, se réservant ainsi un tarif autonome pour la majorité des articles.

Par la convention du 17 février 1887 promulguée le 27 mai de la même année, on modifie la convention commerciale signée avec l'Allemagne en novembre 1887. Le Gouvernement regagne une partie des articles cédés qui faisaient partie de la liste A de la convention avec la Suisse, dont il est parlé plus haut.

Bien que cette convention n'ait pas fait obtenir de concessions suffisantes de la part de l'Allemagne, elle a présenté pour l'histoire des conventions roumaines une importance très sensible, due à ce fait qu'elle a servi de modèle à toutes les conventions qui suivirent. La Roumanie n'a plus signé de conventions par lesquelles elle se réservait un nombre d'articles d'après une liste spéciale. C'était un procédé qui attirait particulièrement l'attention des Etats avec lesquels elle contractait et qui faisait l'objet de toutes les attaques à chaque négociation.

1888-1891. — En février 1888, on promulgue la convention avec la Turquie ; en 1890, on signe le traité avec la Serbie ; en 1891, on accorde le tarif conventionnel à l'Italie et à la Belgique. Toutes ces conventions contenaient seulement la clause de la nation la plus favorisée, accordée réciproquement.

A partir de 1891, les dispositions des conventions commerciales roumaines revêtent un nouvel aspect dû au nouveau tarif de cette année-là.

On note en effet, en 1891, un nouveau tarif douanier, avec des taxes peu protectrices, afin d'éviter le régime conventionnel ; car les gouvernants roumains d'alors croyaient qu'en concluant un tarif avec des taxes « aisément supportables », les Etats étrangers ne trouveraient plus de raison de demander à la Roumanie de leur accorder des diminutions conventionnelles, lui laissant ainsi l'autonomie de tarif.

On oubliait alors que l'esprit de négociation est immortel et que dans le commerce l'offre la plus réduite est toujours attaquée.

Du reste, la majorité des Etats a un régime plus lourd avec les pays avec lesquels ils n'ont pas conclu de convention de tarif.

Suivre les principes exposés par les gouvernements d'alors revenait à déclarer inutiles les traités de commerce.

En tous cas on a vu peu de temps après cela que les Etats étrangers chez lesquels ce tarif était « facilement supporté » ont provoqué et ont réussi à réduire davantage les taxes en leur faveur.

1893. — Tout d'abord, on a signé en 1893 trois conventions, avec la clause de la nation la plus favorisée, en janvier avec l'Angleterre, en mars avec la France, et en mai avec la Suisse.

Ensuite, la même année, la Roumanie a conclu un traité avec l'Allemagne mais dans de tout autres conditions. Il comprend, outre l'assurance réciproque du traitement de la nation la plus favorisée, deux tarifs. Le premier tarif visait l'exportation de la Roumanie en Allemagne. Il comprenait 65 taxes. Le second concernait l'exportation de l'Allemagne en Roumanie et il comprenait 185 articles. Ainsi donc l'Allemagne prenait à la Roumanie la liberté du tarif pour 185 taxes, tandis que celle-ci demandait des avantages conventionnels à l'Allemagne pour 65 taxes seulement.

Toutefois cette convention, prise à part, n'aurait pas eu de mauvais effets trop sensibles. Mais à elle est liée une regrettable conséquence.

Voici les faits. Le gouvernement poursuivait son ancienne idée d'établissement d'un tarif unique.

C'est pourquoi, la convention avec l'Allemagne étant un fait accompli, on ne trouvait d'autre solution que d'établir un tarif à peu près identique à cette convention.

Ainsi, ce tarif très réduit devint le régulateur du commerce extérieur roumain.

Tous les Etats avec lesquels la Roumanie avait des relations commerciales conclurent avec elle des conventions contenant la clause de la nation la plus favorisée. Pas un Etat n'a eu intérêt à demander une diminution aux taxes modiques du tarif.

Nous avons dit plus haut que seule la Turquie demandait de favoriser, par un tarif spécial, l'entrée de quelques-uns de ses articles.

Après 1904.— Telles sont les conventions les plus importantes que la Roumanie a signées jusqu'en 1904, date à laquelle on établit un nouveau tarif douanier, qui a été la base de l'organisation de la politique douanière roumaine jusqu'en 1927.

Sur la base de ce tarif, mis en application en 1906, on a signé plusieurs traités de commerce importants.

La seule convention commerciale de tarif signée sous le régime douanier antérieur à celui de 1906, et demeurée encore en vigueur en 1906, était le traité de commerce du 1-14 juillet 1902 avec la Turquie et mis en application le 3 juillet 1902 (Moniteur Officiel du 3/16 juillet 1902).

Les conventions, conclues à la suite du tarif de 1906, ne le modifièrent que fort peu. Par quelques-unes de ces conventions, on accorde la clause de la nation la plus favorisée, avec réciprocité ; par d'autres, on accorde encore d'autres réductions.

On a ainsi signé 7 conventions avec liste de tarif :

1º La convention commerciale avec *l'Allemagne* le 25 septembre-8 octobre 1904 (Moniteur Officiel du 19 janvier 1905), entrée en vigueur le 16 février 1906 ;

2º Avec *l'Angleterre*, le 18-31 octobre 1905 (Moniteur Officiel du 15 février 1906), entrée en vigueur le 16 février 1906.

3º Avec la *Belgique*, le 23 mai (5 juin) 1906 (Moniteur Officiel du 31 décembre 1906), mise en application le 9 janvier 1907 ;

4º La convention de commerce avec *l'Italie*, le 22 novembre (5 décembre) 1906 (Moniteur Officiel du 20 mars 1907), entrée en vigueur le 1er avril 1907 ;

5º Avec la *France*, le 21 février (6 mars) 1907, (Moniteur Officiel du 19 juillet 1907) mise en application le 21 juillet 1907 ;

6º Avec *l'Autriche-Hongrie*, le 10-22 avril 1909, (Moniteur Officiel du 8 août 1910) entrée en vigueur le 20 septembre 1910 :

7º Avec la *Turquie*, et dont nous avons parlé plus haut.

Les Conventions sans listes de tarif en vigueur après l'application du tarif de 1906 ont été conclues avec les Etats suivants :

1º Avec la *Hollande*, le 3/15 mars 1899 (Moniteur Officiel du 11 décembre 1899) ;

2º Avec la *Suisse*, le 16/29 décembre 1904 (Moniteur Officiel du 10 juillet 1905).

3º Avec la *Russie*, le 24 février 1906 (Moniteur Officiel du 22 mars 1906) ;

4º Avec la *Serbie*, le 23 décembre 1906 (Moniteur Officiel du 3 avril 1907) ;

5º Avec la *Bulgarie*, le 20 novembre 1907 (Moniteur Officiel du 1er janvier 1908) ;

6° Avec *l'Espagne*, le 18 novembre (1er décembre) 1908 (Moniteur Officiel du 10 février 1909) ;

7° Avec la *Suède*, entrée en vigueur le 24 avril 1910 (Moniteur Officiel du 13 avril 1910) ;

8° Avec la *Norvège*, mise en application le 19 juin 1910 (Moniteur Officiel du 19 juin 1910) ;

9° Avec le *Danemark*, entrée en vigueur le 8 juin 1910 (Moniteur Officiel du 10 juin 1910).

*
* *

Une des conséquences de la déclaration de guerre de 1916 fut la dénonciation de toutes les conventions douanières existant entre les belligérants ennemis et la Roumanie.

Par la suite, en avril 1921, toutes les conventions commerciales ont été dénoncées ou sont venues à expiration.

Après la guerre, la situation économique changeant dans presque tous les pays ne justifiait pas du tout le rétablissement d'une politique douanière de traités. Ainsi s'explique-t-on que la Roumanie n'ait signé aucune convention de tarif.

Mais on fit de simples conventions sans tarifs, que nous allons examiner ici brièvement.

1• Convention commerciale avec l'Autriche (1920).

La convention commerciale avec l'Autriche a été signée le 14 août 1920 (Moniteur Officiel du 19 octobre 1920).

C'était une convention sans tarif. Elle prévoyait en ce qui concerne *l'importation* que les produits de chacune des parties contractantes jouiraient dans les territoires de l'autre partie de tous les avantages de la nation la plus favorisée.

En ce qui concerne *l'exportation*, les gouvernements contractants, *dans le désir de développer les relations commerciales réciproques, décident l'établissement des contingents qui seront admis à l'exportation de part et d'autre.*

Le gouvernement roumain s'oblige, en commençant au jour d'entrée en vigueur de la convention et jusqu'au 31 août 1921, à permettre l'exportation en Autriche des marchandises énumérées dans la liste A annexée à cette convention au moins jusqu'à la limite des contingents qui y sont mentionnés. Le gouvernement s'oblige aussi à *délivrer des permis d'exportation* nécessaires dans ce but.

D'autre part, le gouvernement autrichien s'oblige à son tour, à permettre, pendant le même temps, l'entrée en Roumanie des marchandises énumérées dans la liste B, avec la même obligation de délivrer des permis d'exportation.

Les circonstances ont fait que *cette convention n'a pas été appliquée.*

2° Convention avec la Tchéco-Slovaquie.

La convention commerciale avec la Tchéco-Slovaquie, signée le *23 Avril 1921*, promulguée le *18 Juil-*

let 1921, (Moniteur du 16 novembre 1921) est entrée *provisoirement* en vigueur dès le 10 novembre 1921. Elle comprend des dispositions fort semblables à celles de la convention avec l'Autriche :

1. Elle comprend quelques dispositions qui prévoient une certaine liberté dans la vente des produits roumains ;

2° Quelques dispositions concernant le transit ;

3° Certaines facilités dans la zone de frontière.

Il eût été de grande importance de gagner les marchés tchécoslovaques pour la vente des productions roumaines de fruits et de vin. Mais la Roumanie ne les a pas obtenus, car on lui demandait des concessions trop grandes, qui auraient dépassé de beaucoup les avantages qu'on lui accordait.

La Roumanie a cherché, sur la base de la clause de la nation la plus favorisée, à obtenir pour ses vins les faveurs accordées aux vins français, italiens et serbes à leur importation en Tchécoslovaquie. Ses démarches ont réussi. Mais quoiqu'on lui en ait reconnu le droit, elle ne put remplir certaines formalités, de sorte que la faveur accordée resta sans effet.

A partir de la date d'entrée en vigueur de cette convention, celle-ci demeurait *obligatoire* pour une année.

A l'expiration de ce terme, elle était prorogée par tacite réconduction et restait en vigueur pendant encore trois mois, à commencer du jour de la dénonciation par l'une des deux parties contractantes.

3o Convention avec la Pologne.

La convention commerciale avec la Pologne, signée le 1er juillet 1921 (promulguée le 13 avril 1922), entre en vigueur le 19 novembre 1922 (*Mon.* off. du 19 novembre 1922).

Par cette convention les parties contractantes s'accordent réciproquement une exception temporaire de droits, à l'importation ou à l'exportation, pour deux catégories de produits :

a) Pour les objets destinés à être réparés sur le territoire de l'autre pays, à condition que leur nature essentielle et leur dénomination commerciale reste la même ;

b) Pour les objets destinés aux expériences, aux expositions et aux concours.

Les voyageurs de commerce ayant une carte d'identité conforme à un modèle établi auront le droit réciproque de prendre avec eux, sans être taxés à la douane, des échantillons et des modèles, mais non des marchandises.

Dans les rapports réciproques en matière de chemins de fer et voies navigables, les parties contractantes exerceront leur politique de tarif conformément au principe du traitement de la nation la plus favorisée.

Il y a encore des dispositions concernant le transit, le cabotage, le trafic de frontière et quelques autres.

Ce que la Pologne poursuivait en premier lieu

dans sa politique douanière, c'était de placer ses
produits qui autrefois étaient écoulés en Allemagne.
La Pologne acceptait d'accorder des autorisations
d'importation pour les marchandises qu'elle prohibait, si les Etats intéressés acceptaient d'importer
des marchandises polonaises qui trouvaient autrefois un débouché en Allemagne.

Dans le protocole final de la convention commerciale roumano-polonaise, on prévoyait que : « La Roumanie ne prétendrait pas à la réduction de 25 % du
tarif douanier accordé à la France par la Pologne »,
cette dernière ayant des motifs de ménagement politique pour la France. Mais la Pologne s'oblige en
échange à accorder trimestriellement à la Roumanie
des permis d'importation pour 25 wagons de vin et
60 wagons de prunes et de noix. Autrement dit, en
ce qui concerne les *vins*, on facilite l'importation en
Pologne des vins français au détriment des vins roumains.

Par la suite, le gouvernement roumain a ouvert une
discussion avec le gouvernement polonais et a obtenu
sur la base de la clause de la nation la plus favorisée que les produits roumains fussent traités de la
même façon que les produits tchécoslovaques, auxquels on accordait différentes réductions de taxes
douanières sur les pommes, le raisin et le vin ; ces
réductions étant accordées seulement à des intervalles précis de l'année et seulement sur l'autorisation du ministère de l'Industrie et du Commerce
polonais.

Al. Hallunga   8

Comme la convention avec la Tchécoslovaquie, cette convention demeure obligatoire pour un an à partir de la date de son entrée en vigueur. A l'expiration de ce terme, elle était prorogée par tacite reconduction et restait en vigueur pendant encore trois mois, à commencer du jour de la dénonciation par l'une des parties contractantes.

4° Arrangement commercial avec la Hongrie.

L'arrangement commercial avec la Hongrie signé le 16 avril 1924 (Mon. off. du 10 janvier 1925) est entré en vigueur huit jours après l'échange de ratification (3 décembre 1924).

Par cet arrangement, on prévoit que la Roumanie et la Hongrie s'appliquent dans leurs relations commerciales la *clause de la nation la plus favorisée*.

Il contient diverses règles et questions relatives aux intérêts communs des parties contractantes. De cette manière sont comprises dans cet arrangement les règles d'exécution des articles 292 et 293 du Traité de Trianon.

Il est convenu que les parties s'abstiendront de toute disposition pouvant amener une gêne aux conditions *du régime des eaux* dans les régions limitrophes, ainsi que de n'importe quel travail pouvant modifier le *statu quo* au détriment des autres parties contractantes.

On fixe encore certaines questions relatives aux syndicats des eaux.

L'arrangement peut être modifié à la demande de

l'une des parties, cinq ans après son entrée en vigueur.

5° Convention avec la Turquie.

Cette convention fait partie du traité de Lausanne, ratifié le 24 juillet 1923, par lequel on accorde aux pays signataires le tarif douanier réduit.

La Roumanie a donc avec la Turquie la clause de la nation la plus favorisée, réciproquement accordée.

* * *

Avec les autres pays, la Roumanie a procédé à un échange de notes diplomatiques, signant des accords provisoires avec application réciproque de la clause de la nation la plus favorisée. Ces échanges de notes sont entrées en vigueur ainsi qu'il suit :

1° Avec les Etats-Unis d'Amérique le 26 février 1926 ;

2° Avec la Suède le 18 décembre 1922 ;

3° Avec la Hollande le 19 décembre 1922 ;

4° Avec la Norvège le 1er octobre 1924 ;

5° Avec la France le 26 juillet 1921 ;

6° Avec la Suisse le 19 février 1923 ;

7° Avec le Danemark le 6 mai 1923.

8° Avec la Belgique et le Luxembourg le 2 septembre 1922 ;

9° Avec l'Angleterre le 10 juin 1923 ;

10° Avec l'Italie le 21 juillet 1921 ;

11° Avec l'Autriche le 5 février 1924 ;

12° Avec l'Espagne, le 1er mai 1923 ;

13° Avec la Grèce, le 1ᵉʳ avril 1927. La Grèce applique provisoirement son tarif minimum aux marchandises roumaines ; mais en échange la Roumanie lui accorde la clause de la nation la plus favorisée et deux avantages tarifaires concernant les raisins de Corinthe.

La Roumanie n'a pas encore des accords avec l'Allemagne, le Portugal et les pays baltiques, bien qu'on ait commencé un échange de notes dans ce but.

Nous disions que la Convention avec l'Autriche n'a pas été appliquée. Cependant la Roumanie a signé avec elle l'accord du 5 février 1924.

Les autres conventions, avec la Tchécoslovaquie, la Pologne, la Hongrie et la Turquie (1) sont et restent encore en vigueur dans les termes indiqués ci-dessus.

En ce qui concerne les accords, ils ne sont pas conclus pour un délai déterminé. Ils ont été établis provisoirement dans l'attente des Conventions commerciales.

1. Le 20 juillet 1927 à Angora, le Conseil des ministres a décidé d'annuler les dispositions prévues dans la Convention commerciale annexée au Traité de Lausanne, en ce qui concerne la Roumanie, parce que le Gouvernement roumain ne s'est pas adressé au Gouvernement turc pour la conclusion d'un nouveau traité de commerce dans le délai de trente mois prévu par la sus-dite convention. Par conséquent dans les six mois qui suivront la date de l'annulation, on appliquera le tarif maximum aux marchandises provenant de la Roumanie (art. 18 de la sus-dite convention). La légation roumaine de Constantinople a fait savoir au Gouvernement roumain que le Gouvernement d'Angora a donné aux autorités douanières turques l'ordre de ne faire bénéficier les marchandises roumaines du tarif minimum que jusqu'au 7 février 1928.

CHAPITRE IV

BILAN DU RÉGIME DOUANIER DE 1924

Commerce extérieur. — Production agricole. — Bestiaux. — Forêts. — Production industrielle. — Production de l'industrie extractive. — Développement de la richesse publique.

Rien ne peut mieux indiquer la valeur d'un régime douanier que ses effets sur les différents éléments de la richesse nationale. C'est pourquoi, pour rechercher en quoi le tarif de 1924 a été utile ou non, nous examinerons son influence sur l'économie nationale ; autrement dit, nous ferons le bilan de ce régime.

Nous répondrons ainsi à une question essentielle, car pour savoir quelle orientation générale donner aujourd'hui à la politique douanière, il est nécessaire tout d'abord de savoir, d'après l'expérience des dernières années, si les tendances de l'organisation du tarif de 1924 ont assuré en fait le développement de la richesse de la Roumanie.

Dans ce but, nous allons comparer la situation économique générale du pays avant et après la réforme de 1924, dans le domaine du commerce extérieur, dans celui de l'agriculture et de l'industrie, et ensuite, dans les diverses manifestations de la richesse publique.

Pour donner plus de certitude aux statistiques, nous éviterons de considérer isolément les années venant immédiatement après la guerre, alors qu'il y avait encore beaucoup de situations imprévues et extraordinaires. C'est pourquoi, autant que possible, nous considérerons les « moyennes ».

Nous tiendrons compte, tout d'abord, des deux années antérieures au tarif de 1924 et ensuite d'une année suivant celui-ci.

1º Commerce extérieur.

Pour avoir une idée d'ensemble de l'activité économique d'un pays ayant une structure économique semblable à celle de la Roumanie, peut-être n'est-il pas de meilleur criterium que l'examen de son commerce extérieur ? Toutefois, il ne faut pas nous faire d'illusion sur le véritable sens de la statistique du commerce extérieur et il ne faut pas voir dans la simple comparaison du total de l'importation avec celui de l'exportation l'expression définitive de la situation économique d'un pays. L'importation peut dépasser de beaucoup l'exportation sans que le pays considéré se ruine. En effet, les statistiques douanières ne peuvent enregistrer que les importations « visibles », et, en Roumanie, les importations invisibles sont dignes d'être prises en considération, puisqu'elles entrent pour beaucoup en ligne de compte avec l'étranger.

Toutefois, il n'est pas moins vrai que cette considération du commerce extérieur conserve une grande importance dans la question qui nous préoccupe, car « il tombe sous le bon sens ». que le solde net de la balance des paiements d'un pays généralement créditeur de l'étranger, comme l'est la Roumanie, sera d'autant plus élevé que le solde créditeur de la balance commerciale sera plus grand.

Or, voici quelle a été l'importation et l'exportation et quel a été le-solde du bilan dans les périodes suivantes que nous avons choisies.

Dans la première période de deux ans, antérieure au tarif de 1924 (années 1922 et 1923), la moyenne de l'importation a été de *468*.631.528 lei-or (ou 15.920.696.450 lei papier-monnaie), celle de l'exportation de *563*.469.540 lei-or (ou 19 milliards 317 millions 162.613 papier-monnaie) et **l'excédent** en moyenne de **94.838.012** lei-or (ou 3.396.466.466 lei papier-monnaie).

Dans la seconde période, suivant le tarif de 1924 (année 1925), l'importation a été de 746.408.697 lei-or (30.097.931.355 lei papier-monnaie), l'exportation de 719.818.932 lei-or (29.024.956.947 lei papier-monnaie), **et le déficit** de **26.587.765** lei-or (1 milliard 072.974.408 lei papier-monnaie).

Ainsi l'excédent qui était de 94.838.012 lei-or (3.396.466.466 lei papier-monnaie) dans les années qui ont précédé la réforme, se transforme en 1925 en un déficit de 26.587.765 lei-or (1.072.974.408 lei papier-monnaie).

Il faut donc conclure défavorablement pour le tarif de 1924, même si nous reconnaissons que ces chiffres ne donnent qu'une idée imparfaite, approximative, sur la situation réalisée dans le mouvement des affaires en Roumanie. En effet, il faudrait tenir compte que, par la considération des valeurs à l'importation et à l'exportation, en transformant les lei en or, nous commettons une certaine erreur, car nous arrivons à des résultats éloignés de la réalité à cause des grands changements dans la dépréciation du lei vis-à-vis de l'or ; que ce calcul aurait été fait avec plus de succès si nous avions eu la documentation nécessaire pour le faire dans les monnaies étrangères, plus stables, avec lesquelles ont été achetées ou vendues les marchandises, en faisant abstraction de leur valeur en lei ; il faudrait encore tenir compte de la fluctuation des prix, dont les effets ont été quelquefois plus sensibles pour l'importation que pour l'exportation et vice-versa, et du fait qu'en 1925 la Roumanie a été obligée d'importer même du blé, ce qui était autrefois l'un des principaux articles d'exportation.

Cependant, en tous cas, l'examen des chiffres de l'ensemble du commerce extérieur roumain établit, en défaveur du régime douanier de 1924, une forte *présomption* dans le sens de la pauvreté du pays.

Voyons si cette présomption va être fortifiée ou non, et nous observerons, l'une après l'autre, chacune des grandes catégories de produits indiqués dans nos statistiques douanières : les animaux et les produits animaux ; les produits du sol ; ceux du sous-sol ; les produits combinés des trois premiers groupes.

Pour les *animaux* et leurs produits considérés à part, les statistiques nous montrent l'exportation dépassant considérablement l'importation. Dans la première période, l'importation est en moyenne de 55.216.649 lei-or ; l'exportation de 86.454.314 lei-or ; et *l'excédent de 31.235.765 lei-or*. En 1925, l'importation est de 98.896.242 lei-or ; l'exportation de 155.204.282 lei-or, et *l'excédent de 56.308.040 lei-or*.

Produits du sol. — D'après l'examen du commerce extérieur, relatif à cette seconde catégorie de produits nous observons que l'exportation qui a dépassé l'importation nous laisse dans la première période un excédent moyen de 181.874.185 lei-or ; et dans la deuxième, *l'excédent tombe à 56.199.849 lei-or*.

Produits du sous-sol. — Dans la première période, l'excédent est de 15.615.990 lei-or, et dans la deuxième, nous avons un *déficit de 19.058.150 lei-or*.

Produits combinés des trois premiers groupes. — Enfin, pour cette catégorie de produits, dans la première période, nous avons un déficit de 11.842.210 lei-or ; et dans la seconde *le déficit tombe à 9.740.676 lei-or*.

Ainsi, l'examen des chiffres relatifs à chaque caté gorie de produits nous montre, à côté des chiffres d'ensemble du commerce extérieur, que le régime de 1924 a été, en grande partie, défavorable à la Roumanie.

2° Production agricole.

« La Roumanie est un pays éminemment agricole »... L'agriculture, sans doute, demeurera encore longtemps l'élément essentiel de la force économique de la Roumanie. C'est pourquoi toute réforme tarifaire doit y être pénétrée de ce grave et puissant caractère.

Pour apprécier l'effet du régime douanier actuel du point de vue agricole, nous examinerons huit éléments principaux de l'agriculture roumaine soit:

Le blé, le maïs, l'orge, les autres céréales, les haricots, les pommes de terre, les betteraves sucrières et le vin.

Il est évident que le pays étant exportateur de produits du sol, la production sera influencée en premier lieu par le tarif douanier d'exportation. Cependant, comme dans les conditions économiques actuelles l'ensemble de l'économie nationale est influencé spécialement par le régime de l'importation, nous considérerons que, sur les productions agricoles, le tarif d'importation exerce une forte influence ; mais l'explication essentielle nous sera donnée ici par le régime de l'exportation.

Les statistiques du commerce agricole montrent d'une façon détaillée que, non seulement la production du sol roumain suffit pour la consommation intérieure, mais qu'elle forme encore le principal élément d'exportation.

Nous avons vu que dans la première période que nous avons étudiée (1922 et 1923) les statistiques relatives à l'importation et à l'exportation des produits du sous-sol nous montrent un excédent de 181.874.185 lei-or, et en l'année 1925, l'excédent tombe à 56.199.849 lei-or.

On pourrait croire que cette diminution est due seulement aux conditions atmosphériques défavorables de 1925 et non aux taxes douanières.

Mais l'examen des chiffres des quantités produites nous montrera la situation véritable :

Dénomination	Unités de mesure	Moyenne des années 1922-1923	Année 1925
Blé.	Hectolitres	34.192.708	37.456.308
Maïs	—	43.352.104	55.239.976
Orge	—	26.830.678	16.449.541
Autres céréales.	—	29.492.404	21.465.762
Haricots	—	2.320.469	3.092.525
Pommes de terre. . . .	Quintaux	13.054.289	16.976.693
Betteraves sucrières . .	—	5.425.130	9.788.040
Vin.	—	4.330.767 (1)	7.585.419

On voit donc, qu'à part l'*orge* et les *autres céréales*, la production des principaux produits agricoles roumains a augmenté.

La diminution des chiffres d'exportation ne peut

---

1. On n'a considéré ici que la production des vignobles de 1923, aucune statistique des produits des vignes de 1922 n'ayant été établie.

donc pas s'expliquer par la diminution de la production.

Elle ne peut être due à une différence des prix mondiaux par rapport aux prix des mêmes produits roumains, car cette différence n'existe pas pour les prix *fob*, comme nous l'avons montré dans notre ouvrage fait à l'office d'études auprès du Sous-Secrétariat de l'Etat des Finances en collaboration avec M. G. Enesco et publié dans *l'Indépendance économique*, n° 1, 1927.

La diminution de l'exportation des produits agricoles n'est donc due qu'aux taxes d'exportation de 1925 qui sont trop grandes.

3° Animaux domestiques.

L'élevage des bestiaux joue un rôle capital dans l'économie nationale roumaine. Leur situation et celle de l'industrie des produits alimentaires animaux, dépend dans une grande mesure du régime douanier. D'après les recherches des statistiques du commerce extérieur, nous avons vu que l'importation d'animaux et de produits animaux a été en 1925 d'une valeur de 98.968.242 lei-or, par rapport à celle de la première période que nous avons étudiée (années 1922 et 1923) et dont la valeur a été, en moyenne, de 55.216.649 lei-or.

Cette augmentation très sensible et défavorable de l'importation a été considérée comme étant due à la réduction du cheptel.

Mais, d'après les dates de *l'Annuaire statistique de la Roumanie* pour les années 1923 et 1925, on observe que la situation des principales catégories d'animaux en 1925 n'est pas inférieure à celle des années 1922-1923.

Ainsi, le nombre des brebis est de 12.950.212 en 1925, par rapport à 12.480.967 en 1923. Le nombre des porcs monte à 3.087.869 en 1925, par rapport à 2.924.603 en 1923, et le nombre des chevaux présente des variations peu importantes. C'est seulement pour les bœufs que nous observons une diminution, dont nous parlerons plus loin.

Ici encore, il faut enregistrer le fait que la Roumanie permet l'exportation de peaux brutes, qui lui reviennent ensuite travaillées.

Il y a un besoin urgent d'interdire cette exportation, comme cela arrive en Tchécoslovaquie et en Horgrie. L'utilité de cette mesure se comprend d'elle-même.

La disposition du tarif de 1924 n'a pas tenu compte de telles considérations d'ensemble sur le régime d'importation à côté de celui d'exportation.

Ainsi s'expliquent les résultats peu satisfaisants exprimés par les chiffres indiqués ci-dessus.

4° **Richesse forestière.**

A côté de l'agriculture et de l'industrie du pétrole, les forêts forment le troisième facteur principal des richesses nationales de la Roumanie.

L'étendue de la surface boisée, y compris les clairières est de 7.207.118 hectares (1) — pour tout le pays en 1923 et de 7.345.460 hectares (2) en 1925 —, c'est-à-dire presque un quart de toute la surface de la Roumanie.

De cette surface, le hêtre occupe approximàtivement 3.500.000 hectares, le chêne 1.500.000 hectares et les arbres résineux environ 1.500.000 hectares.

Si le pays n'utilisait de sa richesse forestière que le produit des coupes annuelles des forêts, dans le but de conserver le boisement actuel, il pourrait produire 450.000 wagons de bois. D'après l'auteur de ce calcul (3) on estime qu'en retranchant de cette production 350.000 wagons pour la consommation intérieure, il resterait 100.000 wagons pour l'exportation.

Ces chiffres peuvent encore nous indiquer suffisamment quel champ d'activité peut offrir l'industrie du bois en Roumanie.

D'autre part si nous évaluons l'accroissement annuel à 2 mètres cubes par hectare, nous arrivons à une production annuelle de 14.220.000 mètres cubes, soit 711.000 wagons de bois de travail et de chauffage, dont 450.000 wagons de bois de chauffage et 260.000 wagons de bois de construction. La valeur approximative de ces productions atteindrait

---

1. *Annuaire statistique de la Roumanie* pour 1924.

2. Données de l'Administration de la Maison des Forêts.

3. Voir la *Politique économique de la Roumanie* du D' I. N. Angelesco, 1924.

5.400.000.000 lei, par rapport à la valeur totale du
bois des forêts, évaluée à 72.000 000.000 lei.

En ce qui concerne cette importante richesse
nationale, jusqu'à présent, on n'a pas encore arrêté
de programme général d'Etat. Pour en obtenir l'a-
vantage le plus rationel il est à désirer, tout d'abord,
qu'on établisse une organisation économique de
l'exportation.

Nous allons montrer par quelques chiffres comment le régime de l'exportation a influencé le commerce extérieur, dans les périodes étudiées.

Les statistiques du commerce extérieur nous
montrent que, des catégories « bois et industries qui
en dérivent », on a exporté en 1922, 1.968.575 tonnes,
en 1923, 2.224.935 tonnes, soit une moyenne
annuelle : 2.096.455 tonnes, contre 2.467.196 tonnes,
en 1925.

Du reste, l'exportation de ces produits a toujours
été en augmentant de 1919 à 1923.

L'explication de ces augmentations doit être
recherchée tout d'abord dans la diminution des taxes
d'exportation, que le Gouvernement a réduites d'une
manière sensible en 1925.

Nous n'insisterons plus sur les inconvénients
qu'ont présenté dans le passé ces taxes d'exportation
sur cette partie de l'exportation roumaine.

Le fait est que le Gouvernement actuel, ainsi que
le précédent, ont compris qu'il fallait continuer une
politique de diminution des taxes jusqu'à la suppression complète : ce qui indique de la part des

gouvernants une compréhension suffisante des nécessités réelles de l'Etat dans les conditions actuelles.

En ce qui concerne l'effet du tarif d'importation sur
la balance, notons que pour l'importation (qui a été
stationnaire en 1921), on a enregistré en l'année 1923
les chiffres suivants comparativement à ceux de 1925 :

	1923	1925
Extraits de toutes matières pour le tannage et les tannins.....	139 millions	176 millions
Meubles de bois tapissés et sculptés	10 —	23 —
Bouchons de liège	16 —	17 —

Comme nous pouvons le voir, le tarif de 1924 permet la sortie du pays de certaines sommes importantes, en échange de ces produits de bois, dont
beaucoup auraient pu être fabriqués dans le pays,
étant donné la matière première disponible.

La fixation de certaines taxes d'importation très
élevées aurait restreint en partie l'entrée des produits étrangers et aurait stimulé l'activité nationale
dans ces directions.

5º **Production industrielle.**

Dans une étude antérieure (1) nous avons montré
l'importance de l'industrie et ses possibilités de développement en Roumanie.

1. Voir l'*Argus* du 15 janvier 1927, Bucarest.

Dans le domaine de l'industrie, le tarif douanier a une importance éminente. De la protection que l'Etat accorde à son industrie par le tarif douanier, dépend à un haut degré sa production.

La comparaison de quelques chiffres (1) sur la situation de l'industrie en 1922 et 1923, années antérieures au tarif de 1924, et en 1925, année suivant celui-ci, nous montrera suffisamment l'influence du tarif dans ce domaine.

Le mouvement des productions industrielles peut être reconnu d'après deux premiers criteriums : la quantité de matières premières employées au travail et la force dynamique appréciée en « chevaux » qu'utilise l'industrie.

D'après les statistiques du Ministère de l'Industrie et du Commerce, la valeur des matières premières employées, calculée par nous en lei-or, est de 704 millio.s de lei-or dans la première période (2).

En ce qui concerne la force motrice qu'utilise l'industrie roumaine, elle représente 384.676 HP en 1925, au lieu de 383.538 HP dans la première période.

Mais le fait que la production roumaine a progressé en 1925 est encore constaté d'après le nombre des établissements industriels qui, en cette année-là, est de 3.445 au lieu de 3.301 en 1923.

En outre, d'autres renseignements sur l'industrie

1. Résultat des enquêtes faites par le Ministère de l'Industrie et du Commerce par des inspecteurs industriels, et transformé par nous en lei-or.

2. Elle est de 565 millions lei-or dans la deuxième période.

nous sont fournis par les données suivantes :

Le capital investi dans les terrains, constructions et installations est de 759 millions de lei-or en 1925 au lieu de 728 millions de lei-or dans la première période.

Le personnel administratif et technique est de 17.225 en 1925, au lieu de 16.325 en 1922 ; et le nombre des ouvriers est de 191.428 en 1925 au lieu de 147.029.

VALEUR DE LA PRODUCTION INDUSTRIELLE

Enfin la valeur totale de la production industrielle roumaine a atteint 1.282 millions de lei-or en 1925 par rapport à 834 millions de lei-or dans la première période.

En ce qui concerne les progrès faits par chaque industrie à part, nous observons que la valeur des productions industrielles métallurgiques et électrotechniques augmente en 1925 jusqu'à 151 millions de lei-or, au lieu de 102 millions de lei-or en 1922-1923.

L'industrie du bois a une production de 128 millions de lei-or en 1925, au lieu de 110 millions de lei-or en 1922-1923.

Dans les mêmes périodes, l'industrie alimentaire produit 416 millions de lei-or au lieu de 230 millions de lei-or.

L'industrie textile produit 138 millions de lei-or au lieu de 98 millions de lei-or.

L'industrie des cuirs produit 62 millions de lei-or au lieu de 53 millions de lei-or.

Les industries du verre, de la céramique et des matériaux de maçonnerie produisent 32 millions de lei-or au lieu de 28 millions de lei-or.

L'industrie du papier et des arts graphiques produit 9,9 millions de lei-or au lieu de 8,5 millions de lei-or.

L'industrie chimique a produit dans la première période 182 millions de lei-or, valeur dans laquelle est comprise celle des raffineries de pétrole, au lieu de 52 millions de lei-or en 1925, sans compter dans cette année la production des raffineries de pétrole, dont la production n'a pas encore été totalisée (1).

Outre les chiffres ci-dessus, nous montrerons encore que dans la deuxième période, le nombre des établissements des installations industrielles s'est multiplié ainsi qu'il suit (d'après les données de *l'Annuaire de statistique de la Roumanie*).

Années	Nombre des Sociétés industrielles	Capital
1922	720	7.549.070.670
1923	874	11.934.834.098
1925	1.003	15.702.778.398

Voici donc suffisamment prouvé le développement de l'industrie roumaine. Il est évident que

1. La production des raffineries de pétrole n'a pas encore été totalisée. Mais pour donner une idée de son importance, notons qu'en 1924, cette production s'est élevée à 208 millions de lei-or.

cet accroissement n'est pas très important et qu'il ne représente pas le progrès qu'on était en droit d'attendre après deux années d'activité. Toutefois il faut savoir que dans les données de l'année 1925, ne figurent plus beaucoup d'éléments qui entraient en compte les années précédentes et qui ont été retirés la dernière année, n'étant plus considérés comme facteurs de la grande industrie. Il ne faut pas non plus oublier, quand on lit les chiffres de la production des différentes branches de l'industrie, que dans l'année 1923 parmi les données de l'industrie chimique, les distilleries du pétrole ne sont pas comprises.

D'autre part, tous ces indices de progrès de l'industrie s'expliquent aussi par la protection donnée par les banques aux producteurs, par la spéculation très active sur les actions industrielles en Bourse, par les facilités de crédit pouvant provenir de la création du Crédit Industriel et par la certitude de vente d'une certaine quantité de produits pour la consommation des institutions de l'Etat.

Mais il n'est pas moins vrai que le progrès de la production aurait cessé si le tarif douanier n'avait pas protégé l'industrie nationale contre ses concurrents les plus redoutés qui, dans la situation actuelle sont les produits étrangers.

S'il est vrai que l'Etat ne peut élargir en rien son horizon industriel, n'ayant pas d'influence sur l'esprit d'entreprise et sur les dépenses de la production, il n'en est pas moins vrai que son rôle de gardien à

la douane contre l'invasion des produits étrangers,
s'est affirmé utile pour empêcher aux époques où
les conditions économiques ne sont pas favorables,
la rétrogradation d'une situation que la Roumanie
voulait pour le moins maintenir.

6° Production minière.

Nous allons étudier, tour à tour, la situation de
la production du *pétrole*, du *charbon*, du *gaz naturel*, des *minerais du sol*.

1° *Pétrole*. — Le pétrole constitue pour la Roumanie la seconde grande richesse nationale. Dans
les deux périodes étudiées, la production du pétrole
brut s'établit comme suit :

Pendant les années 1922-1923, la production a
été en moyenne de 1.442.603 tonnes : en 1925, la
production a été de 2.316.979 tonnes.

Dans la première période, les différents *dérivés* de
la distillation du pétrole, comme l'essence, le pétrole
lampant, les huiles et les résidus ont représenté des
chiffres inférieurs, comparativement à 1913 ; mais
dans la deuxième période la quantité de ces produits a augmenté :

	1913	Moyenne des années 1922-1923	1925
	tonnes	tonnes	tonnes
Essence	422.019	292.972	497.545
Pétrole lampant	380.074	213.838	365.033
Huiles	48.416	119.535	211.888
Résidus	906.735	620.501	1.036.723
Total	1.757.244	1.246.848	2.111.189

Il résulte de ces chiffres, que la fabrication s'est faite sur une échelle plus étendue dans la deuxième période, comparativement à la première, et qu'elle est arrivée à dépasser tout dernièrement même la fabrication de l'année normale 1913.

La consommation intérieure de ces produits a été, dans les années examinées, ainsi qu'il suit :

	1913	1925
Benzine	87.690 tonnes	72.528 tonnes
Pétrole lampant........	97.359 —	118.319 —
Huiles	116.382 —	112.207 —
Paraffine	1.607 —	1.220 —
Résidus	598.775 —	811.190 —
Total	901.735 —	1.119.464 —

Ainsi qu'on le voit, la consommation intérieure du pays augmente pour le pétrole lampant et les résidus, fait qui nous montre le développement des entreprises industrielles qui ont utilisé ce combustible. Pour les autres produits, la production a diminué en 1925.

Malgré cette prospérité dans la production du pétrole brut et dans la distillation de ses produits, l'exportation n'a pas encore atteint les chiffres de 1913, dernière année normale avant la guerre.

Tandis que, en l'année 1913, la quantité totale de dérivés de pétrole exportés a été de 1 million 29.136 tonnes, elle n'a été que de 429.954 tonnes en 1922-23 et de 788.823 tonnes en 1925.

En tout cas, on observe que, dans la deuxième période, l'exportation des produits pétrolifères a progressé fort sensiblement.

L'une des causes de ce progrès est la légère réduction des taxes douanières d'exportation sur le pétrole, la benzine et les résidus.

Il est resté encore suffisamment d'obstacles à l'exportation de ces produits, entre autres les suivants :

Des communes prétendent percevoir des taxes sur chaque wagon de pétrole passant sur leur territoire, de telle sorte que l'on pourrait dire, en exagérant quelque peu, que si toutes les communes avaient la même prétention, tout le revenu des entreprises de pétrole serait dépensé en taxes municipales.

En deuxième lieu, le transport par chemin de fer coûte aujourd'hui 52% de plus qu'avant guerre.

Il y a encore une longue liste de plaintes des pétroliers au ministère de l'Industrie qui montrent, entre autres, que les taxes douanières d'importation augmentent le prix des chaudières de cent pour cent et que les taxes d'exportation sont augmentées.

Quoi qu'il en soit, la situation de la production de pétrole, due à un ensemble de conditions, y compris le tarif douanier, a progressé sensiblement en l'année 1925.

2° *Le charbon.* — On trouve le charbon en quantités importantes en Roumanie, et, pour la plus grande partie sous forme de lignites, puis de houille.

La production roumaine satisfait complètement les besoins de la consommation intérieure.

En 1922-1923, il y eut une production moyenne de 2.318.807 tonnes, puis en 1925, 2.928.250 tonnes.

3° *Gaz naturel.* — Cet important combustible se trouve sous la forme gazeuse en grandes quantités dans le pays.

On ne peut indiquer avec précision sa capacité annuelle de production puisque une grande partie se perd.

Toutefois on calcule en chiffres exacts les quantités employées dans divers desseins.

Grâce à ses qualités de bon combustible, le gaz naturel est employé de plus en plus dans les entreprises industrielles.

Ainsi, au cours de l'année 1925, on a consommé : 369. 819. 723 mètres cubes de gaz naturel, comparativement à : 268. 603. 810 mètres cubes en 1922-1923. Mais il est évident que le tarif douanier ne peut influencer qu'indirectement l'exploitation de ce combustible.

Il est certain que, dans le cas où plus tard le capital destiné à cette exploitation croîtrait, le gaz naturel sera d'une utilité incontestable à l'économie générale du pays, étant de première nécessité pour l'industrie.

4° *Minerais.* — La Roumanie possède aussi dans son sous-sol divers minerais, dont les plus importants sont :

Les minerais de fer, d'argent, de cuivre, de plomb, d'antimoine, de manganèse, de pyrite, de mercure, d'asphalte, puis d'ambre, d'ozokérite et de sel.

De ces minerais, on extrait divers métaux parmi lesquels les métaux précieux : l'or, l'argent, puis les métaux inférieurs, le plomb, le cuivre, le fer, etc., etc.

Voici la quantité de métaux extraits des minerais au cours de l'année 1925 par rapport aux années 1922-1923.

	Moyenne 1922-1923	1925
Or	1.339 kgs	1.245 kgs
Argent	2.147 —	2.382 —
Cuivre.	90.668 —	132.661 —
Plomb et antimoine. . . .	326.023 —	496.417 —
Oxyde de plomb.	199.862 —	106.325 —
Fonte.	63.521 —	64.273 —

Tous ces chiffres indiquent des accroissements en 1925, sauf les données relatives à l'or et à l'oxyde de plomb, pour lesquels nous observons la même année une diminution.

5° *Le sel*. — La quantité de sel extrait en 1925 a été de 330.356 tonnes au lieu de 295.912 tonnes en 1922-1923.

Nous avons noté à part ce produit, parce qu'il est, avec le pétrole et le charbon, une des importantes richesses minières roumaines.

D'après cet exposé de la situation de la production minière roumaine, on peut voir que, en ce qui concerne tous les produits du sous-sol, en 1925, des progrès ont été faits.

A côté des effets du tarif douanier, les conditions économiques de 1925 ont permis aussi dans le domaine des produits du sous-sol des progrès identiques à ceux constatés dans quelques-unes des autres branches de l'économie nationale.

7° Situation financière.

Parallèlement aux tendances de relèvement dans tous les domaines de la richesse nationale, on a observé aussi une tendance de relèvement des finances de l'Etat.

Le budget de l'exercice 1922-1923 surtout, a été un budget de mise au point. A cause de l'impossibilité dans laquelle la Roumanie s'est trouvée de se procurer les données exactes relatives à la contribution des territoires annexés, le budget de cet exercice fut établi en grande partie sur des présomptions.

Toutefois on constata un excédent de recettes sur les prévisions de près de 4 milliards 600 millions. Cet excédent fut presque en entier affecté à la réfection des chemins de fer.

Le budget de 1923 fut fixé pour neuf mois (avril à décembre) au chiffre d'environ 15 milliards de lei. Il s'est soldé par un excédent de 3 milliards 385 millions de lei. Pendant l'année 1923 on a pu reprendre le service de la Dette publique tant à l'intérieur qu'à l'extérieur et on a pu augmenter les allocations de différents services publics. Le prix de la vie augmentant continuellement, l'Etat dut à son tour augmenter les traitements des fonctionnaires.

Le budget de 1925 fut le quatrième budget équilibré de la Roumanie d'après-guerre. Les crédits accordés furent de 28 milliards 500 millions de lei, mais les recettes furent évaluées à 31 milliards 750 millions. La fermeture effective de l'exercice budgétaire a eu lieu le 30 juin 1926. Les encaissements ont été de 34.038 millions de lei, c'est-à-dire un excédent de plus de 2 milliards de lei. Grâce à ces conditions favorables, on procède à une augmentation des traitements des fonctionnaires.

Pour mettre plus clairement en évidence la situation du fonctionnement supérieur de l'appareil fiscal pendant la dernière période étudiée, nous donnerons un tabl.au des budgets généraux des années 1922-1925.

Années	Evaluations budgétaires lei	Revenus lei	Dépenses lei	Excédent lei
1922-1923.	10.498.000.000	15.113.000.000	10.032.000.000	4.615.000.000
1923 (9 mois).	15.406.000.000	18.792.000.000	13.639.000.000	3.385.000.000
1924 . . .	24.000.000.000	27.744.000.000	21.403.000.000	3.744.000.000
1925 . . .	31.750.000.000	34.038.000.000	17.942.000.000	2.288.000.000

Ces chiffres nous montrent que tous les ans, les recettes effectuées ont été de beaucoup supérieures aux évaluations budgétaires, et, en particulier, que l'excédent sur ces dernières s'est suffisamment accru en 1925.

8° Augmentation de la richesse publique.

C'est une entreprise difficile et dangereuse de vouloir évaluer la richesse d'un pays et de la comparer à des époques différentes.

Sans doute, il ne peut être ici question de précisions absolues. Mais nous croyons possible de dégager, de l'examen des différents éléments de la richesse publique, au moins les tendances générales, susceptibles de confirmer certaines conclusions déjà formulées.

Nous allons examiner successivement les économies, le mouvement des affaires des grandes sociétés de crédit et de la Banque Nationale, la balance des paiements à l'étranger, et nous essayerons de faire la comparaison des annuités successorales dans les deux périodes étudiées.

1. Les *économies* résultant des *dépôts* à la *Caisse d'Epargne* de la Roumanie sont unanimement reconnues comme l'un des éléments les moins importants des forces économiques de la Roumanie.

Toutefois, ces économies peuvent donner un indice sûr de la situation de la fortune publique, au moins quand les capitaux qu'elles réunissent, à différentes époques, ne sont pas trop faibles.

Or, les statistiques de ces caisses d'épargne indiquent une progression *ascendante* des économies individuelles, bien que la loi de 1906 fixe le chiffre de l'intérêt à 4 1/2 % par an, et que la loi publiée dans le *Moniteur officiel,* n° 77, du 2 avril 1926, fixe le maximum de dépôt à 30.000 lei par livret et à 2.000 lei par semaine, accordant aussi le droit à la Caisse de bénéficier du terme de remboursement qui atteint jusqu'à trois mois (1) au cas où l'Etat se trouve en crise.

En effet, dans le courant de l'année 1923, le total des dépôts atteignait 34.380.043 lei, alors qu'en 1925 le total des dépôts est de 37.560.404 lei. A la fin de ces années, le nombre des déposants est respectivement de 308.336 et de 295.887.

2. La Banque nationale est, avant tout, une banque régulatrice de la circulation monétaire et sur ce point, le chiffre de ses affaires constitue une nouvelle indication de l'activité économique plus intense.

La circulation fiduciaire de la banque d'émission s'élève en 1923 à 17.915 millions de lei mais l'encaisse, (*compte non tenu* de l'or déposé à Moscou, Londres et Berlin, *ni des disponibilités des traités et des bons du trésor-or*) atteignait 180 millions de lei-or. A la fin de l'année 1925, la circulation fiduciaire est passée à 19.940 millions de lei, pendant que l'encaisse, considéré comme ci-dessus, est montée à 300 millions de lei-or.

---

1. Un mois pour les sommes qui ne dépassent pas 600 lei, deux mois pour celles qui ne dépassent pas 3.000 lei, et trois mois pour celles qui sont au-dessus de 3.000 lei.

Les opérations commerciales de la Banque Nationale (escompte, avances sur titres, dépôts) sont elles aussi en accroissement. Mais, dans ce domaine, le rôle prépondérant revient aux grandes sociétés de crédit : banques, sociétés industrielles, sociétés commerciales et autres sociétés diverses.

A la fin de 1923, le portefeuille commercial total de ces sociétés était de 8.528 millions ; à la fin de 1925, il était de 16.090 millions.

En 1923, les comptes courants débiteurs étaient de 27.204 millions, alors qu'en 1925, ils atteignaient 38.151 millions.

Mais le progrès le plus remarquable est celui des dépôts en banques, qui passent de 8.218 millions en 1923 à 16.775 millions en 1925. N'est-ce pas une preuve évidente du progrès économique de la Roumanie que cette masse croissante de « capitaux disponibles », c'est-à-dire de capitaux déposés en banque dans l'attente de leur retour définitif à la production ?

3. Enfin, examinant la balance des paiements extérieurs, qui sont la synthèse de la situation économique de la Roumanie, nous affirmons que le régime de 1924, sans dire qu'il a appauvri le pays, a toutefois fait naître en sa défaveur, d'importantes créances extérieures.

D'après l'économiste distingué, M. Eugène Lotru, de l'office des études du ministère des Finances, qui a établi la balance des paiements de la Roumanie, on arrive à la conclusion que cette balance, toujours active avant la guerre, est restée active dans les années 1922-1923, donnant pour cette période un excédent d'une moyenne de 89 millions de lei, alors qu'en 1925, on a enregistré un déficit de 168 millions de lei-or.

Si nous entrons maintenant dans l'analyse des différents éléments de la balance des paiements de ces deux périodes (1) nous refaisons en premier lieu la constatation faite ci-dessus au sujet de la balance commerciale qui, au lieu de l'excédent de 94.838.112 lei-or de la première période présente en 1925 un déficit de 26.587.765 lei-or (soit : 1.072.974.408 lei papier-monnaie).

En second lieu, la balance des services qui ont été faits à l'étranger et des services qui ont été reçus, est soldée en faveur de la Roumanie par un excédent de 12.7 millions de lei-or pendant la première période, e xcédent qui s'accroît à 21 millions de lei-or en 1925.

Notons que dans cette balance des services, ce qui justifie l'excédent en faveur de la Roumanie ne sont pas seulement les dépenses des étrangers, ni celles des légations étrangères à l'intérieur du pays (dépenses qui comprennent des sommes différant très peu des dépenses des Roumains et des légations roumaines à l'étranger), mais l'excédent dû aux transports de la navigation roumaine, aux transports de transit et aux honoraires dûs aux pro-

____

1. Première période 1922-1923, la deuxième 1925.

fessions libérales, etc… pour lesquels il entre en Roumanie des sommes qui sont insignifiantes par rapport aux paiements qui sont faits par elle à l'étranger dans cet ordre d'idées.

Il est intéressant de remarquer ici, — et nous reviendrons sur cette question dans une autre occasion, — que M. Eugène Lotru donne une appréciation fort intéressante et fort controversée relativement aux voyages des étrangers en Roumanie et des voyages des Roumains à l'étranger. M. Lotru a trouvé que, dans la première période, ces dépenses ont été à peu près égales de part et d'autre. De plus, pendant les années suivantes, les dépenses faites par les étrangers en Roumanie seraient de beaucoup plus grandes que les dépenses des Roumains à l'étranger.

En ce qui concerne le mouvement des capitaux, la Roumanie a pendant la première période un déficit moyen de 33 millions de lei-or qui monte en 1925 à 140 millions de lei-or.

Ce sont les chiffres les plus concluants parce qu'ils synthétisent la plus intéressante partie de la balance des paiements de la Roumanie. En effet, la Roumanie — à la différence d'autres pays, — n'enregistre pas de sommes importantes aux autres comptes de la balance des paiements, puisqu'elle n'est pas un pays où viennent beaucoup de touristes étrangers, qu'elle n'a pas de marine commerciale développée, que ses banquiers ne reçoivent pas de commissions considérables comme les Banques anglaises, françaises et allemandes qui reçoivent des ordres et font des opérations pour le monde entier et qu'enfin elle n'a pas beaucoup d'ouvriers qui cherchent du travail hors des frontières ; en outre, elle ne fait pas d'investissements importants de capitaux à l'étranger. D'autre part, les nouveaux investissements de capitaux étrangers diminuent continuellement d'importance, tandis que les dividendes du capital investi, qui sont payés à l'étranger s'accroissent d'une manière fort sensible venant grossir le chiffre déjà important de l'exportation de capital. Et le capital roumain à l'étranger étant très réduit, l'importation des dividendes qui le rémunèrent est insignifiante.

En ce qui concerne la transmission d'économies des émigrants et des immigrants, l'échange n'est pas défavorable à la Roumanie. Toutefois ces sommes ne sont pas très im, ortantes, puisque par exemple en 1925 le total des économies entrées en Roumanie ne s'élève qu'à 14 millions de lei-or.

Il est vrai qu'en 1925 une grande importation de capital nous est indiquée par le chiffre des nouveaux crédits souscrits par l'étranger à la Roumanie, crédits qui ont atteint 75 millions de lei-or. Mais la même année, les intérêts et les annuités des dettes publiques et privées et les intérêts des comptes étrangers, s'élèvent au chiffre de 175 millions de lei-or.

A cause des accords de 1925, consécutifs aux retards apportés à la régularisation des paiements roumains à l'étranger, le pays a été obligé de faire d'immenses sacrifices en exportant des sommes fort importantes pour les intérêts et les annuités. De cette façon, on s'explique que la Roumanie ait eu une balance de déplacements de capitaux si défavorable en 1925.

4° *Annuité successorale.* — Nous avons essayé d'établir aussi quelle est en Roumanie l'annuité successorale. La valeur totale des biens meubles et immeubles transmis par successions et par donations pendant le cours d'une année, forme l'annuité successorale et dévolutive. On peut capitaliser cette annuité en la multipliant par 35 (trente-cinq) car on estime, qu'en moyenne, un patrimoine est l'objet d'une mutation tous les trente-cinq ans. On obtiendrait ainsi un chiffre approximatif indiquant la valeur de la richesse nationale.

Les successions et les donations imposées conformément à la loi en vigueur en 1923, et pour lesquelles les taxes ont été payées en 1923 (1), représentent pour la *première période étudiée* une valeur de 829 millions 188.624 lei.

Toutefois, la valeur réelle de toutes les successions ne peut pas être connue, puisque outre la valeur très contestable des statistiques sus nommées, nous sommes convaincus que l'évaluation des biens successoraux est faite au-dessous de la réalité.

En multipliant par 35, nombre d'années représentant la durée moyenne d'une génération, la

_____

1. Les statistiques annexées au Contre-projet de modification de la loi du timbre établie par M. V. Bratianu.

somme ci-dessus de 829.188.624 lei, nous obtenons un capital de : 29.080.521.840 lei.

Nous arrivons ainsi à un capital de 29 milliards pour les biens meubles et immeubles de la Roumanie, en 1923, chiffre qui est contredit par toutes les autres données suffisamment connues et facilement vérifiables par n'importe qui. Nous ne donnons ce chiffre que pour prouver le ridicule des évaluations et l'insuffisance de ces statistiques.

Nous sommes sûrs qu'en raison des évaluations rigoureuses qui s'imposent, une statistique des successions, du timbre et des enregistrements ne peut plus tarder.

Pour l'année 1925, on n'a encore établi aucune statistique comme celle-ci. Des monceaux de registres gisent, couverts de poussière, au Ministère des Finances, sans que personne en ait extrait des chiffres pour en faire le total.

Du reste, il est manifeste que les statistiques comme celle de 1923, peuvent manquer sans inconvénient.

En résumé, nous observons que certains éléments de la richesse nationale sont en progrès dans l'année 1925.

Ainsi, l'agriculture et l'élevage des bestiaux a progressé d'une manière fort sensible, la production industrielle a progressé elle aussi, l'industrie extractive a augmenté, le mouvement des affaires de la grande finance est relativement satisfaisant, et la situation financière de l'Etat s'est beaucoup améliorée par rapport à la même situation en 1923.

Mais si on considère l'aspect général de l'économie nationalé roumaine, le spectacle change. Le commerce extérieur enregistre un déficit de 1.072.974.408 lei papier-monnaie (26.587.765 lei or) et par cela même, la balance des paiements devient passive d'environ 6 milliards de lei papier-monnaie.

On ne doit pas chercher le véritable progrès économique dans les éléments isolés. Peu importe, par exemple, que la production industrielle se soit accrue, alors que l'Etat a fait des sacrifices immenses pour sa consolidation, peu importe que l'Etat ait organisé des budgets dits équilibrés par le sacrifice de son crédit extérieur ; peu importe toutes les autres espèces de progrès ; il est regrettable que la balance du commerce extérieur, qui est le facteur le plus important de l'amélioration de le devise roumaine baisse, ainsi que nous l'avons vu ; et ce qui est bien plus regrettable c'est le fait que la politique du passé ait toléré que la balance des paiements devienne passive, justement dans les années où le capital représentait pour le pays le plus puissant stimulant à l'intensification de ses productions nationales.

Toutefois pouvons-nous dire que, seul, le régime douanier de 1924 a créé cette situation ? Existe-t-il une corrélation entre la réforme douanière et les progrès économiques de la Roumanie ? Ou bien, n'est-ce qu'une simple coïncidence ?

Il est évident que les phénomènes économiques

ne sont pas de ceux qui peuvent être reliés avec certitude à une cause simple.

Mais il n'est sûrement pas trop audacieux d'affirmer que parmi les clauses qui ont pu avoir une influence, depuis juillet 1924, sur la situation économique du pays, le régime créé alors a été un élément essentiel.

A cet égard, même si les chiffres que nous avons eus à notre disposition, ne nous ont pas toujours permis de tirer des conclusions directes, nous avons cherché ci-dessus à définir, dans la mesure du possible, la structure économique de l'Etat roumain, tant dans une période que dans l'autre. D'une façon générale, le chercheur peut ainsi voir si le tarif, tel qu'il a été constitué en 1924 est justifié ou non dans un pays riche comme la Roumanie.

CHAPITRE V

LA ROUMANIE A-T-ELLE UNE POLITIQUE TRADITIONNELLE ?

Depuis la guerre, le problème de l'existence d'une politique traditionnelle en Roumanie aurait pu être envisagé par les délégués de ce pays, chargés de conclure les accords et les conventions commerciales, afin qu'ils n'engagent pas le pays, lors des négociations internationales,dans des conditions qui ne confirmeraient pas la politique douanière du passé.

Pour répondre avec documentation à cette question, nous ne voyons pas de criterium de recherche plus propre que l'étude de l'évolution du tarif douanier corroborée par celle de l'exposé des motifs des lois de tarifs, ou des rapports des Ministres compétents au Conseil des Ministres. Il est aussi intéressant de suivre les discussions parlementaires qui ont eu lieu relativement aux réformes des tarifs ou aux conventions commerciales conclues par la Roumanie avec différents Etats.

Nous avons vu ci-dessus qu'il ne peut être question en Roumanie d'une politique douanière avant 1831-1832.

Même après cette date et jusqu'en 1860 la politique de ce pays est fort hésitante.

Les fondateurs du règlement organique considérant que, dans la phase économique que traversait
la Roumanie, la principale richesse était représentée
par les bestiaux, la politique commerciale n'avait à
s'occuper que de cette partie de la richesse nationale.

D'après les données que nous possédons, nous
pouvons déduire que les taxes d'exportation établies
pour cette sorte d'exportation, loin d'être économiques, étaient purement fiscales.

Et le fait que, par le règlement organique, le transit était laissé libre, ouvrant à tous les portes du
Danube, n'est pas l'indice d'une politique commerciale spéciale à la Roumanie, cette mesure étant la
suite des exigences politiques des pays dont le
commerce extérieur était supérieur à celui de la Roumanie, dans la configuration européenne d'alors.

Après 1832 on ne pour uit que l'encaissement de
taxes douanières élevées.

On commence à voir une politique faite sur des
bases économiques avec la loi de 1860. Le tarif de
cette année-là est en bonne partie cause d'une
amélioration économique, en tendant à favoriser l'industrie, en exemptant de taxes d'importation les
machines, les outils et le charbon pour les fabriques
nationales ; en favorisant l'économie nationale en
général, par l'encouragement à l'exportation des
produits des troupeaux amenés par les bergers de
l'Ardeal pour paître dans les Principautés.

En 1862 on tend à étendre l'exportation et à acti-

ver le travail national en laissant l'exportation libre
pour les produits bruts ou fabriqués.

Tout cela n'était que des mesures révélant une
préoccupation déterminée et continue de législation douanière d'après des principes économiques
établis.

En 1866 le gouvernement se propose avec fer-
meté d'éviter une fiscalité imprévoyante et de tenir
compte dans la législation douanière, non seulement des intérêts du fisc, mais encore des besoins
du commerce du pays. Et une preuve évidente
que ces principes commenceront à compter, c'est
le fait que, pour l'exportation, on diminue graduellement les droits qui étaient de 3 % en 1866, de
2 % en 1867 et de 1 % en 1868, pendant que, dans le
même temps, pour l'importation, la protection restait à 7 1/2 %.

Plus tard, en 1875, le tarif d'importation a, lui
aussi, une tendance manifeste protectionniste. On
imposait, par de fortes taxes d'importation, les produits qui pouvaient être fabriqués dans le pays.

Il est vrai que beaucoup de protestations ont été
élevées de la part des étrangers et des commerçants qui avaient intérêt à ce que le pays demeure
un des consommateurs de l'étranger. Mais le tarif
est resté fixé sur les mêmes grandes bases protectrices.

Même par la convention commerciale avec l'Autriche-Hongrie, si critiquée, et qui pouvait conduire
à l'affaiblissement de l'industrie nationale par la con-

currence étrangère, favorisée par cette convention, on établissait une protection d'environ 40 % pour certains articles dont la production devait être encouragée dans le pays.

1886. — En 1886 la préoccupation de la protection industrielle était devenue évidente par le fait que l'on procède en cette même année à la *classification*, la plus objective possible, des industries qui doivent être protégées. La même année, pour fixer l'attitude que doit prendre le gouvernement dans les prochaines conventions, on fixe une liste d'industries à protéger et on décide qu'aucune convention future ne fera de concessions qui pourraient écarter les facilités accordées aux industries nationales.

Cette liste, connue dans l'histoire douanière roumaine, sous le nom de Tableau A de la convention avec la Suisse, indique une politique commerciale établie avec précision.

On ne peut nier que les conventions commerciales conclues avec certains pays (par exemple avec l'Allemagne qui avait des diplomates très aptes à négocier) n'aient conduit à des infractions à cette politique projetée.

Mais les tarifs ultérieurs reviennent aux principes établis. Ainsi, en 1891, on continue de protéger les industries qui avaient été favorisées en 1886.

Et en l'année 1904, par un exposé de motifs développé et au cours des discussions du Corps législatif se référant au tarif de cette année-là, on nous expose avec précision la politique douanière de l'avenir.

Le tarif Costinesco, grandement protectionniste, tient compte des tendances de la politique commerciale qui se réalisent et les desiderata que l'opinion publique semble commencer à formuler.

Quelle que soit l'opposition faite à ce tarif et quels que soient les points de vue contradictoires, le point de vue du ministre des Finances a triomphé dans la polémique oratoire Costinesco-Missir-Lahovary. Le ministre observe que, bien que l'élément primordial de l'économie nationale soit l'agriculture, le pays offre de grandes possibilités de progrès industriels. L'essor doit en être encouragé, non par des taxes douanières trop petites, mais par une *protection suffisante*. Il fallait encore dispenser de taxes les matières premières à leur entrée dans le pays et il fallait prendre toutes les mesures nécessaires pour que l'industrie se développât.

A la suite de ce tarif la moyenne du taux de la protection pendant les années 1906-1910 est de 11,63 % au lieu de 8,38 %, taux de la protection dans les années 1901-1905 précédant l'application du tarif.

En janvier 1906 on diminue les taxes pour les charrues, différents instruments agricoles et pour les marchandises servant à l'industrialisation dans le pays ; en 1911 on diminue les taxes sur les instruments nécessaires aux métiers et aux industries ; tandis qu'en 1912 on fait de sévères critiques au

législateur de 1904 qui, bien que suffisamment protectionniste, n'avait pas accordé sa protection, ni
l'exemption de taxes à toutes les matières premières.

La protection, en tant que stimulant pour activer
l'industrie nationale, est manifeste aussi en 1913
quand on réduit les taxes d'importation d'une série
de produits divers pour favoriser la viticulture.

De tout cela il résulte que, jusqu'à la guerre, il
y avait continuation d'une politique douanière
unique.

On ne peut dire, d'une façon décisive, d'après les
données que nous avons, que les mesures prises ont
été dictées par le principe de la continuation d'une
politique traditionnelle.

En tout cas nous avons vu que les besoins du
pays, suivant son évolution, ont imposé des lois qui
conduisaient non seulement à satisfaire les intérêts
du fisc, mais encore à favoriser l'activité nationale.

Après la guerre, non seulement en Roumanie
mais encore dans tous les Etats, on a remarqué
une interruption de la politique commerciale normale.

La politique des Etats belligérants tendait partout à contenter la consommation intérieure.

En particulier les mesures prises en Roumanie
ont été hésitantes et désordonnées ; l'abondance
des décrets-lois et décisions ministérielles contradictoires a eu une influence très néfaste.

On a fait plus tard une sélection sérieuse relative à

l'importation et à l'exportation. On ne pouvait passer par-dessus les rigueurs prohibitionnistes qu'a-
vec des autorisations spéciales.

En 1920, il était naturel que le pays, qui avait
changé sa constitution économique, modifiât sa
politique du temps normal. Il est évident qu'à ce
moment le problème de la politique douanière roumaine se posait d'une tout autre façon.

En tout cas pour la défense de l'économie nationale la question du protectionnisme industriel se
posait de nouveau. Les taxes douanières étaient augmentées parce qu'elles ne correspondaient plus, ni
aux besoins de plus en plus grands du Trésor, ni à
l'extension de la protection industrielle.

Et la modification du 6 octobre 1920 est dûe aussi
à la nécessité de ne pas décourager la production
nationale en laissant quelques taxes qui perdaient
rapidement leurs effets de protection à cause des
changements fréquents du change.

L'idée enthousiaste du libre-échange soutenue par
M. Titulesco, en 1921, demeure isolée et est destinée à être appliquée dans un avenir lointain. Le
fait est que son organisation douanière de cette
année-là est manifestement protectionniste. Nous
avons montré comment le tarif de 1921, qui est le
premier tarif de la Grande Roumanie, avait pour
but, non seulement d'assurer la vie aux nouvelles
industries obtenues par la réunion des territoires
libérés, mais encore de stimuler le développement
des autres, auxquelles il offrait de grandes possibi-

lités dues aux nouvelles sources d'énergie et de richesse du sous-sol.

En parlant des industries protégées par ce tarif, nous avons vu que pour certaines industries, comme par exemple celle de la tannerie, des chaussures et du cuir fin, celle du papier et autres, le problème posé était seulement de savoir s'il convient de modifier ou non le coefficient de la protection traditionnelle. C'était donc ici la question de la *protection traditionnelle* qui se posait.

En ce qui concerne la politique conductrice de l'organisation du tarif de 1924, il ne peut y avoir aucun doute.

Il est indifférent de savoir si l'auteur a réussi ou non à réaliser une protection suffisante pour l'activité nationale ; nous avons montré avec précision qu'il s'est prononcé plusieurs fois pour la continuation d'une politique protectionniste, qu'elle soit seulement en liaison avec les intérêts de la consommation, ou qu'elle soit établie par des moyens autres que le tarif douanier, ou encore qu'elle ne soit que provisoiré, sans avoir la prétention de donner la protection or de 1916.

La politique protectionniste est encore abondamment prouvée en mars 1926, par la modification du tarif des catégories métallurgiques et textiles, dans le désir d'arriver à un régime douanier *plus normal.*

Cette idée d'encouragement de l'industrie nationale est encore confirmée par le rapport du Ministre des Finances au Conseil des Ministres, fait en vue de modifier le tarif douanier, par lequel on préconise l'adaptation de la loi favorisant l'industrie aux dispositions du tarifs, pour que le tarif douanier atteigne son but.

Quant à la modification du 5 juin 1926, bien qu'elle diminuât certaines taxes protectrices, elle ne pouvait ne pas tenir compte de la politique de protection de l'industrie. Le gouvernement Averesco a été pénétré de l'immense importance du protectionnisme industriel et il a toujours réussi a stimuler l'activité nationale.

Mais la modification faite était inspirée par une politique d'ensemble bien entendue. Il ne faut pas trop élever un facteur économique au détriment des autres. Les intérêts du commerce devaient être sauvés dans la mesure où on maintenait la protection industrielle.

La continuité de la politique roumaine n'a été que temporairement obstruée dans le passé.

Nous avons montré, soutenus par les textes et les discussions parlementaires, que cette politique s'est maintenue et que rarement dans son cours elle est restée une idéologie hybride. *Même si les mesures d'application ont quelquefois échoué, du fait des conventions commerciales*, surtout de celles conclues avec l'Allemagne, **la politique** *est demeurée la même*.

Plus tard, les modifications de septembre et de décembre, et surtout la grande révision du tarif d'avril 1927 ont suffisamment montré les tendances très protectionnistes du parti du peuple.

Quant à la politique économique du gouvernement libéral dirigée par M. Vintila Bratiano, nous dirons seulement que de la part de cet excellent Ministre des Finances qui pourra être appelé le « Colbert de la Roumanie » on peut avoir la certitude qu'il continuera à suivre le même chemin, ce qui est nécessaire pour le développement complet de l'économie roumaine.

DEUXIÈME PARTIE

LA POLITIQUE DOUANIÈRE DE L'EUROPE ET DES ÉTATS-UNIS D'AMÉRIQUE APRÈS LA GUERRE

1. L'Angleterre. — 2. Les États-Unis d'Amérique. — 3. La France. — 4. L'Espagne. — 5. L'Union économique belgo-luxembourgeoise.— 6. La Tchécoslovaquie.— 7. La Yougoslavie. — 8. La Bulgarie. — 9. La Hongrie. — 10. L'Autriche. — 11. L'Allemagne. — 12. — L'Italie. — 13. La Pologne. — 14. La Grèce. — 15. Le Danemark. — 16. Le Portugal. — *Conclusions.*

On remarque actuellement partout une tendance permanente en faveur de l'élévation des murs douaniers. Cette tendance est explicable, en premier lieu, par la nécessité d'encourager la production indigène et, en second lieu, par le besoin de défendre le marché intérieur contre l'afflux des produits des pays à monnaie dépréciée.

Mais la cause immédiate qui provoqua plus spécialement la hausse des taxes d'après-guerre a été moins le protectionnisme industriel que les intérêts fiscaux et particulièrement la politique financière des Etats.

Dans les pages suivantes, nous nous proposons d'envisager les principales mesures douanières, de même que les principaux tarifs qui ont été adoptés dans les divers Etats, tout en montrant la nécessité de ces changements dans les divers régimes douaniers, dans la mesure d'ailleurs strictement nécessaire à éclairer par rapprochement ou par contraste la politique commerciale roumaine.

1. — L'Angleterre (1)

L'Angleterre s'est trouvée, par suite de la guerre, dans une situation assez inquiétante. Quelques Etats ayant une forte industrie, de même qu'un puissant esprit d'initiative, (l'Allemagne par exemple), sont restés capables d'exporter leurs marchandises, en dépit de tous les traités et de toutes les taxes élevées qu'ils rencontraient, dans des conditions beaucoup plus avantageuses que l'Angleterre et les autres Etats.

Ce fut alors que le gouvernement britannique fit voter par le parlement une loi : *Import and Export regulation bill* qui réglementait le commerce extérieur et prévoyait des taxes spéciales au cas de

1. Nous avons utilisé pour ce chapitre l'article de M. Lazar Iliescou, « Tendance de la politique économique mondiale » (*Viata romaneasca*, Nr 8/922), de même que l'article refait pour servir à l'exposé des motifs du tarif douanier Manoilesco. Nous avons obtenu de même des informations et quelques documents de MM: les attachés commerciaux des différents Etats en Roumanie, qui voudront bien trouver de même ici l'expression de nos remerciements.

dumping, lorsque la marchandise était livrée au-dessous de son prix normal à l'étranger.

Cette loi a été remplacée en 1921 par le *Safe guarding of Industries Act*. Par cette nouvelle loi on se propose de protéger les industries « clefs », c'est-à-dire les branches de l'industrie qui doivent être protégés à tout prix de toute concurrence étrangère. La loi prévoit, dans le cas d'importation d'articles afférents à ces industries « clefs », une taxe de douane de 33 1/3%.Comme exemple d'industries « clefs » nous pouvons citer : la verrerie, l'industrie des appareils médicaux, l'industrie des articles électrotechniques, celle des couleurs (dye-stuffs) et celle des produits chimiques.

Le même « act » dans sa seconde partie, relative à la lutte contre le dumping, élargit sensiblement la portée de ce terme. Il n'est plus question seulement du cas où les marchandises seraient *vendues au-dessous de leur coût de production*, mais on envisage aussi le cas où le prix des articles importés serait inférieur aux prix auxquels les mêmes articles pourraient être vendus « avec profit » en Angleterre même.

Et, de même au sujet du dumping, on décide que : « les taxes de 33 1/3 %, prévues dans le cas de dumping par dépréciation monétaire, ne peuvent être perçues que lorsque cette dépréciation par rapport à la parité de la livre serait d'au moins 33 1/3 %, et encore seulement après avoir vérifié si la perception de cette taxe n'a pas de suites fâcheuses pour les industries anglaises qui utilisent le produit en question. La commission nommée par le Board of Trade aura soin d'examiner, en même temps, si la fabrication de ces produits en Grande Bretagne est faite d'une manière rationnelle et économique et si les mesures prises ne sont pas en contradiction avec les dispositions des arrangements faits avec les Etats étrangers. »

Ce *Safe guarding of Industries Act* a été ensuite aggravé de plus en plus, dans un sens de plus en plus protectionniste, par l'extension des mesures de protection à des branches de l'industrie de plus en plus nombreuses.

En 1925 le gouvernement britannique, continuant la série des mesures protectionnistes relatives à l'importation des marchandises, présente la loi des marques de fabriques, connue sous le nom de « Marchandise Act ». Cette loi exigeait sur les produits importés l'apposition du nom du fabricant. Les produits dépourvus de marques d'origine peuvent être frappés d'une prohibition totale.

Toutes ces mesures, accompagnées de campagnes, très soutenues dans le public, en faveur de l'achat des produits britanniques ou de ses dominions, nous font voir nettement le revirement total dans la politique commerciale de l'Angleterre. Le passage de l'Angleterre au protectionnisme marque un des plus significatifs événements de la politique commerciale de l'Europe d'après guerre. Etant donné le rôle prépondérant, tant politique qu'économique, joué par l'Angleterre dans l'engrenage de l'économie internationale il va de soi que sa conversion au protectionnisme aura des répercussions sur la politique douanière des autres Etats européens.

En ce qui concerne la politique des conventions commerciales, l'Angleterre se refuse à négocier de telles conventions. Elle se permet donc de majorer les taxes de douane à tout moment et à n'importe quel taux. Car n'étant pas engagée par des accords commerciaux l'Angleterre garde intacte sa latitude de faire des *majorations générales de taxes*. D'où la possibilité d'annihiler entièrement les effets favorables aux autres pays de la clause de la nation la plus favorisée, au moment où ces effets seraient fâcheux pour l'Angleterre.

2. — Les Etats-Unis d'Amérique.

Les Etats-Unis ont mené, dès l'année 1885, une politique protectionniste très intense. Les tarifs Mac Kinley et Dingley ont été très élevés. Ce fut le tarif Wilson qui apporta une exception à ce régime strictement protectionniste, mais ce tarif ne resta en vigueur que pendant une très courte période, de 1894-1897. Le tarif Aldrich Payne de 1909 greva les marchandises à leur importation d'une taxe de douane moyenne de 18,55 %. Même le tarif Underwood, qui avait été établi dans l'intention de modérer les taxes, ne fit qu'abaisser la moyenne du pourcentage au minimum de 6 % *ad valorem*.

Après la guerre, au mois de juillet 1921, il y eut de vives discussions sur les possibilités d'introduire le bill Fordney, dont nous ferons l'exposé plus loin et dont nous pouvons dire, dès maintenant, qu'il majorait la moyenne du tarif à presque 20 % *ad valorem*. De ce bill on attendait l'*arrêt total de l'importation* et spécialement grâce au système de la « valuation » qui y était prévu ; la taxation des marchandises importées était faite conformément au principe fondamental de ce bill, qui était de prendre en considération le prix de gros qu'une marchandise similaire fabriquée en Amérique aurait pu atteindre sur le marché américain.

Mais avant le Fordney bill on avait voté un *tarif de transition*, le 27 mai 1921 (Emergency bill), dont la durée était fixée à l'avance à six mois. Ce bill avait pour but de créer des revenus, de réglementer le commerce avec l'étranger, d'empêcher le dumping et de surveiller les fléchissements de la monnaie étrangère. Pour remplir cette tâche, l'Emergency bill édictait des dispositions très claires, définies avec beaucoup de précision. C'est ainsi qu'il éclaircissait la notion du dumping, prévoyait des moyens pour la constatation de ce dernier, donnait des définitions spéciales sur le prix d'achat, sur le prix d'exportation, le prix sur le marché étranger et le prix de production.

C'est dans cet ordre d'idées qu'on prévoyait, en même temps, un contrôle très étendu, s'étendant même au registre des importateurs et des exportateurs et à leurs factures. Une prohibition totale était prévue pour l'importation des matières chimiques et colorantes. On ne permettait l'importation de ces dernières que dans le cas où l'on ne fabriquait pas d'articles similaires aux Etats-Unis.

L'Emergency bill a été appliqué pendant toute la période où le Bill Fordney a été en discussion. C'est ainsi que, au lieu d'être appliqué seulement pendant six mois, comme on en avait eu l'intention au commencement, il a été maintenu jusqu'au mois de février 1922, quand on a définitivement adopté le tarif Fordney.

Le *Tarif Fordney* a été voté par le Sénat en février 1922, avec l'amendement Smoot.

Cet amendement établissait comme base pour la taxation « ad valorem » *le prix en Amérique* du produit importé.

Le Tarif Fordney devait être un tarif de base pour la négociation des conventions commerciales avec tous les Etats.

Il est intéressant de noter que ce tarif protégeait *non pas tant l'industrie que l'agriculture.*

On y prévoyait aussi une *clause de dumping* reprise du *General Reserve Act* du mois de septembre 1916, dans lequel on avait introduit pour la première fois dans la législation des Etats Unis la clause du dumping.

3. — La France.

A la suite de la guerre il se produisit en France une hausse continue des prix.

Dans le but de remédier à cet état de choses, le gouvernement fit, à plusieurs reprises, usage de la loi du 6 mai 1916 qui lui conférait la faculté d'augmenter par voie de décret les droits de douane. Au moyen de coefficients multiplicateurs le gouvernement a augmenté ainsi 3294 positions de 1919 à 1922.

Les auteurs de ces augmentations n'avouèrent pas que la cause en était la hausse des prix ou la baisse du franc. D'ailleurs aucun coefficient unique de multiplication n'était fixé, certaines marchandises subirent des hausses supérieures à la dépréciation monétaire. Pour d'autres catégories ce fut le contraire qui se produisit. (Les coefficients supérieurs à 6 sont au nombre de 27 ; le plus élevé 10, la moyenne entre 3 et 4).

Les coefficients concernent les deux tarifs, minimum et maximum. En outre, un décret du 28 mars 1921 a élevé le tarif général de base au quadruple du tarif minimum. Ce brusque relèvement frappant les pays à change déprécié et paralysant toute tentative de leur part de livraison en nature, a fait taxer de « super-protectionniste » la politique douanière d'après guerre.

En fait, on ne peut dire que la politique des coefficients ait beaucoup aggravé les tendances protectionnistes du tarif. Cette politique aurait plutôt conduit à accroître l'inégalité de protection entre certains produits qui n'étaient pas suffisamment protégés (les produits agricoles notamment) et certains produits industriels déjà très protégés avant la guerre.

Fin décembre 1922 le gouvernement se trouva déssaisi du pouvoir de modifier les tarifs douaniers. Le Parlement reprit ses prérogatives d'avant-guerre mais il n'en usa pas avant le 6 avril 1926, quand il vota la loi par laquelle on relevait d'un taux uniforme de 30 % les droits en vigueur, pour des considérations tant fiscales que protectionnistes.

Le 14 août 1926 les droits ont été de nouveau majorés de 30 % par voie de décret. Enfin il est actuellement impossible de prévoir le sort du projet de loi révisant le tarif général des douanes, projet qui a fait l'objet de passionnantes discussions au cours de la session parlementaire du mois de juillet 1927.

4. — L'Espagne.

L'Espagne a revisé son tarif douanier plusieurs fois dans le cours de l'année 1921.

En juillet 1921 on publia un nouveau tarif complètement changé, comprenant 1425 positions en attendant de le promulguer. Dans l'espace de temps compris entre la publication et la promulgation, les Etats dont les conventions commerciales avec l'Espagne avaient été dénoncées, devaient se mettre en rapport avec le Gouvernement espagnol et lui donner leurs avis.

Le résultat des différentes interventions se montra pleinement le 16 février 1922, date à laquelle ce tarif fut promulgué. Les taxes prévues en juillet 1921 avaient subi d'importantes modifications dans le sens protectionniste. A la place des 1425 positions on en trouve maintenant 1540.

Les taxes sont spécifiques, au poids. Pour quelques uns des articles on a établi pourtant aussi des taxes *ad valorem*, par exemple pour les *machines à combustion*.

Le tarif espagnol comprend trois colonnes. Dans une première on trouve les taxes d'un tarif général pour les marchandises de toutes provenances. Dans une deuxième colonne sont comprises les taxes minima, et dans une troisième les taxes conventionnelles. Evidemment, dans la première colonne entrent les taxes applicables aux pays avec lesquels l'Espagne n'a pas passé de conventions commerciales, et les taxes comprises dans la colonne du tarif minimum s'appliquent aux Etats avec lesquels on a conclu des conventions commerciales, mais qui n'ont pu obtenir des taxes plus réduites que les taxes minima. Les droits de douane étaient établis en monnaie-or.

Jusqu'à l'entrée en vigueur des tarifs qui nous occupent, les marchandises provenant des Etats à monnaie dépréciée étaient imposées d'une surtaxe.

C'était une surtaxe mobile croissant d'autant plus que la dépréciation de la monnaie de l'Etat exportateur était plus grande. C'est ainsi que les produits roumains, par exemple, payaient des taxes d'autant plus grandes que le *leu* baissait.

Le 16 février 1922 on *a aboli* ce système en en maintenant seulement quelques applications.

Le 9 juillet 1926 on a élevé de 10 à 25 % les taxes de douane portant sur quelques articles. Cette majoration a été faite dans le but de défendre quelques industries qui avaient à lutter contre de grandes difficultés. On a majoré ainsi les taxes s'appliquant à l'acier, aux machines électriques, aux tissus, etc.

Les majorations ne s'appliquent pas aux marchandises pour lesquelles l'Espagne avait accordé la clause de la nation la plus favorisée, mais elles peuvent bien porter sur les taxes de la deuxième colonne, étant donné que sur ces dernières on n'a consenti aucune réduction. Ces majorations ont eu pour résultat d'instituer de véritables primes à l'exportation et d'aider spécialement certaines industries.

5. — L'Union économique belgo-luxembourgoise·

Le tarif du 8 mai 1924 est un tarif à deux colonnes.

La première colonne comprend les taxes maxima qui sont appliquées seulement à certaines marchandises de différents pays. Le tarif minimum est applicable aux marchandises qui ne sont pas soumises à un régime spécial. Les taxes maxima ne peuvent être dépassées dans aucune circonstance, même en cas de guerre de tarif douanier. Dans la plupart des cas on applique le tarif minimum où bien les taxes établies par des conventions.

La quotité des taxes, telles qu'elles ont été établies, de même que le mécanisme servant à l'application du tarif *actuel* nous font voir que les tendances du tarif belge sont nettement protectionnistes. Par le système des cœfficients que le gouvernement peut faire concorder avec la dépréciation monétaire, on arrive à se rendre compte, d'une manière évidente, de la tendance protectionniste du tarif belge.

Les taxes du 8 mai 1924 ont subi encore une majoration le 7 juin 1926.

6. — La Tchéco-Slovaquie.

En Tchéco-Slovaquie on a institué, dès l'an 1919, un contrôle très sévère aux frontières qui devait suppléer à quelques insuffisances du tarif, en vue d'une complète protection douanière de la production intérieure.

Comme base de taxation la Tchéco-Slovaquie se trouvait au lendemain de la guerre en présence du tarif douanier autrichien de 1906, auquel on appliquait un certain coefficient de majoration, correspondant à la dépréciation monétaire.

Le système du coefficient de majoration similaire au système français a été introduit en 1921.

Le 1er janvier 1922 on a établi de nouvelles taxes de douane ayant subi une sensible augmentation due en particulier à la dépréciation de la monnaie de l'Etat allemand qui faisait une exportation continue en Tchéco-Slovaquie.

Depuis ce jour jusqu'au 14 juillet 1926 le tarif n'a plus subi de modification.

Mais le tarif de 1926 apporte d'importants changements. Ce tarif ne maintient plus le système de cœfficients multiplicateurs mais introduit des taxes fixes de douane très près du niveau des taxes d'avant guerre.

Par ce tarif on prévoit des *taxes autonomes* pour les Etats qui n'ont pas de conventions commerciales avec la Tchéco-Slovaquie ou qui ont soumis les marchandises tchéco-slovaques à un tarif différentiel.

On y prévoit des *taxes réduites* pour les Etats qui ont passé des conventions commerciales avec la Tchéco-Slovaquie ou accordent à cette dernière la clause de la nation la plus favorisée.

Le tarif tchéco-slovaque a un caractère plutôt agraire tant en ce qui concerne la protection que la technique de sa formation.

Il est très probable qu'un autre tarif suive celui-ci afin de réviser plus fortement les taxes relatives aux catégories industrielles.

Pourtant par le tarif de 1926 on a majoré les anciennes taxes sur 64 postes, dont *43 sont des postes agraires.* Les majorations ont été établies d'une telle manière que les taxes autonomes, pour les Etats n'ayant pas de convention commerciale avec la Tchéco-Slovaquie, sont de quatre à onze fois plus grandes que les taxes d'avant guerre.

Pour les articles agraires le tarif prévoit des taxes

minima au-dessous desquelles on ne peut faire de concessions en aucun cas.

On prévoit aussi, par ce tarif, des mesures contre le dumping. Le gouvernement Tchécho-Slovaque a pleins pouvoirs pour introduire des *taxes supplémentaires* dans le cas de forte concurrence étrangère. L'intervention du gouvernement est prévue expressément : *a)* lorsque la production intérieure est menacée par l'importation des articles de l'étranger ; *b)* lorsque les Etats étrangers accordent des primes à l'exportation : *c)* et lorsque la marchandise importée provient des Etats qui admettent une journée de travail plus longue que celle de huit heures. Dans de tels cas on peut même *contingenter* l'importation.

7. — La Yougo-Slavie.

La Yougo-Slavie vient également d'adopter la politique protectionniste de l'Europe centrale. En Yougo-Slavie, de même que dans les Etats de l'Europe Centrale, on observe une tendance à se *suffire à soi-même* par une production intérieure bien appropriée aux besoins de la consommation.

Ce pays se ressent encore de la crise industrielle qu'il a subi il y a quatre ans. Son tarif douanier a été révisé plusieurs fois, en acquérant toujours un caractère de protectionnisme industriel de plus en plus accentué.

Le tarif actuel peut être caractérisé par une large

protection accordée minutieusement aux produits fabriqués finis.

Le gouvernement reçoit néanmoins de nouvelles demandes de protection, car on soutient que les charges fiscales supportées par les différents facteurs de la production sont très lourdes en Yougo-Slavie, et, que de plus, il reste toujours une large marge entre les besoins de la consommation et la capacité de production du pays.

Il est donc à prévoir une accentuation plus prononcée encore du courant protectionniste en Yougo-Slavie.

8. — La Bulgarie.

En Bulgarie le gouvernement agit sur la politique commerciale par une surveillance très sévère exercée sur les fabriques, par un tarif protectionniste très prononcé et par une série de prohibitions à l'importation appliquées d'une manière très sévère.

On a réussi dans une large mesure à restreindre l'importation en Bulgarie surtout par un régime prohibitionniste. On a évité ainsi plusieurs dépenses inutiles et on a maintenu *un bon temps* le *lev* à un cours stable.

Nous ne pouvons dire néanmoins qu'il résulte de cette politique une bonne situation générale.

La compression des dépenses ne peut jamais donner de bons résultats immédiats. Il appartient à l'avenir de constater si l'exagération du protectionnisme aura plus tard d'heureuses répercussions sur les intérêts de la société.

9. — La Hongrie.

En 1924 la Hongrie avait toujours l'ancien tarif de
l'Autriche-Hongrie. Toutefois les taxes étaient augmentées par des coefficients multiplicateurs révisés
par le Ministère des Finances. Les coefficients
n'étaient pas généraux pour la totalité du tarif, mais
variaient d'après les différents articles. Pourtant,
malgré les majorations répétées des coefficients, les
taxes sont restées encore au dessous du niveau
d'avant-guerre.

On a institué en Hongrie aussi une longue série
de prohibitions et de mesures prohibitives à l'importation. On a tâché pourtant de ne pas exagérer
la portée des prohibitions afin d'éviter ainsi les difficultés qui auraient pu en découler d'une façon bien
explicable de la part des autres Etats à l'occasion de
l'exportation de l'excédent de production de la
Hongrie.

Le 1er janvier 1925, on a appliqué pourtant un
nouveau tarif ayant un caractère protectionniste très
accentué, et visant la protection de la *totalité* des
industries hongroises, indépendamment de leur
capacité de production.

Ce tarif était non seulement largement protectionniste, mais aussi fiscal. En raison de ce deuxième
caractère ce nouveau tarif attira de nombreuses
critiques, non seulement de la part des gouvernements étrangers, mais aussi de la part des consommateurs indigènes.

10. — L'Autriche.

L'Autriche se trouve au point de vue économique subir une crise douloureuse due au manque de concordance qui existe entre sa capacité de production et la faible importance du marché autrichien.

C'est pour ce motif que la tendance première de ce pays a été de rechercher des mesures qui favoriseraient ses industries d'exportation.

Comme l'Autriche n'a pas d'autre moyen pour obtenir ces avantages de l'étranger que son tarif douanier, elle a fixé des taxes augmentées à l'importation des produits agricoles, espérant obtenir par ce moyen de la part des Etats agraires comme la Hongrie, la Yougo-Slavie, la Bulgarie et la Roumanie, un traitement privilégié pour les produits d'exportation, en échange d'une réduction à consentir ultérieurement par l'Autriche en faveur des produits agraires.

11. — L'Allemagne.

L'Allemagne s'est trouvée obligée par le *Traité de Versailles* de ne plus pouvoir majorer les taxes de douane qu'après un délai de six mois à compter de la date d'entrée en vigueur de ce traité.

Mais, immédiatement après l'expiration de ce délai, l'Allemagne a majoré ses taxes d'importation en les établissant sur une base or, et en calculant toutes les deux semaines les surtaxes à imposer en raison de la dépréciation monétaire.

Dans l'intervalle des années 1920-1923, il n'y a pas eu un régime douanier bien fixe dans la république allemande. Tout dépendait de la politique des alliés dans la question des réparations, politique qui a eu pour conséquence naturelle de la part de l'Allemagne, une tendance continue à l'augmentation des taxes de douane.

On a essayé constamment une compression de l'importation et on a institué même de nombreuses prohibitions tant à l'importation qu'à l'exportation.

On a institué pour l'exportation, pendant la période d'inflation, un régime très étendu de contrôle, en obligeant les exportateurs à revendre à l'Etat les devises étrangères qu'ils percevaient, à des prix minima édictés par les organes officiels. Les prohibitions ont été néanmoins abolies, car on est arrivé vers la fin de l'année 1925 à considérer les prohibitions comme de grands ennemis des relations commerciales normales.

Le 1er octobre 1925 parut un tarif douanier destiné à avoir seulement une application temporaire.

Ce caractère provisoire était accentué d'ailleurs dans l'exposé des motifs du tarif. Par ce tarif on augmentait les taxes des produits industriels et on établissait quelques prohibitions à l'importation.

En juilllet 1926 on procédait à une série d'augmentations des taxes pour les articles agraires. Il s'agissait, paraît-il, d'une mesure de précaution en vue des conventions commerciales à conclure avec la Roumanie et la Pologne.

Al. Hallunga   12

12. — L'Italie.

L'Italie se trouvait, à la suite de la guerre, sous le régime du tarif douanier établi en 1887 et modifié en 1898, régime purement protectionniste. Grâce à ce régime, l'industrie italienne prit une importance de premier ordre entre les années 1900 et 1913. L'agriculture, qui jusqu'alors constituait la base de l'économie italienne, cessa de jouer ce rôle prépondérant.

L'industrie italienne offrait ainsi un exemple très clair de la transformation d'un pays purement agricole en un pays agricole-industriel.

Au mois d'août 1920 et janvier 1921, tenant compte des changements économiques survenus depuis 1914, quelques commissions reprirent une étude commencée déjà en 1913 par laquelle on se proposait la revision du tarif douanier en vue des nouvelles conventions commerciales qui devaient succéder à celles qui expiraient en 1917.

Le décret du 9 juin 1921 met en vigueur un nouveau tarif douanier, basé sur les travaux des rédacteurs de l'année 1913. Les taxes douanières proposées alors sont considérées comme « minimes ». Pour adapter ces taxes aux nouvelles conditions, on a introduit un *coefficient* qui comble la différence entre le niveau du coût de production en Italie et dans les autres États industriels.

Les taxes du tarif douanier italien sont spécifiques.

Il y a pourtant aussi des taxes *ad valorem* sur les huiles, les parfums synthétiques, les alcaloïdes et les sels provenant de ces derniers.

La première colonne du tarif contient les taxes prises comme base. Dans la deuxième colonne figurent les coefficients tarifaires. En dehors de quelques exceptions ces coefficients ne dépassent pas le chiffre 1 (un), et, dans la plupart des cas, ils sont représentés par des fractions. Le total de la taxe douanière est calculé en multipliant la taxe prise comme base par le coefficient et en ajoutant le produit à la taxe de la première colonne. Si le coefficient est 0,5 par exemple, le total de la taxe est représenté par la taxe de base plus 50 % ; si le coefficient est 1 (un), le total de la taxe est représenté par le double de la taxe de base.

Pour les matières premières il n'existe pas de coefficient.

Toutes les taxes sont fixées en lires-or. Le gouvernement italien peut, afin de donner quelque élasticité au tarif, modifier lui-même les taxes de douane selon que les conditions économiques justifient cette modification.

Le tarif en question comprend 953 positions contre 472 pour le tarif antérieur.

En 1923 on procède à une nouvelle modification de tarif sur des bases largement protectionnistes.

La taxe douanière est d'autant plus lourde que le coefficient d'industrialisation d'un article importé est plus grand.

On concède des franchises de taxes aux minerais de fer, à l'acier, aux rails de chemin de fer et aux articles en fer et en aluminium.

En ce qui concerne la politique des accords commerciaux, les principes du gouvernement fasciste se résument dans l'application illimitée de la clause de la nation la plus favorisée.

La plupart des conventions conclues jusqu'à présent par cet Etat contiennent des tarifs spéciaux par lesquels on réalise l'allègement de l'exportation italienne y compris les produits agraires et on fait des concessions relatives à l'entrée de certains articles industriels.

On rétablit les taxes douanières sur les grains, afin d'encourager la production italienne.

Le gouvernement fasciste poursuit, en un mot, la protection de toutes les forces productrices de l'Italie, et, en même temps, l'expansion du commerce italien « vers tous les marchés mondiaux. »

Dans ces conventions on remarque toujours des facilités spéciales obtenues pour les vins et les fruits italiens.

13. — La Pologne.

Après la guerre le tarif douanier polonais était une copie conforme du tarif russe, avec les mêmes nomenclatures et classifications.

En 1924, par suite de la dépréciation monétaire et du passif de la balance commerciale, la Pologne révise son tarif dans un sens protectionniste bien marqué.

En 1925, alors que les fluctuations du *zloti* étaient très violentes et que la situation générale économique empirait de plus en plus, la Pologne était amenée à une nouvelle révision. Celle-ci apportait d'importantes majorations à la taxation des aliments, des animaux, de la boiserie, de la lingerie et des confections. Il pourrait paraître étrange que la Pologne ait majoré les taxes à l'importation des articles particulièrement nécessaires à la consommation intérieure et n'ait pas augmenté pourtant le tarif concernant les articles de luxe. Comme ces derniers provenaient de France, on a tâché de ne pas les taxer plus fortement qu'avant, afin de ne pas troubler les relations commerciales avec cet Etat.

Les augmentations de taxes à caractère fiscal ont haussé de 3 à 400 % et celles ayant un caractère protectionniste de 40 à 100 %.

En octobre 1925 on fait une plus large révision du tarif, en accentuant de plus en plus la tendance protectionniste. Des 1.450 postes du tarif on en revise plus de la moitié, plus de 200 postes ont subi des majorations, on a fait des différenciations pour 150, 70 autres subissant des réductions.

Les réductions ne concernaient que les articles qui n'étaient et ne pouvaient être produits en Pologne et les augmentations les plus nombreuses ont été apportées aux textiles et aux articles métallurgiques, de même qu'aux bestiaux et aux chevaux.

Les prohibitions assez nombreuses existant même avant continuent à être en vigueur ainsi que le tarif d'octobre 1925.

En janvier 1926, persévérant dans la tendance de protection de la production interne, on procède à une nouvelle série de majorations des taxes d'importation.

Le désir d'encourager l'industrie interne ne s'est pas seulement manifesté en Pologne par le tarif douanier. C'est ainsi que, en juillet 1926, on décide que, pour encourager l'industrie métallurgique, le gouvernement polonais paiera des primes à l'exportation aux fabriques de fil de fer, de produits laminés, de constructions en fer, de wagons de chemins de fer et de chaudières.

D'autre part les restrictions à l'exportation tendent à disparaître complètement.

Dans la plupart des accords conclus entre la Pologne et les différents Etats, on concède, avec réciprocité, la clause de la nation la plus favorisée dans sa forme illimitée et générale et, d'autre fois, avec quelques limitations prévues d'une manière expresse.

Nous trouvons un exemple de stipulation de la clause avec limites dans l'accord conclu en 1921 entre la Pologne et la Roumanie.

Toutefois, la plupart des nations qui ont contracté avec la Pologne ont subi un préjudice, par suite de la guerre douanière entre l'Allemagne et la Pologne.

En effet, la Pologne instituant un régime prohibitif pour une longue série de marchandises, dans le but de ne pas permettre l'entrée des marchandises provenant d'Allemagne, n'a fait, par ce moyen, que rendre illusoires les taxes conventionnelles. Nous avons vu dans quelle mesure la Roumanie a eu et a ainsi à souffrir à cause de l'impossibilité de l'application de la clause de la nation la plus favorisée en sa faveur.

La Pologne, pourtant, s'est assurée par les accords commerciaux qu'elle a contractés, d'importants débouchés pour les charbons de la Haute-Silésie, de même que pour les articles textiles et métallurgiques.

Le principal débouché des charbons polonais est l'Allemagne. La Pologne a réussi à s'en assurer de la part de l'Allemagne le débouché d'un certain contingent.

En ce qui concerne les produits métallurgiques, la Pologne qui accorde aussi des primes à l'exportation, réussit à déverser ces produits spécialement en Europe Centrale.

14. — La Grèce.

La Grèce poursuit, par ses accords commerciaux, une politique de *contingentement* de même que la Pologne, en s'efforçant de s'assurer des contingents minima, spécialement pour ses vins et pour son tabac.

Ce pays n'accorde la clause de la nation la plus favorisée qu'aux pays qui lui concèdent des taxes réduites pour le tabac, pour ses huiles et pour ses vins.

15. — Le Danemark.

La politique douanière du Danemark est très intéressante à étudier, en premier lieu parce que ce pays peut être considéré comme le seul qui, au milieu du protectionnisme le plus généralisé et le plus exagéré, continue encore une politique très modérée.

Dans les dernières dizaines d'années, la politique danoise se caractérise par une constante réduction des taxes douanières sur les articles|de consommation et une augmentation des taxes sur les articles de *luxe*.

La loi douanière du 8 mai 1908 prévoyait que le gouvernement devrait déposer au Rigsdad, en octobre 1916, un projet de révision de la loi actuelle. Cette révision a été pourtant ajournée jusqu'à la fin de la guerre.

Le 1ᵉʳ avril 1922 un nouveau tarif entra en vigueur. Pour la plupart des 348 postes que ce tarif comprend, on a introduit des taxes *ad valorem* à la place des taxes spécifiques. En ce qui concerne cette modification l'exposé des motifs de cette loi de révision nous fait savoir que *les taxes* ad valorem, *malgré leurs désavantages, sont appropriées à une différenciation plus précise des articles importés, en obligeant les commerçants à faire des déclarations plus claires et en donnant à l'Etat la possibilité d'adapter les revenus douaniers au niveau des prix.*

Il ne nous est pas possible de faire une comparaison entre les anciennes taxes et celles qui sont actuellement en vigueur, étant donné qu'on a changé la base de la taxation.

Nous pouvons néanmoins déduire des annexes du projet de tarif que le revenu des douanes devrait être de 50 % plus grand que le revenu qu'on pouvait obtenir sur la base du tarif à taxes spécifiques de 1908.

Les taxes sur les objets de luxe ont été sensiblement augmentées tandis que les matières premières et les produits semi-ouvrés qui sont nécessaires à l'industrie danoise jouissent de la franchise ou sont légèrement taxés. En ce qui concerne les autres articles l'exposé des motifs affirme que les nouvelles bases sont plus modérées que l'équivalent *ad valorem* des anciennes taxes spécifiques.

D'après certaines informations (1) la plupart des industries danoises prétendent que le nouveau tarif amoindrit même l'aide très modique qu'elles auraient eu sous le régime du tarif de 1908.

16. — Le Portugal.

Le Portugal cherche, par sa politique douanière, à s'assurer des débouchés suffisants pour ses vins.

Dans ce sens le Portugal a été le premier pays

1. Cf. Dr. Lazar Iliesco, art. cit.

allié qui ait repris les accords commerciaux avec l'Allemagne. Les négociations entre ces deux pays ont abouti, le 6 décembre 1921, au résultat suivant : le Portugal accorde à l'Allemagne la clause de la nation la plus favorisée et, en échange, l'Allemagne accorde au Portugal des permis d'exportation en Allemagne pour certains contingents précis, fixés pour la première année et pour les suivantes.

Conclusion.

En général nous avons vu que presque tous les Etats suivent depuis la guerre une politique douanière protectionniste. On peut remarquer les signes de cette politique tant dans les tarifs douaniers que dans les accords commerciaux conclus entre les divers Etats. Seuls le Danemark et la Suède et dans une certaine mesure la Hollande, ne montrent pas de tendances protectionnistes.

Nous avons vu aussi quelles nécessités ont poussé les divers pays aux réformes protectionnistes d'après guerre. Tant que ces nécessités subsisteront il est certain que les lois et les accords sur les tarifs actuels se maintiendront dans les mêmes lignes.

Dans ce courant général de protectionnisme il serait inexplicable que les Etats que nous avons ou non examinés ci-dessus fissent exception aux mesures à peu près communes de défense douanière.

En particulier nous avons vu que les pays agricoles ayant une structure économique semblable à celle de la Roumanie, la Yougo-Slavie, la Bulgarie, la Hongrie, la Pologne, la Tchéco-Slovaquie, mènent tous une politique largement protectionniste. La Roumanie ne se trouve pas du tout dans une situation économique autre qui lui permette actuellement une renonciation à ses anciennes tendances, de même qu'au protectionnisme actuellement nécessaire.

TROISIÈME PARTIE
LA SITUATION ACTUELLE
DE LA PRODUCTION INDUSTRIELLE

———

Conditions favorables au développement de l'industrie dans la Roumanie d'après-guerre. Tendance d'évolution. — Recherches des statistiques. — Premiers critériums en vue de reconnaître le mouvement de la production. — Matières premières mises en œuvre et force motrice. — Le nombre des établissements industriels. — Le capital investi en terrains, constructions et installations ; le personnel administratif et technique ; le nombre des ouvriers ; la valeur totale de la production industrielle. — Les progrès faits par chaque branche d'industrie à part. — *L'importance de la production industrielle en rapport avec les besoins de la consommation intérieure. — L'importation des produits semblables à ceux des industries roumaines.* — La production de la houille et des articles métallurgiques. — L'industrie et la question douanière.

Nous nous occupons ici de la situation de la production industrielle afin de rechercher ensuite les possibilités de protection qu'il faut accorder à l'industrie roumaine, par le tarif douanier.

La Roumanie d'aujourd'hui, à la différence de l'ancien royaume, possède suffisamment de matières premières et de riches sources d'énergie, favorables au développement d'une industrie.

Si les recherches de protection industrielle, pour créer dans l'ancien royaume une vie industrielle active, ont été fort discutées et combattues, la situation a changé complètement pour la Roumanie actuelle, qui se trouve dans des conditions suffisamment propices pour être un pays industriel. Si, en 1914, on ne se préoccupait pas du développement de certaines industries, comme l'industrie métallurgique, actuellement ce désintéressement ne peut plus être toléré.

Dans la Roumanie tout entière, avec un riche sous-sol pétrolifère (1) et des minerais variés, bioxyde, bitume, sel, gaz méthane, avec l'importante richesse de charbons (2) qu'elle a acquise et avec son immense domaine forestier, son industrie trouve un terrain suffisamment favorable (3).

Bien que la Roumanie ne soit encore qu'un pays agricole, elle a toutefois de grandes possibilités d'ample industrialisation. Avec sa structure économique actuelle, elle peut espérer non seulement assurer sa vie industrielle présente, mais encore lui préparer un champ étendu de développement. Elle a, en Transylvanie et dans le Banat, des industries qui ont commencé à ne plus approvisionner seulement la consommation intérieure, mais qui sont devenues des industries d'exportation. Certaines peuvent prétendre être, sur le marché mondial, les concurrentes d'autres pays beaucoup plus industriels que la Roumanie.

1. En 1925. on a produit 2.316.979 tonnes de pétrole, pour une valeur de 55 750 millions lei.

2. En 1925, on a produi t2.928.850 tonnes de charbons, pour une valeur de 2.292 millions lei.

3. En 1925, la superficie des forêts était de 7.348.460 hectares.

Pour mettre en évidence la situation de l'industrie et ses tendances en Roumanie, nous allons rechercher les statistiques de l'industrie entre les années 1922 et 1925, qui ont été faites au moyen des enquêtes industrielles, menées par les inspecteurs industriels du ministère du Commerce et de l'Industrie.

Par ces statistiques, résumées par nous en un tableau que nous annexons, on peut se rendre compte clairement du progrès de l'industrie.

Le mouvement de production industrielle peut être reconnu d'après deux premiers critériums : d'après la quantité de matières premières mises en œuvre et d'après la force dynamique appréciée en force chevaux, et que l'industrie utilise.

D'après les statistiques dont nous parlons plus haut, la valeur des matières premières mises en œuvre est de 22,8 milliards de lei en 1925 au lieu de 13 milliards de lei en 1922.

En ce qui concerne la force motrice dont l'industrie dispose, elle représente 384.676 H. P. en 1925, au lieu de 375.676 H. P. en 1922.

Mais, le fait que la production a progressé, est encore constaté d'après le nombre des établissements industriels, qui est 2.924 en 1922 et de 3.445 en 1925.

En outre, d' autres constatations sur le progrès de l'industrie sont rendues possibles à faire, grâce aux données suivantes :

Le capital investi en terrains, constructions et

installations est de 759 millions de lei or en 1925 au lieu de 721 millions de lei-or en 1922.

Le personnel administratif et technique est au nombre de 17.225 en 1925 au lieu de 16.325 en 1922 ; et le nombre des ouvriers est de 191.428 en 1925 au lieu de 147.029 en 1922.

Enfin, la valeur totale de la production industrielle est de 31,7 milliards de lei en papier-monnaie en 1925, au lieu de 22.3 milliards en 1922.

En ce qui concerne les progrès faits par chaque industrie à part, nous observons que la valeur de la production des industries métallurgiques et électro-techniques croît de 2,6 milliards de lei en 1922 à 6,1 milliards de lei en 1925.

L'industrie du bois a une production de 5,2 milliards de lei en 1925 au lieu de 3,2 milliards de lei en 1922.

Dans ces mêmes années :

L'industrie alimentaire produit 10,2 milliards au lieu de 6 milliards de lei.

L'industrie textile produit 5,6 milliards de lei au lieu de 2,9 milliards de lei.

L'industrie du cuir produit 2,5 milliards au lieu de 1,4 milliards.

Les industries du verre, de la céramique et des matériaux de maçonnerie produisent 1,3 milliards au lieu de 0,6 milliard.

L'industrie du papier et des arts graphiques produit 1,4 milliards au lieu de 0,4 milliard.

L'industrie chimique a produit 4,9 milliards en

1922, valeur dans laquelle est comprise aussi la production des raffineries de pétrole, au lieu de 2,1 milliards en 1925, sans les raffineries de pétrole (dont la production n'a pas encore été enregistrée en 1925 ; mais pour donner une notion de son importance, nous notons qu'elle a été de 8,1 milliards de lei en 1924).

Pour nous rendre compte de l'importance de la production industrielle, par rapport aux besoins de la consommation intérieure, nous indiquerons les chiffres de l'importation des produits étrangers similaires à ceux de nos industries :

Genre d'industrie	Valeur de l'importation en 1925
Electro-technique	104.915.000 lei
Métallurgie	9.116.946.000 —
Bois	481.648.000 —
Chimique	881.400.013 —
Alimentaire	1.252.203.000 —
Textile	13.531.000.000 —
Cuirs	784.236.000 —
Céramique	243.157.000 —
Verrerie	442.447.000 —
De la construction	52.861.000 —
Du papier et des arts graphiques	399.626.850 —
Total	27.290.439.863 lei

D'après ces données, comparées avec la statistique de la production, on observe que la métallurgie dont la production a une valeur de près de 6 milliards en 1925, ne satisfait pas suffisamment à la consommation intérieure. L'importation des produits métallurgiques dépasse 9 milliards de lei, c'est-à-dire que la production interne ne satisfait que 40 % de la consommation interne.

L'industrie du bois dépasse largement la consommation intérieure. En outre, l'exportation croît continuellement. Mais le chiffre de l'importation qui ne représente que 9 % de la production, n'est explicable, bien qu'il soit assez important, qu'en tenant compte de ce que les articles importés sont en général des objets de bois fins, des meubles d'art et des bois exotiques (1).

L'industrie alimentaire ne satisfait pas toute la consommation intérieure. La production est évaluée, en 1925, à 10,2 milliards de lei, et l'importation à 1,2 milliards. Bien que l'industrie alimentaire soit au premier rang de la production, l'importation est suffisamment importante par rapport à cette dernière, puisqu'elle atteint presque 12 % de cette production.

L'industrie textile produit 5,6 milliards en 1925. Ainsi donc, elle fait des progrès très sensibles comparativement à ceux des années précédentes. Toutefois, la valeur de l'importation s'élève, comme on le voit, à 13,5 milliards, soit plus de deux fois la valeur de la production interne. Le manque de matières premières dans le pays, — laine de bonne qua-

____

1. M. le Ministre Tranco-Jassy, en commentant les conclusions de notre étude sur la production industrielle (Cf. *La Roumanie au travail*. Bucarest, Luceafarul, 1927, pp. 62-67), croit qu'il est à espérer que même cette insignifiante importation va disparaître, étant donné que tout dernièrement, les grandes fabriques de meubles de la région d'Arad et de Timisoara, ont fait des placements, grâce auxquels elles pourront, à l'avenir, fabriquer des meubles précieux.

lité et coton, — explique pourquoi cette industrie ne peut satisfaire à la consommation interne, malgré les encouragements qu'on lui prodigue.

L'industrie des peaux qui produit 2,5 milliards ne satisfait pas aux demandes intérieures. Le chiffre de l'importation des marchandises de cette branche productrice s'élève à 784 millions, donc à peu près au tiers du total de la production intérieure.

Quant à l'industrie chimique, bien qu'elle soit une des branches de production qui ait été foit protégée, parce qu'industrie de défense nationale, elle n'est pas arrivée à satisfaire à la consommation intérieure, la valeur de l'importation atteignant 1,2 milliards, valeur de la production indigène.

En ce qui concerne les autres branches d'industrie, leur marche progressive peut être observée dans les données que nous citons sur les valeurs de la production et de l'importation roumaine.

Indépendamment des chiffres cités plus haut, nous affirmons encore que l'on a fait de grands efforts d'ordre matériel pour le progrès de l'industrie, efforts qui ont amené la multiplication des installations et des établissements industriels.

Le nombre des installations et des établissements industriels s'est élevé de 2.924 en 1922, à 3.445 en 1925. L'industrie du bois et l'industrie alimentaire en occupent le plus grand nombre. Vient ensuite l'industrie métallurgique.

De ces installations, en ce qui concerne la façon dont se sont développées les sociétés industrielles de 1922 à 1925, l'*Annuaire statistique de la Roumanie* donne les chiffres suivants :

Années	Nombre des Sociétés industrielles	Capital
1922	720	7.549.070.670
1923	874	11.934.834.098
1924	974	14.494.109.098
1925	1.003	15.702.778.398

La création de nouvelles sociétés industrielles a été poursuivie avec une activité fébrile. Les banques ont soutenu cette opération, car elle leur assurait une grande partie des bénéfices réalisés. D'autre part, la spéculation très active sur les actions industrielles à la Bourse, a beaucoup favorisé ce mouvement.

L'Etat a donc ainsi, non seulement de grandes possibilités industrielles qui lui sont offertes par de nouvelles quantités de matières premières et par les sources d'énergie de la Roumanie agrandie, mais aussi l'esprit d'entreprise constaté tout dernièrement lui a beaucoup élargi l'horizon industriel.

Les entreprises roumaines ont été encore stimulées par les facilités de crédit, pouvant provenir de la création du Crédit industriel et de la certitude de vendre une certaine quantité de produits pour la consommation des institutions de l'Etat.

Le fait de l'accroissement de l'activité industrielle est encore corroboré par l'examen de la production de la houille et des articles métallurgiques.

La houille, en effet, comme source de chaleur et de force, joue un rôle prépondérant dans la force industrielle moderne.

Or, les quantités de houille extraites des mines se sont accrues sans cesse. En 1920, la production a été de 187.066 tonnes ; en 1921, 209.576 tonnes ; en 1922, 254.335 tonnes ; en 1923, 291.831 tonnes ; en 1924, 297.138 tonnes et, en 1925, 313.572 tonnes.

Il est évident que, quoique la production de la houille ait augmenté, elle reste toutefois fort loin de la production actuelle des grands Etats industriels, comme les Etats-Unis (429 millions de tonnes), de l'Angleterre, de l'Allemagne et même de la France (48 millions de tonnes).

La Roumanie, relativement pauvre en charbon, n'est pas trop riche non plus en minerais. Dans le domaine de la métallurgie, la situation du pays ne peut pas être comparée à celle d'Etats plus favorisés par la nature. Toutefois, la production augmente manifestement. Pour la fonte, par exemple, la production en 1925 est de 59.304 tonnes au lieu de 58.241 tonnes en 1924.

Pour le fer et l'acier brut, destinés au laminage, la production respective a été de 132.471 tonnes en 1925 au lieu de 107.395 tonnes en 1924.

Bien que la Roumanie soit condamnée à une infériorité fatale par rapport à l'Angleterre, à l'Allemagne et aux Etats-Unis, les progrès faits par son industrie sont appréciables.

La manière dont est doté le sous-sol de la Rouma-

| lei | Valeur du combustible, en lei | | | |
1925	1922	1923	1924	1925
(**) 54.651.000 2.788.903.000	310.323.000	479.593.000	517.228.000	(**) 1.579.000 380.927.000
3.279.028.000	80.264.790	135.172.000	66.588.000	88.776.000
1.411.972.000	704.249.000	285.882.000	481.558.000	122.531.000
8.158.895.000	411.204.870	420.326.000	613.286.000	463.149.000
3.891.943.000	16.587.750	78.375.000	90.168.000	146.097.000
1.517.203.700	62.061.900	68.399.000	64.142.000	69.820.000
130.037.000	—	—	43.068.645	58.596.000
185.881.000	98.915.400	241.775.000	21.591.390	294.192.000
35.636.000	—	—	2.757.965	6.246.000
831.644.600	118.018.200	149.154.000	149.154.000	142.307.000
22.815.793.700	1.801.372.000	1.851.372.000	2.243.542.000	1.745.220.000

| Ouvriers | | Total du personnel | | | |
1924	1925	1922	1923	1924	1925
39.723	(**) 457 37.154	(**)36.278	37.627	44.154	(**) 570 40.999
53.008	56.618	47.791	51.556	54.138	60.638
12.120	8.034	11.500	13.565	13.884	9.046
28.981	23.796	23.105	23.662	32.911	26.858
23.089	27.244	15.285	18.870	25.065	29.326
8.198	9.120	8.916	8.867	9.173	10.091
4.367	4.772	—	—	4.659	5.072
15.122	13.764	13.277	—	16.002	14.665
741	814	—	23.481	815	866
8.693	9.655	7.202	4.863	9.622	10.554
194.042	191.428	163.354	182.49	213.423	208.685

Dénominations des industries	Nombre des établissements				Force motrice H. P.				Capital investi en terrains, bâtiments et installations (en lei-or)		
	1922	1923	1924	1925	1922	1923	1924	1925	1923	1924	1925
Métallurgie et électro-technique ...	428	470	557	(**) 13 / 508	64.000	69.884	73.355	(**) 370 / 84.594	105.982.546	102.416.000	(**) 1.673.000 / 161.459.000
Bois	617	729	870	848	60.149	60.427	72.824	74.714	104.231.264	95.543.000	87.230.000
Chimiques	290	354	354	281	77.000	74.438	51.286	44.347	112.723.950	85.394.000	84.555.000
Alimentaires	562	621	842	602	82.870	90.462	101.514	87.905	173.426.772	237.331.000	224.512.000
Textile	182	227	377	307	16.977	20.677	24.819	26.381	96.916.109	70.582.000	75.674.000
Peaux	164	237	299	304	9.743	11.672	12.200	12.778	30.853.337	42.407.000	42.147.000
Verrerie	(*) —	—	41	39	—	—	1.743	1.803	—	5.891.627	7.688.000
Matériaux de bâtiment	561	—	311	256	47.767	—	33.541	33.218	—	59.525.489	33.882.000
Céramique	517	237	29	30	45.000	45.000	481	527	97.000.000	3.131.864	3.324.000
Papiers et arts graphiques	146	146	160	167	16.505	16.505	17.785	18.994	—	32.189.000	36.875.700
Total général	3.441	3.301	3.840	3.445	375.011	392.006	389.549	384.676	721.072.928	734.431.000	759.020.300

Dénominations des industries	Valeur des matières premières en lei				Valeur du combustible, en lei			
	1922	1923	1924	1925	1922	1923	1924	1925
Métallurgie et électro-technique ...	1.196.334.780	1.243.005.000	2.062.919.000	(**) 54.651.000 / 2.788.903.000	310.323.000	479.593.000	517.228.000	(**) 1.579.000 / 380.927.000
Bois	2.401.104.990	2.480.923.000	3.221.612.000	3.279.028.000	80.264.790	135.172.000	66.586.000	88.770.000
Chimiques	2.577.000.000	4.311.278.000	5.697.977.000	1.411.072.000	704.249.000	285.882.000	481.555.000	122.531.000
Alimentaires	3.712.791.900	5.495.577.000	8.459.913.000	8.158.895.000	411.204.870	420.326.000	613.286.000	463.149.000
Textile	1.531.197.900	1.885.792.000	2.713.279.000	3.891.943.000	16.587.750	78.375.000	90.168.000	116.097.000
Peaux	1.294.181.950	1.582.624.000	1.412.122.000	1.517.203.700	62.061.900	88.399.000	64.142.000	59.820.000
Verrerie	—	—	50.417.494	130.037.000	—	—	43.068.645	58.596.000
Matériaux de bâtiment	226.806.000	140.927.000	98.510.698	185.881.000	98.915.400	241.775.000	21.591.390	234.192.000
Céramique	—	—	6.914.808	35.636.000	—	—	2.757.965	6.246.000
Papiers et arts graphiques	146.699.600	584.272.000	672.066.000	831.644.600	118.018.200	149.154.000	149.154.000	142.307.000
Total général	13.088.115.980	17.674.399.000	24.393.731.000	22.815.793.700	1.801.872.000	1.851.372.000	2.243.542.000	1.745.220.000

(*) Dans certaines colonnes quelques lignes ont été laissées en blanc à dessein, les renseignements obtenus n'ayant pas paru exacts.
(**) En 1925, les fabriques de la métallurgie du fer n'ont pas été comprises avec les fabriques électro-techniques.

Dénominations des industries	Valeur de la production (lei)				Le personnel administratif et technique			Ouvriers			Total du personnel			
	1922	1923	1924	1925	1922	1924	1925	1922	1924	1925	1922	1923	1924	1925
Métallurgie et électro-technique	2.682.585.000	4.497.555.000	4.944.438.000	(**) 102.662.000 / 6.024.871.000	3.058	4.431	(**) 113 / 3.845	33.200	39.723	(**) 457 / 37.154	(**) 36.278	37.627	44.154	(**) 570 / 40.999
Bois	3.213.113.300	4.208.275.000	5.063.977.000	5.231.730.000	4.069	4.130	4.020	43.722	53.008	56.618	47.791	51.556	54.138	60.638
Chimiques	4.963.000.000	7.538.936.000	10.064.638.000	(*)2.115.908.000	1.500	1.764	1.012	10.000	12.120	8.034	11.500	13.565	13.884	9.046
Alimentaire	8.061.632.000	9.730.338.000	14.427.830.000	10.238.909.000	3.115	3.930	3.062	19.990	26.081	23.796	23.105	23.662	32.911	26.858
Textile	2.957.845.800	3.368.003.000	4.878.270.000	5.843.945.000	1.395	1.395	1.976	13.890	23.089	27.244	15.285	18.870	25.065	29.326
Peaux	1.434.887.470	2.359.267.000	2.598.879.000	2.543.597.725	1.193	975	971	7.723	8.198	9.120	8.916	8.867	9.173	10.091
Verrerie	—	—	—	408.360.000	—	292	300	—	4.767	4.772	—	—	4.659	5.072
Matériaux de bâtiment	645.530.570	1.467.314.000	976.226.623	873.725.000	883	880	901	12.394	15.122	13.784	13.277	—	16.002	14.665
Céramique	—	—	—	82.542.000	—	74	52	—	741	814	—	23.481	815	866
Papiers et arts graphiques	421.154.100	149.154.000	1.216.735.000	1.459.075.000	1.112	919	899	6.090	8.693	9.655	7.202	4.863	9.622	10.554
Total général	22.378.749.240	34.384.323.000	44.738.463.000	31.723.328.725	16.325	19.381	17.225	147.029	194.042	191.428	163.364	182.49	213.423	208.685

(*) Dans ce chiffre il ne faut pas comprendre les raffineries de pétrole. (La production de celles-ci pour l'année 1921 fut de 8.150.374.000 lei.)

niè
mo
fèi
ell

fa'
ra

er
de
de
d'

tu
c'
f

nie en gisements carbonifères ou en minerais, est moins intéressante à étudier ici. Cette raison d'infériorité est due à la nature des choses, et contre elle, le meilleur tarif douanier ne peut rien faire.

Mais l'organisation douanière peut influencer favorablement l'industrie, au moyen de tarifs très rationnels.

A cet égard, l'insuffisance du tarif de 1924 explique en grande partie pourquoi la valeur de la plupart des branches productrices diminue en 1925, à la suite de l'application du dit tarif, par rapport à la production de 1923.

Pour mettre en évidence le mouvement de l'industrie nationale, avant et après 1924, nous donnons ci-contre le tableau statistique de notre industrie de 1922 à 1925 :

QUATRIÈME PARTIE
LA RÉVISION DOUANIÈRE D'AVRIL 1927

CHAPITRE PREMIER

NÉCESSITÉS QUI ONT IMPOSÉ LA RÉVISION DU TARIF DE 1924.

1. Le tarif douanier doit faire partie de l'œuvre de législation parlementaire. — 2. Le tarif de 1924 est insuffisant. — 3. Le tarif doit refléter la structure économique du pays et les progrès industriels. — 4. Mesures contre la tendance à fausser le régime actuel des tarifs conventionnels. — 5. Nécessité de protection contre le « dumping ». — 6. Fixation des cotes de protection dans la mesure de l'augmentation des charges fiscales de la production. — 7. L'effet des lois sociales d'après-guerre. — 8. Nécessité de reviser les catégories d'industries à protéger. — 9. Réduire certaines cotes de protection.

Presque tous les motifs qui ont conduit à la révision du tarif de 1924 sont tirés non seulement de l'évolution politique douanière roumaine et des nécessités évidentes de sa situation économique actuelle, mais encore des tendances manifestes de la politique douanière des États ayant une structure économique similaire à celle de la Roumanie.

La politique douanière d'un Etat ne peut être déterminée en considérant celui-ci d'un point de vue isolé.

Il n'est pas douteux que la situation économique particulière d'une nation est un élément essentiel parmi les causes qui déterminent sa politique douanière. Toutefois, il faut encore considérer le milieu dans lequel se trouve cette nation et examiner les courants de l'opinion internationale. Et à une époque dans laquelle les idées restrictives prévalent, il sera certainement sage d'orienter vers le protectionnisme une nation qui en a un besoin intense.

Nous n'exposerons pas ici trop en détail tous les motifs qui ont conduit à la révision actuelle. Notre but est seulement de montrer sous l'influence de quelle cause, la modification récente a été nécessaire. Ce qui peut être résumé dans neuf points que nous allons exposer successivement :

1° Le tarif douanier doit faire partie, comme avant la guerre, de l'œuvre de législation parlementaire ;

2° Le tarif de 1924, ayant été une réforme fragmentaire, est un travail insuffisant, tant pour les conventions actuelles que pour les futures conventions internationales ;

3° Le changement de la structure économique de la Roumanie et les progrès techniques industriels ont fait apparaître des lacunes dans le tarif roumain ;

4° La tendance du régime conventionnel actuel à fausser la clause de la nation la plus favorisée et la nécessité de procéder à un autre régime de tarifs conventionnels ;

5° La nécessité de se protéger contre le « dumping » ;

6° De nombreux coefficients de protection des tarifs antérieurs étaient inférieurs aux coefficients de protection du tarif de 1906, bien que les charges de la production se soient accrues dans l'intervalle ;

7° Les lois sociales d'après guerre ont aggravé les charges de la production nationale et ont diminué, par la suite, la force de protection traditionnelle ;

8° Il était nécessaire de faire réviser la classification des catégories d'industries à protéger ;

9° Il fallait réduire la protection de différentes catégories de production.

1. — Le tarif douanier doit faire partie de l'œuvre de législation parlementaire.

Nous sommes complètement adversaire du régime établi par le décret 4061 d'octobre 1920 qui rejette le principe d'après lequel l'œuvre d'élaboration du tarif douanier doit faire partie des attributions du Parlement, et qui ne peut être expliqué qu'en un temps tout à fait anormal.

Dans des circonstances normales, le Gouvernement et le Parlement commettraient une erreur grave s'ils consentaient à ce que le pouvoir législatif continuât d'aliéner sa liberté de fixer le tarif douanier.

La situation d'avant-guerre se rétablissant, non

seulement la dignité du Parlement se rétablirait, mais son droit lui-même.

Il n'est pas dans les attributions d'un Gouvernement d'instituer, sans consulter le Parlement, des taxes, — même des taxes douanières, — comme celles de 1924, qui ont atteint pour l'importation et l'exportation, 6,1/2 milliards de lei.

Par le rétablissement des attributions du Parlement, il serait fait un arbitrage, plus juste et plus direct que jusqu'à présent, des demandes des différentes catégories économiques ; on verrait cesser le système (appréciable seulement en partie) qui assurait, comme jusqu'à maintenant, cet arbitrage par l'intermédiaire d'une commission d'intéressés.

L'élaboration du système douanier, devenant une œuvre de législation parlementaire, il est manifeste qu'il en résulterait une plus grande stabilité dans l'organisation douanière roumaine. On satisferait ainsi les désirs unanimes (excepté ceux des spéculateurs sur des situations chancelantes), de consolider le tarif pour une période de plus longue durée, afin d'avoir la plus grande certitude possible de progrès et des relations dans les domaines du commerce et de l'industrie.

En outre, il résultera de ce retour à la légalité un avantage incontestable pour la politique douanière, le tarif douanier pouvant alors servir de base aux futures conventions commerciales avec l'étranger.

2. — Le tarif douanier de 1924 était insuffisant autant pour les conditions actuelles que pour les futures conventions internationales.

Le tarif douanier doit refléter les conditions économiques de l'Etat à une époque précise et doit être modifié en même temps que les conditions économiques.

Or, depuis août 1924, le tarif était demeuré le même pour toutes les catégories de produits, excepté pour la métallurgie et les textiles.

Avec un semblable régime, on ne pouvait recourir au régime conventionnel des traités de commerce contenant des tarifs pour une longue durée.

Le tarif douanier constitue un tout harmonieux et il existe une liaison nécessaire entre les différentes parties qui le composent.

Nous avons montré plus haut qu'il fallait condamner, avec toute l'énergie possible, la modification partielle du tarif, pour cette raison qu'elle fixe deux régimes différents.

L'inégalité des tarifs dans ces deux régimes est rendue évidente, par la différence constatée entre la moyenne de la taxation *ad valorem*, pour la métallurgie et les textiles, et la même moyenne pour toutes les autres catégories de marchandises et de produits.

Au lieu d'élever ainsi le tarif afin de favoriser seulement deux industries, il est évidemment plus rationnel de procéder à une modification d'ensemble, suffisamment préparée et étudiée.

Une semblable réforme ne pourrait être prise par personne pour une attaque dirigée exclusivement contre certaines catégories économiques, mais seulement pour instrument de légitime défense, en harmonie avec les nouvelles conditions générales du pays.

L'œuvre accomplie dans un cadre partiel et limité, sous l'empire de circonstances momentanées devait être généralisée et étendue à tous les compartiments du régime douanier, autant pour leur faire perdre le caractère exceptionnel qui lui avait été attribué, que pour introduire, dans l'organisation roumaine des tarifs, l'harmonie naturelle et la souplesse nécessaire pour pouvoir parvenir au régime conventionnel et pour prévenir toutes les éventualités à venir. Car non seulement un tarif mal équilibré peut causer des dommages importants à certaines industries, mais encore des droits trop élevés peuvent provoquer, eux aussi, de la part de l'étranger, des mesures de représailles, qui pourraient être fatales à l'exportation roumaine.

3. — Lacunes dans le tarif de 1924.

N'importe quel tarif douanier est destiné à vieillir rapidement. L'auteur du tarif de 1906 lui-même disait, au cours des débats du Parlement, que l'œuvre faite alors ne pouvait durer plus de dix ans. En effet, comment pourrait-on enfermer dans des formules définitives les différents éléments de la production industrielle, essentiellement changeante. Même au cours de l'application du tarif à une époque de transformations continues comme celle de ces derniers temps, des changements s'imposent, soit parce que de nouvelles industries apparaissent, soit parce que les taxes ont besoin d'être mises au point, élevées pour certains articles ou diminuées pour d'autres. La nomenclature du tarif douanier doit être complétée par l'inscription nominale des nouveaux articles introduits dans le commerce international, sous l'influence des découvertes scientifiques ou des progrès de l'industrie.

Les lacunes dans les classifications du tarif de 1924 sont très nombreuses. Il est suffisant de prendre comme exemple les produits de l'industrie chimique. Une longue série de produits chimiques nouveaux n'occupait pas, dans le tarif de 1924, la place que leur désignait leur rôle actuel dans l'industrie.

L'Administration des Douanes a suppléé aux lacunes du tarif par des assimilations plus ou moins heureuses. Au lieu de ces assimilations faites au hasard, il était naturel de donner au tarif une forme moins concise, mais plus complète et plus moderne.

En même temps, il a fallu procéder à un examen minutieux du degré de protection nécessaire actuellement aux différentes branches de la production. Les conditions commerciales et industrielles se sont modifiées. Le coût de la production de quelques marchandises, qui étaient en 1924 meilleur marché que maintenant, a imposé pour celles-là une taxe douanière réduite, qui est toujours la même, bien que le coût de ces marchandises se soit élevé depuis.

Pour supprimer ces défaillances, il fallait procéder à une longue opération de retouche, de péréquation ; le tarif devait être adapté aux véritables nécessités actuelles de la production.

4. — La tendance à fausser le régime des accords avec la clause de la nation la plus favorisée et la nécessité de procéder au régime des tarifs conventionnels.

Nous disions plus haut que nous trouvions tout à fait insuffisant le régime de 1924 parce que, avec lui, la Roumanie n'aurait pu recourir au régime conventionnel.

Toutefois, le rétablissement du régime conventionnel est non seulement opportun, mais aussi d'une intense nécessité. L'argument des grandes fluctuations du leu ne peut plus être opposé actuellement, car le change ne subit plus de variations dans les mêmes limites qu'en 1924, mais il se stabilise de fait à un niveau supérieur.

Le régime des tarifs conventionnels est encore nécessaire pour la raison que les conventions ne contenant que la clause de la nation la plus favorisée, sont insuffisantes.

Le mécanisme de l'organisation, établie en 1924,

était basé, dans le régime conventionnel, sur l'application normale de la clause de la nation la plus favorisée. Ce qui comportait un tarif double. D'une part, le tarif spécial qui doit garder un caractère exceptionnel ; d'autre part, le tarif général minimum, qu'on doit accorder aux pays qui donnent à la Roumanie des avantages corrélatifs, et surtout aux pays qui la font bénéficier sur leurs marchés des mêmes avantages que ses concurrents étrangers, c'est-à-dire les pays qui lui accorderaient la clause de la nation la plus favorisée.

Mais nous avons vu que les conventions conclues, seulement sur la base de la clause de la nation la plus favorisée, n'ont pas été du tout satisfaisantes.

Ainsi, puisque la Roumanie était liée avec la Tchécoslovaquie, par une convention comportant la clause de la nation la plus favorisée, elle aurait dû obtenir pour ses vins les mêmes avantages que ceux qu'avaient acquis, sur les marchés tchécoslovaques, les vins français, italiens et serbes ; mais, quoique obtenus en droit, ces avantages sont restés sans effet, car la Roumanie ne pouvait en fait remplir les formalités qui lui étaient demandées par le Gouvernement tchécoslovaque.

De même, dans le protocole final de la convention commerciale *polono-roumaine*, il est prévu : que « la Roumanie ne prétendra pas à la réduction de 25 % du tarif douanier accordée à la France par la Pologne », ce dernier Etat ayant des motifs de ménagements pour la France. Par contre, la Roumanie, à la suite des négociations qui ont abouti à la clause de la nation la plus favorisée, n'obtenait, par l'effet de cette clause, que certaines réductions de taxes et seulement à certaines époques de l'année.

Ainsi, malgré l'existence de la clause de la nation la plus favorisée dans les conventions, les demandes spéciales de formalités qui sont faites, à la Roumanie par les Etats contractants, les tendances à *ménager* certains pays et la convention avec restrictions à la clause de la nation la plus favorisée, mettent des entraves à l'application loyale et intégrale de cette clause.

Si cette tendance se généralise, la clause de la nation la plus favorisée ne sera plus bientôt qu'une fiction économique, et sera minée lentement et insensiblement, pour n'être plus qu'une institution morte et vaine, destinée à tomber d'elle-même.

En tout cas, la Roumanie ne doit plus jouer le rôle de dupe. Il ne faut pas que la Roumanie, en étant fidèle aux conceptions rationnelles de la clause de la nation la plus favorisée, accorde aux autres plus qu'elle n'obtient.

De plus, il faut qu'elle forge elle-même une armature à ses portes douanières ; qu'elle ne les ouvre que dans la mesure où s'ouvrent à elle les portes des pays intéressés et qu'elle profite des circonstances qui lui sont favorables.

A titre d'exemple, nous mentionnerons le cas de la Pologne. Cet Etat a intérêt à placer une partie de ses marchandises, vendues autrefois en Allemagne. Pour l'un de ses produits, le fer, la Roumanie est la principale consommatrice de la Pologne. Environ 70 % de l'exportation du fer de la Pologne ne trouvent de débouché qu'en Roumanie.

Cependant, il est certain que la Roumanie ne peut passer au régime conventionnel, tant qu'elle n'a pas de tarif général bien constitué et préparé en vue d'être utilisé dans les conventions internationales.

5. — Protection contre le dumping.

La législation contre le *dumping* n'est pas seulement une conséquence du « dumping au change » apparu en temps de guerre.

Le problème est beaucoup plus ancien. Un Etat, le Canada, en 1907 même, a formulé dans sa loi douanière du 12 avril 1907 une *clause anti dumping*, dont nous exposons le contenu plus loin (1).

Diverses autres législations se sont inspirées de cette loi ou ont établi des dispositions variées relatives au *dumping*.

On connaît le déséquilibre auquel sont exposés les Etats frappés par cette méthode économique. Il suffit pour cela de considérer les grandes formes de concentrations industrielles étrangères, les trusts et les cartels qui se permettent d'exporter à des prix modiques pour conquérir les marchés étrangers et détruire leurs concurrents, et surtout le fait que

1. Voir partie V, p. 3o6.

certains Etats encouragent leurs exportations en leur accordant des primes.

La Roumanie, comme Etat directement exposé, devait prendre les mesures dont nous parlions ci-dessus laissant au Gouvernement la lattitude d'imposer d'une manière spéciale les marchandises importées par la méthode du *dumping*.

6. — Aggravation des charges de la production par les lois fiscales.

En étudiant le tarif douanier, il faut considérer tous les points de vue qui peuvent intéresser les catégories taxées.

Il est nécessaire de tenir compte, non seulement de l'effet spécial des taxes douanières sur les marchandises imposées, mais encore de la totalité des charges de ces marchandises. Ainsi donc, il faut observer la manière dont les droits de douane opèrent à côté de divers autres droits qui grèvent les produits imposés.

Pour rendre évident l'effet des taxes douanières à côté des autres taxes, nous croyons qu'il est intéressant de comparer l'impôt d'avant-guerre sur les produits industriels avec celui d'après-guerre sur les mêmes produits.

Sans entrer dans les détails, nous observerons cependant que le tarif de 1924 accorde à un nombre important de produits industriels une protection inférieure à celle d'avant-guerre.

Al. Hallunga   14

En même temps, le revenu de ces produits de l'industrie, moins bien protégés, est actuellement frappé d'impôts cédulaires et de l'impôt global — qui impose pour la deuxième fois une partie des revenus frappés par l'impôt cédulaire, et, en plus, de l'impôt sur le chiffre d'affaires. Il est facile de comprendre que tous ces impôts grèvent maintenant l'industrie beaucoup plus lourdement qu'avant-guerre.

Toutefois, nous disions que le tarif de 1924 n'accorde pas de cote de protection supérieure à celle d'avant-guerre, ni même aucune qui lui soit égale.

En face de cette situation, la Roumanie devait chercher par un nouveau tarif à se rapprocher le plus possible de la cote de protection-or, de 1906-1916, et la dépasser même quand c'était nécessaire.

7. — Aggravation des charges de la production nationale et diminution de la force de protection par les lois sociales d'après-guerre.

Pour embrasser la question sous tous ses aspects, il faut tenir compte aussi des nombreuses lois d'après guerre qui, par leurs dispositions, constituent ou vont constituer de lourdes charges pour les productions.

Telles sont les lois sociales instituées ou projetées à la suite des conférences internationales du travail qui ont eu lieu pendant les années 1919-1926.

Dans ces conférences, on a adopté les projets de

conventions suivants, ratifiés par la Roumanie ainsi qu'il suit :

Le 13 juin 1921, on a ratifié les projets de conventions adoptés par la Conférence de Washington (29 octobre-29 novembre 1919) relatifs à la durée du travail, au chômage, aux accouchées, au travail de nuit des femmes, à l'âge minimum d'admission des enfants au travail et à leur travail de nuit.

Le 8 mai 1922, on ratifie divers autres projets de conventions adoptés par la Conférence internationale du travail, dans la deuxième session (15 juin-10 juillet 1920) ; et le 18 août 1923, on ratifie les projets de conventions relatifs au repos dominical, à l'âge minimum d'admission des enfants comme chauffeur ou charbonnier, et à l'examen médical obligatoire pour les enfants et les jeunes gens employés à bord des vaisseaux.

Enfin, dans la septième session (19 mai-10 juin 1925), on a adopté les projets de conventions sur les réparations des accidents de travail, sur les réparations des maladies professionnelles, sur l'égalité de traitement des ouvriers étrangers et des ouvriers nationaux, en matière de réparations des accidents de travail, et sur les travaux de nuit dans les fabriques.

Après tous ces projets de conventions sociales et après les recommandations adoptées après la guerre par les conférences internationales du travail, la Roumanie a ratifié celles de 1919-1923 ; en ce qui concerne les décisions des conférences de 1924-1926, il ne lui restait plus qu'à se décider dans les termes prévus par les traités de paix.

En tout cas, en raison de la politique sociale d'après-guerre, la Roumanie a pour le moment un nombre de lois qui imposent à l'industrie des charges sensiblement élevées, en comparaison de l'effet de celles qui lui étaient imposées avant la guerre.

Ainsi, par la loi publiée dans le *Moniteur Officiel* nᵒ 34 du 17 mai 1921, pour la ratification des projets de conventions et des recommandations adoptées par la Conférence internationnale du travail dans la première session annuelle, sont approuvés divers projets.

1ᵒ Le projet de convention tendant à limiter à 8 heures par jour et à 48 heures par semaine, le nombre des heures de travail dans les établissements industriels.

Il résulte des dispositions de ce projet une diminution des forces productrices de l'industrie, car la supériorité de l'intensité du travail ne peut arriver à en compenser la diminution ; et comme les salaires ne subissent pas de réduction proportionnelle, on tend par cela même à une augmentation des dépenses générales de l'industrie.

Par cette loi, on approuve encore une série de recommandations relatives aux anthrax, à la protection des femmes et des enfants contre le saturnisme, à l'application de la convention internationale adoptée à Berne en 1906, sur l'interdiction de l'emploi du phosphore blanc (phosphore jaune) dans l'industrie des allumettes, à la création d'un service public d'hygiène.

Mais toutes ces dispositions, bien qu'elles augmentent en apparence les dépenses des industriels à leurs dépens, mettent toutefois en évidence que l'application des recommandations susnommées conduira au progrès de l'industrie.

On ratifie encore par la même loi :

2º Le projet de conventions relatif à l'emploi des femmes avant et après l'accouchement, et le projet de convention relatif au travail de nuit des femmes.

Le projet de conventions décidant du minimum d'âge .pour l'admission des enfants aux travaux industriels et le projet de conventions relatif au travail de nuit des femmes dans l'industrie.

On a encore voté la loi pour la ratification de quelques-uns des projets de conventions adoptés par la Conférence internationale du travail, dans la troisième session tenue à Genève, entre le 25 octobre et le 19 novembre 1921 (publiée dans le *Moniteur Officiel* nº 93 du 30 avril 1925).

Voici ces projets ratifiés :

1º Projet de conventions relatif à l'application du repos hebdomadaire dans les établissements industriels.

2º Projet de conventions qui fixe l'âge minimum d'admission des enfants au travail en qualité de charbonnier ou de chauffeur.

3º Projet de conventions relatif à l'examen médical obligatoire des enfants et des jeunes gens employés à bord des vaisseaux.

En outre, nous citons ici la loi des placements, la loi des migrations, la loi des foyers d'apprentis, la loi de l'enseignement ouvrier, la loi des assurances sociales (augmentation des taxes), la loi des conflits du travail, la loi des associations professionnelles.

Ces lois suffisent pour mettre en évidence les progrès continuels de la législation ouvrière.

Si, à côté des effets de ces lois ouvrières sur l'industrie, nous cherchions maintement ceux des futures lois sociales, qui sont encore à l'état de projets, mais qui prendront vie bientôt, il est facile de comprendre la différence manifeste existant entre les conditions de l'industrie d'avant-guerre et celles dans lesquelles se trouvent actuellement l'industrie.

Il faut encore considérer le fait que des tarifs antérieurs exceptionnels, comme le tarif de 1924, n'accordent pas aux industries roumaines la protection-or de 1916, ainsi que l'a montré l'auteur du tarif de 1924 lui-même (Voir le rapport du Ministre des Finances sur le Tarif douanier de 1924).

En face de cette situation, quelque sage qu'ait été le Gouvernement de s'occuper de la législation ouvrière, il est certain que la production nationale reste en droit de demander aux pouvoirs publics de lui rendre, par la protection douanière, la force de résistance que les tarifs exceptionnels et les diverses lois d'après-guerre lui ont enlevée.

8. — Nécessité de la revision du système d'octroi de la protection.

La classification des catégories d'industries à protéger ne peut plus être celle de 1924.

a) La raison pour laquelle on admettait la protection des industries débutantes ou insuffisamment consolidées, est peu intéressante ; cela d'autant plus que s'imposait nécessairement d'autres règles en vue d'accorder la protection.

Il est nécessaire de protéger *progressivement* les industries selon qu'elles donnent un coefficient plus ou moins grand d'industrialisation.

Il faut protéger progressivement les industries selon que, par leur production, elles couvrent dans une plus ou moins grande mesure la consommation intérieure.

Il faut protéger progressivement les industries selon qu'elles produisent des marchandises de qualité *similaire* ou non aux marchandises étrangères.

Aux industries dont la cote de consommation est négligeable ou dont la production est de qualité inférieure, il ne faut donner qu'une protection très réduite. Il faut encourager aussi la qualité de la *production* de l'industrie nationale roumaine.

b) Il faut encore protéger spécialement la *consommation des instruments de production* de l'agriculture et des instruments nécessaires aux ouvriers, l'industrie ménagère et, en général, les *petites industries*.

e) Il était naturel de ne plus accorder de protection douanière par anticipation, pour la création de nouvelles industries. Car, de cette façon, l'Etat s'imposait de trop grands sacrifices, contraires aux intérêts du pays.

d) Cependant, il est évident qu'il faut conserver la protection des industries en liaison avec la défense nationale.

9. — Maximum de la cote de protection

Pour certains articles, la cote de protection s'élevait jusqu'à 100 % de leur valeur.

Plus encore. Cette protection était calculée sur les prix de détail des marchandises, augmentés des dépenses de transport, etc..

Il était naturel que cette protection exagérée fût diminuée.

CHAPITRE II

REVISION DOUANIÈRE DU MOIS D'AVRIL 1927

SECTION I

Pourquoi cette réforme a-t-elle été nécessaire ? Ce que dit le rapport du ministre des Finances au Conseil des ministres. — Autres nécessités qui l'ont imposé.

Dans le *Moniteur officiel* du 10 avril 1927 a paru un décret qui apporte une grande modification au tarif douanier tant dans la nomenclature que dans les taxes à percevoir.

Pourquoi cette réforme a-t-elle été nécessaire ? Ce que dit le rapport du ministre des Finances au Conseil des ministres.

Voici comment ce rapport explique la nécessité de nouvelles modifications.

1o Toutes les branches de l'économie nationale ont réclamé un nouveau tarif douanier tenant compte du développement de la production industrielle et agricole intérieure.

2o Il fallait établir un tarif protecteur non seulement de la production, mais surtout de la monnaie nationale, et préparer en même temps le terrain d'une future stabilisation.

3º Le développement de la production et les grands espoirs mis dans l'avenir de l'économie nationale, obligent la Roumanie à se constituer par le nouveau tarif une forte armature en vue de ses relations commerciales avec l'étranger.

4º La nécessité de se protéger contre le dumping.

Autres   nécessités qui ont imposé la modification actuelle.

5º Il fallait tenir compte (quant à la mesure de la protection à accorder à l'industrie) que les charges fiscales de la production sont trop élevées par rapport à celles du passé, bien que les cotes de protection du tarif 1924-1926 soient inférieures même aux cotes de protection du tarif 1906.

6º Il fallait encore considérer le fait que les lois sociales d'après guerre ont aggravé les charges de la production nationale et ont diminué par suite la force de protection traditionnelle, encore nécessaire à l'industrie roumaine.

SECTION II

Règles d'après lesquelles on a établi le tarif 1927

Après avoir constaté les nécessités qui imposaient impérieusement la révision du tarif d'importation roumain, le ministre des Finances a donné aux membres des commissions qui ont travaillé à la révision du tarif, les directives suivantes :

« 1º La renonciation au principe d'anticipation pour la
« création par la protection douanière de nouvelles indus-
« tries qui imposent des sacrifices contraires aux intérêts
« du pays.

« La disproportion constatée en Roumanie entre le capital
« investi dans les richesses naturelles et celui investi dans
« les organismes de production privés du capital mobilier
« nécessaire pour leur mise en mouvement, est si grande,
« que, dans la période actuelle, il faut dans l'intérêt d'un
« développement normal, renoncer à la politique de nou-
« veaux investissements qui paralyseraient la marche des
« institutions de crédit roumaines.

« 2º La protection de l'emploi des instruments de produc-
« tion et surtout des instruments agricoles et des instru-
« ments nécessaires aux ouvriers, à l'industrie ménagère
« et en général aux petites industries.

« 3º La protection spéciale des industries en liaison avec
« la défense nationale.

« 4º La protection progressive des industries qui donnent
« un plus grand *coefficient d'industrialisation*, protégeant
« ainsi le travail roumain.

« 5º La protection progressive des industries qui, par
« leur production couvrent pour la plus grande partie la
« consommation intérieure par des produits de qualité simi-
« laire aux produit étrangers.

« On ne protégera plus les industries dont la cote de pro-
« duction relativement à la consommation, est négligeable,
« ou de qualité inférieure à celles des industries étrangères.

« 6º Les cotes de protection varieront entre la taxe mi-
« nima (statistique) et le maximum de 3o % *ad valorem*,

« valeur de la marchandise établie au prix mondial de gros
« s'entendant *cif* ».

Ces principes importants ont mis en évidence
clairement et en temps voulu la politique de tarif du
gouvernement Averesco.

Ajoutons ici, que pour l'étude complète de la question du tarif, on a employé les données fournies sur
la production par l'enquête du ministère de l'Industrie faite par les inspecteurs industriels. De même
l'office d'études du ministère des Finances a établi
un état complet des demandes de tous les intéressés.
Ce même office a fait une enquête détaillée parmi
les industriels, en se mettant au courant des besoins
de toutes les branches de production, pouvant de
ce fait connaître les rapports des différentes branches et l'incidence des taxes douanières de certains
produits sur les produits d'autres branches d'industrie.

SECTION III

CE QUI A ÉTÉ RÉALISÉ

1. *Le rapport du Ministre des Finances.* — 2. *Autres modifications de grande importance.* — a) **L'introduction d'un
triple tarif.**— **Différences entre les anciens et les nouveaux
tarifs minimum et maximum.** — **L'institution du tarif
réservé. Critique de ce tarif.** — b) **La protection contre
le dumping. Critique.** — c) **La suppression des prohibitions à l'importation.**— d) **La suppression de la surtaxe
de luxe.** — e) **Suppression de la commission de 2 %.** —
f) **Possibilité pour certaines marchandises de continuer
à bénéficier de l'ancien tarif. Critique.** — g) **Le coefficient de multiplication des droits-or fixé à 40.** —
3. *Autres aspects du nouveau régime.* — **Le tarif triplé
Le dictionnaire douanier.**

1. Ce que dit le rapport du Ministère des Finances au conseil des ministères.

La supériorité du tarif de 1927, par rapport au tarif précédent, consiste d'après ce rapport, dans les réalisations suivantes :

1° La nouvelle nomenclature présente l'avantage de répondre aux demandes de tous les facteurs économiques. Elle a été étudiée et élaborée par une commission à laquelle, ont pris part les représentants de toutes les organisations économiques. En effet, il y avait des délégués des petits industriels, des commerçants et des représentants des intérêts des consommateurs ;

2° La nouvelle nomenclature est établie d'après les exigences de la structure actuelle de production de la Roumanie ;

3° Pour établir les valeurs moyennes des marchandises prises dans le pays, valeurs nécessaires à la fixation des taxes, on a pris en considération les proportions et les documents fournis, tant par les industriels que par les commerçants et les consommateurs ;

4° En ce qui concerne la protection accordée à l'industrie on a tenu compte de l'utilité de consommation de chaque article ;

5° On a dégrévé les taxes prohibitives pour les articles qui ne sont pas fabriqués dans le pays.

2. **Autres modifications de grande importance**.

a) Par le décret royal de modification, on a introduit une innovation d'une importance remarquable.

La Roumanie introduit dans ses relations avec l'étranger un triple tarif.

L'un *minimum*, l'autre *général* et le troisième dénommé tarif *réservé*. Il existait encore en 1924 un tarif minimum et un tarif maximum (triplant les taxes du tarif minimum) et applicable aux pays qui n'appliqueraient pas aux marchandises roumaines leur tarif minimum ou qui les soumettraient à un traitement autre que celui de la nation la plus favorisée.

Mais avec le nouveau tarif, le tarif général (ancien tarif maximum) est l'œuvre d'autres conceptions et il a une autre tendance que l'ancien tarif maximum.

Le gouvernement a eu l'intention de ne pas retarder la conclusion des conventions commerciales. Les Etats avec lesquels la Roumanie n'a pas de conventions, d'accords ou d'échanges de notes (comme l'Allemagne, le Portugal et les Etats baltiques) — Etats auxquels on devrait appliquer le tarif général — auront un intérêt pressant à l'établissement de conventions avec elle.

D'après le régime douanier précédent, le tarif maximum n'est appliqué qu'aux Etats qui n'appliquent pas aux marchandises roumaines le tarif minimum ou qui leur ont accordé un traitement autre que celui de la nation la plus favorisée.

Maintenant le tarif général est appliqué à tous les pays (1) avec lesquels la Roumanie n'a, ni *conventions*, ni accords, de sorte que nous ne pouvons être sûrs que sans convention formelle, les Etats qui accordent maintenant à la Roumanie le tarif minimum continueront à le lui accorder aussi à l'avenir.

De plus le tarif général actuel sert, à l'encontre de l'ancien tarif maximum, de base aux négociations des conventions, et ne peut en aucun cas descendre par ces négociations, au-dessous du tarif minimum. Auparavant, les conventions commençaient par le tarif minimum et pouvaient même descendre au-dessous.

Enfin, l'ancien tarif maximum était utilisé très rarement en manière de représailles, alors que le tarif général doit former la règle générale pour les pays avec lesquels la Roumanie n'a pas de conventions.

Mais la partie la plus remarquable de ce tarif triple consiste en l'institution du tarif réservé (2), c'est-à-dire en un régime concernant un nombre restreint d'articles, pour lesquels le gouvernement se réserve le droit de modifier le tarif autant de fois que le Ministre des Finances constatera la pratique du dumping de la part de l'étranger.

1. Une mesure temporaire jusqu'au 1ᵉʳ juillet a accordé le tarif minimum à tous les Etats à l'exception de la Russie. On a cru que jusqu'à cette date on pouvait conclure des conventions commerciales, le nouveau gouvernement libéral n'a plus tenu compte de cette date du 1ᵉʳ juillet, voulant appliquer plus longtemps le tarif général à tous les pays à l'exception de la Russie.

2. Non pas pour 100 articles sur environ 2.000 articles du tarif douanier, mais pour 48 sur 1893 (nombre réel des articles compris dans le tarif douanier).

Cette innovation en Roumanie ne se trouve dans aucun autre régime douanier étranger, à notre connaissance.

D'autre part elle est susceptible de grandes discussions qui tenderaient même à sa suppression. Lors des négociations des conventions commerciales, on insistera sûrement pour la suppression du tarif réservé.

Il est bien entendu que le plus grand intérêt des conventions commerciales n'est pas de réduire les taxes générales, mais d'établir des droits stables. M. Brunet dans son mémorandum sur la stabilité des tarifs douaniers préparé pour la conférence économique internationale de mai 1927, insiste beaucoup sur ce fait et considère l'instabilité des droits comme le plus grand obstacle aux relations commerciales internationales.

C'est pourquoi nous ne nous expliquons pas comment le tarif réservé pourrait être maintenu, bien que nous reconnaissions que dans la situation actuelle de la Roumanie, il puisse être bienfaisant.

b) Le but dans lequel le tarif réservé a été introduit dans notre triple tarif nous fait souligner à nouveau l'importance de la mesure, prise en Roumanie pour la première fois, pour chercher à écarter le dumping.

D'autre part, comme nous l'avons montré plus haut, la législation contre le dumping n'est pas seulement une conséquence du dumping au change apparu en temps de guerre.

Le problème est beaucoup plus ancien. Un Etat,

le Canada, dès 1907, a formulé dans sa loi douanière du 12 avril 1907 une *clause anti-dumping*,
dont nous reproduirons le contenu plus bas (1).

Diverses autres législations se sont inspirées de
cette mesure ou ont établi des dispositions fort
variées concernant le dumping, en commençant par
la mesure la plus simple qui est de fixer les droits du
tarif ordinaire à un niveau supérieur au niveau considéré comme suffisamment protecteur pour les
industries indigènes.

« Mais cette méthode est susceptible de critique, puisque
les droits élevés produisent de l'effet sur toutes les importations, que celles-ci fassent ou non l'objet d'un dumping ;
et, en second lieu, parce que le degré supplémentaire de protection ainsi assuré peut être supérieur ou inférieur à la
mesure dans laquelle le prix intérieur étranger dépasse le
prix d'exportation lorsque le dumping *est* pratiqué (2). »

La Roumanie, en tant que pays directement
exposé au dumping devait perdre les mesures dont
nous avons parlé plus haut, laissant au gouvernement la latitude d'imposer d'une façon spéciale les
marchandises importées par la méthode du *dumping*.

Mais, à la différence de l'exemple canadien, que
nous considérons comme digne d'être imité, dans
le nouveau régime la Roumanie ne fixe pas de
limite déterminée au quantum des droits contre le
dumping.

Cette mesure complémentaire est sensiblement

1. Voir partie V, p. 3o6.
2. Jacob Viner, *Memorandum sur le dumping*. Genève, 1926.

nécessaire si l'on admet qu'il est nécessaire de limiter le degré de protection à accorder à quelques industries, contre toute espèce de concurrence.

c) On ne peut nier l'importance de la modification qui supprime les prohibitions à l'importation (1) prévu dans le décret-loi n° 2969 du 10 juillet 1919 (2).

Les désavantages causés par ce régime étaient nombreux. Même en 1927, une série de catégories d'articles (3) étaient complètement prohibés, bien qu'à ce moment, le pays n'était plus dans les conditions économiques de 1919 qui justifiaient (4) le décret-loi nommé plus haut.

La Roumanie a suivi l'exemple des Etats qui, s'inspirant des résultats des conférences de Porto-Rose et de Genève, ont compris que la suppression des prohibitions indique la suppression des contrebandes, l'augmentation des revenus de l'Etat, la facilité du commerce et l'allègement de la vie.

d) La suppression de la surtaxe de luxe prévue par le *Journal du Conseil des Ministres*, n° 3742 du 5 octobre 1921, a causé une vive surprise et *a apporté de grandes satisfactions.*

---

1. Sont encore prohibées à l'exportation 28 catégories de marchandises (V. notre article dans *Import-Export*, n° 1, 1927).

2. A ce décret-loi étaient annexés deux tableaux : Le tableau A comprend les marchandises prohibées à l'importation d'une manière absolue. Le tableau B prévoit les marchandises de luxe ou celles qui sont moins nécessaires, qui ne sont importées qu'avec l'autorisation du ministère de l'Industrie et du Commerce, et qui sont frappées d'une taxe de 50 % *ad valorem* (V. *Import-Export*, 1921, p. 18 à 35).

3. V. *Import-Export*, 1924, p. 29.

4. Le rapport du ministre de l'Industrie et du Commerce Al. Constantinesco, dans l'*Import-Export*, p. 15.

Dans le journal n° 3742/1921, on décidait que parmi les articles prohibés par le décret-loi n° 2969/1919 (et par les décisions ministérielles 85093 et 85093 *bis* du 20 nov. 1920) on autorisait l'importation de certaines catégories énumérées, mais avec paiement d'une taxe de luxe perçue en plus des taxes douanières.

Dans la liste *A* de ce journal, on spécifiait pour 31 catégories de marchandises, des surtaxes de luxe qui étaient autrefois double ou triple de la taxe douanière et qui remplaçaient les taxes de 50 % *ad valorem*. Mais dans la liste *B* on avait énuméré 18 catégories de marchandises pour lesquelles la taxe douanière devait être comptée en lei ou d'après le cours du jour et à *vingt fois la taxe douanière*.

Particulièrement dans cette dernière série de marchandises, parmi lesquelles il y avait les soies, certaines fourrures, des savons fins et des bijoux, les droits de douane étaient exagérés, car l'administration suivant la réglementation citée plus haut, pour établir des droits en papier-monnaie, multipliait les droits lei-or du tarif par 600 (pour la métallurgie et les textiles) et par 800 (20 × 40) pour tout le reste du tarif.

Toutes ces taxes et surtaxes ont disparu maintenant.

e) *La suppression de la commission de 2 % fut inattendue et bienfaisante.* — L'augmentation des droits de douane dans la mesure dans laquelle elle a été faite remplace pour l'Etat les revenus de cette taxe de commission.

Il était très simple de supprimer cet impôt, vexatoire comme tout impôt s'ajoutant à un autre, et de l'englober dans le droit de douane. Ainsi l'on réduirait les nombreux calculs de la douane.

Quant à l'honnêteté de l'importateur, elle sera moins éprouvée, celui-ci n'ayant plus de motifs de déclarer inexacte et au-dessous de la réalité la valeur des marchandises importées, la taxe de 2 % sur la valeur n'existant plus.

f) Ce qui est intéressant et nouveau en Roumanie c'est la disposition comprise dans *le Journal du Conseil des Ministres*, décidant que toutes les marchandises expédiées des pays d'origine jusqu'à la veille de l'entrée en vigueur du nouveau tarif, pourront bénéficier de l'ancien tarif si elles arrivent dans un délai de dix jours (1) à partir de l'entrée en vigueur du tarif.

Nous ne discutons pas ici si cette disposition est *légale* et si, par la voie du *Journal du Conseil des Ministres*, on peut déroger à l'article 5 de la loi générale des douanes qui prévoit que le régime applicable aux marchandises d'importation doit être celui en vigueur au moment de *l'enregistrement* des déclarations quelle que soit la *date d'expédition* des marchandises des pays étrangers (2).

---

1. En fait, huit jours et demi, les deux derniers jours ayant été jours fériés, occasionnés par les fêtes de Pâques.

2. Même par voie de décret nous ne voyons pas possibilité d'une pareille modification, le *décret-loi 4061* prévoyant la possibilité de

Nous n'insistons pas sur le fait qu'au moment où l'on met en application un tarif douanier par le système du cadenas, il existe des motifs de grande urgence qui n'admettent pas, comme dans le cas présent, le terme de faveur de dix jours (1).

Remarquons seulement que cette mesure est imitée d'une règle qui existe en France pour les marchandises expédiées avant l'entrée en vigueur d'un nouveau tarif. Mais en France ce terme de faveur, pour les marchandises expédiées auparavant, n'est accordé qu'au cas où le tarif est l'œuvre du Parlement, et non quand il est dans des circonstances anormales, l'œuvre du pouvoir exécutif.

Les commerçants se sont beaucoup agités en ce qui concerne ce terme, le trouvant insuffisant

modifier par voie de décret le Tarif douanier, et non la loi générale des douanes.

1. Plus tard, la délégation économique du gouvernement a pris la disposition suivante envoyée par la direction générale des douanes à tous les bureaux douaniers :

1º Pour les marchandises expédiées depuis l'origine jusqu'à la date du 9 avril 1927, inclusivement, on appliquera les taxes de l'ancien tarif à condition que les déclarations d'importation soient déposées et enregistrées dans un registre sommaire des douanes, pour celles qui arrivent par terre, jusqu'au 31 mai 1927, et pour celles qui arrivent par eau, jusqu'au 30 juin 1927;

2º Les marchandises expédiées de leur pays d'origine les 10, 11, 12 et 13 avril 1927, seront imposées d'après le nouveau tarif, toutefois si les importateurs le demandent, on *pourra leur accorder la consignation des différences* entre l'ancien et le nouveau tarif à la condition, que les déclarations d'importation soient déposées et enregistrées jusqu'au terme indiqué au nº 1.

Le terme de consignation était la date du 10 juin.

3º Pour les marchandises taxées selon le nouveau tarif et dont les droits sont devenus des revenus définitifs, il ne sera admis aucune restitution. Circulaire nº 135858 du 27 mai par laquelle on fait connaître la suite à la circulaire nº 95412 du 9 avril 1927 établi l'application du nouveau tarif douanier d'importation.

étant donné que les marchandises venant par eau ou d'un pays d'occident éloigné, demandent un temps plus long que* dix jours pour arriver à la frontière roumaine. Ils ont encore observé qu'il y a une grande inégalité de traitement entre les marchandises importées de Pologne, Tchécoslovaquie ou tout autre des pays limitrophes, marchandises dont l'importation peut être faite en grandes quantités dans l'intervalle accordé, et celles qui sont importées des pays éloignés, par exemple les Etats-Unis, d'où elles ne peuvent arriver même dans un intervalle de temps double.

Cependant les commerçants ont oublié qu'il existe une loi claire à cet égard, et ils ont oublié qu'à l'oc sion de l'application des tarifs, aucun terme de faveur semblable n'a jamais existé.

e) Le tarif actuel maintient le système des taxes payables en or, *mais il fixe le coefficient* (par lequel en multipliant les taxes-or, on obtient les taxes à percevoir en lei-papier-monnaie) *à 40 pour tous les groupes du tarif.* Ceci à la différence du régime antérieur qui établissait le coefficient 30 pour la métallurgie et les textiles (1) et maintenait le coefficient 40 pour le reste des articles du tarif douanier (2).

Cette mesure, comme toute autre mesure de sim-

1. Par le décret du 26 mars 1926.

2. Voir la circulaire de la direction générale des Douanes au n° 84916 du 13 mars 1925. Nous rappelons que par le tarif 1924, on avait fixé pour tout le tarif le coefficient 30 qui est demeuré le même jusqu'au 13 mars 1925.

plification, écarte toutes complications en pratique, et évite aux douaniers l'un de leurs nombreux calculs, qui constituait pour eux un motif de confusion.

3. — Autres aspects du Nouveau Régime.

Tarif triple. Dictionnaire douanier. — Le rapport du ministre des Finances au Conseil des Ministres ne s'occupe pas des dispositions de suppression du régime prohibitionniste, de la surtaxe de luxe et de la commission de 2 % *ad valorem* et il ne les justifie pas ; pas plus qu'il ne parle du terme de faveur accordé aux marchandises déjà expédiées la veille de l'entrée en vigueur du tarif douanier ou de l'opportunité de la fixation à 40 du coefficient de la taxe or par rapport au papier-monnaie.

D'ailleurs tout le monde est d'accord pour fêter la disparition des trois premières modifications car les désavantages auxquels elles donnaient lieu étaient évidents pour tous. Quant aux deux dernières mesures, nous avons fait plus haut nos observations les concernant.

Mais on nous parle dans ce rapport des nécessités de l'introduction du tarif triple.

« Le développement de la production, nous est-il dit dans ce rapport, et les grandes espérances que nous avons dans l'avenir de l'économie nationale, nous obligent à instituer par le nouveau régime douanier une puissante armature en vue des relations commerciales de la Roumanie avec l'étranger. »

Dans ce but, le nouveau tarif douanier comprend:

1° Un tarif minimum autonome, qui sera accordé en partie aux pays amis avec lesquels la Roumanie a des accords commerciaux ou avec lesquels elle veut conclure des conventions commerciales, pays qui lui accordent en compensation des avantages pour ses produits.

2° Un tarif général autonome qui sera appliqué :

a) A tous les produits qui sont importés des pays avec lesquels la *Roumanie n'a pas de conventions commerciales.*

b) Aux produits qui ne jouissent pas de la clause de la nation la plus favorisée, pour les pays avec lesquels la Roumanie a des conventions en vigueur.

3° Un régime réservé pour un nombre fort restreint d'articles, à savoir 100 sur 2.000 articles du tarif douanier pour lesquels le droit de modifier le tarif autant de fois que le Ministre des Finances constatera par la commission supérieure douanière, la pratique du dumping de la part de l'étranger.

Les articles dénommés réservés auront comme tous les autres articles, des taxes dans le tarif minimum et général autonome, mais ils ne pourront sous aucun motif être *consolidés par des conventions commerciales.*

Nous avons fait plus haut nos observations suggérées par ce passage et nous y reviendrons plus loin à l'occasion de l'étude de la structure des taxes.

Un événement fort réjouissant, en liaison avec ce tarif, nous était annoncé par le même rapport. Il était question de l'apparition d'un *dictionnaire douanier*. « La composition de la nomenclature », nous dit le rapport « l'echelle de protection douanière et la fixation des taxes a nécessité l'institution d'une vaste enquête sur la production nationale, enquête qui a été faite par les organes compétents du Ministère de l'Industrie, pour la première fois en Roumanie, sur la base de la nomenclature du tarif douanier.

Les résultats de cette enquête devraient être consignés dans un Dictionnaire douanier, fait par l'office des Etudes (1), Dictionnaire qui aurait compris tous les articles du tarif, les décrivant d'une manière détaillée et montrant la situation de l'industrie du pays pour chaque produit à part.

Ce Dictionnaire douanier devait être publié pour servir *d'amélioration* à l'économie nationale, puisqu'il représentait la situation actuelle de toutes les branches de production et implicitement une justi-

---

1. Les collaborateurs de ce Dictionnaire, travaillé sous la direction de M. Michel Manoïlesco, sont : l'Ingénieur Eugène Lotru, l'Ingénieur N. Costachi, M. C. Calmuschi, le Dr Solacolu, le soussigné et Messieurs le Dr Hesselman, l'Ingénieur Seibulesco, l'Ingénieur Munteanu et l'Ingénieur Floresco, directeurs au Ministère de l'Industrie et du Commerce. Les autres membres de cet office d'études, aujourd'hui supprimé, étaient Messieurs C. Karadja, Dr L. Iliesco, Dr G. Enesco, Emile Giurgea, l'Ingénieur Ioanitziu, G. Cristodulo et Ingénieur Cristea Niculesco. — Nous regrettons que les circonstances ne nous aient pas permis de publier ici un extrait de ce Dictionnaire, qui, malheureusement n'a pas été encore publié entièrement par le nouveau gouvernement.

fication des protections accordées par les bases prévues dans le nouveau tarif douanier.

Nous n'aurions pas osé prétendre évidemment que ce *premier* Dictionnaire douanier servit véritable‑ ment et complètement à améliorer l'économie natio‑ nale. Nous n'en espérions faire qu'une facilité appor‑ tée aux douaniers rendus indécis par de nombreux changements, la diversité des produits et les com‑ plications produites par divers intéressés et qu'un indicateur, pour les importateurs et les exporta‑ teurs, égarés par la multiplicité des interprétations et des assimilations de l'administration et, chose fort intéressante, qu'un riche matériel statistique et documentaire aux mains de tous les *économistes* de Roumanie, pleins de bonne volonté pour le travail, mais accablés jusqu'à présent par l'ab‑ sence presque générale de données rigoureusement exactes.

SECTION IV

Structure des taxes dans le nouveau tarif. Critique. Situation comparative.

Nous passons maintenant à la partie incontestable‑ ment la plus importante de l'étude douanière, celle des mesures de protection accordée par le nouveau tarif.

D'après le rapport de M. le président du Conseil des ministres et ministre des Finances au Conseil des ministres, la structure des taxes dans le nouveau tarif est la suivante :

« *De 1 à 10 %* de la valeur pour les matières premières nécessaires aux productions industrielles, taxes variant de 1 % à 10 % dans la mesure de l'utilité des produits pour la consommation intérieure.

De 10 à 20 % de la valeur pour tous les produits semi-fabriqués importés pour être complètement industrialisés dans le pays.

Dans la même catégorie, on a taxé tous les instruments de production, soit agricoles, soit industriels ou nécessaires aux petits industriels pour alléger la production et faciliter la modernisation de l'outillage ainsi que les installations de production de la Roumanie.

De 20 à 30 % de leur valeur pour les produits complètement fabriqués et les produits coloniaux qui sont importés pour être passés directement dans la consommation.

Au-dessus de 30 % de leur valeur pour des produits qui ont été imposés exceptionnellement ; ce sont seulement des produits qui, d'après le régime en vigueur (1), étaient complètement prohibés, ou frappés à l'importation de surtaxes prohibitives, comme les articles de luxe et un nombre très restreint de produits des petits industriels en liaison avec la defense nationale, produits qui doivent être protégés d'une manière efficace contre la concurrence étrangère, étant donné que l'existence et la prospérité de ces industries à l'intérieur des frontières du pays, est une garantie permanente de sûreté et de progrès pacifique pour toute la Roumanie. ».

En ce qui concerne cette structure, nous avons à faire les observations suivantes :

On ne nous a pas dit clairement ce qu'on entend par « *plus de 30 %* » de la valeur des produits. Comme on nous a dit : 10 à 20 %. 20 à 30 % il était tout naturel de nous dire 30 à 40 %, ou 30 à 50 %.

1. Jusqu'en avril 1927.

On ne pourrait pas nous dire que les taxes s'élèvent seulement jusqu'à 50 %, par exemple, car il y a des cas où elles dépassent de beaucoup les 50 %.

De même, on ne pourrait pas nous dire qu'elles montent par exemple jusqu'à 100 %, parce que dans ce cas ; les taxes seraient illégales, étant donné la loi no 4061 du 6 octobre 1920 (1), d'après laquelle on peut mettre exceptionnellement en vigueur les taxes douanières par voie de décret et *qui disposait avec précision que ces taxes ne peuvent s'élever à plus de 50 % de la valeur des marchandises.*

L'emploi de certaine expression vague, ne peut que faire comprendre ici, qu'on s'est éloigné de toute précision pour ne pas mettre en évidence l'illégalité du tarif. Il est vrai que les tarifs antérieurs comme celui de 1914 et celui de 1926 avaient commis une pareille illégalité. Le Gouvernement Averesco a travaillé conformément à une certaine tradition ; on commence à accepter même une illégalité, lorsqu'elle est répétée, pratiquée et que les nécessités du temps paraissent la demander.

Le gouvernement Averesco a préféré passer sur la loi du 6 octobre 1920, pour donner au pays un tarif douanier, conforme à ses besoins économiques.

*   *

Pour le moment donnons seulement deux exemples concernant la structure du nouveau tarif.

1. *Import.-Export.*, année 1921, p. 76-77.

N'importe qui peut constater, en lisant le tarif, jusqu'où va la protection douanière, en prenant quelques exemples des articles de soies et des articles de coton, et en comparant ensuite leurs taxes avec celles du tarif précédent.

En 1927, les tissus de soie payent 113 à 635 lei-or par kilogramme, alors qu'en 1926, les mêmes tissus ne payaient que 50 à 160 lei-or par kilogramme.

Sur cet article, on a cherché à expliquer la hausse de la taxe par le fait qu'elle englobe aussi les anciennes taxes de luxe et de commission qui ne seront plus payées séparément.

Voyons quelles sont les taxes pour le coton.

Le coton *paysan* (filasse de coton) qui payait 180 lei aux 100 kilos, paye conformément au nouveau tarif 240 à 300 lei d'après le tarif général.

Il est fort possible qu'en réalité l'on n'ait pas voulu augmenter dans une trop grande mesure la protection douanière, mais on paraît avoir exagéré les valeurs considérées comme base de calcul des taxes pour quelques articles.

Nous connaissons les difficultés d'obtention de valeurs exactes et nous connaissons les obstacles aux travaux de tarifs. Ç'est pourquoi, les critiques sans mesure sortent du cadre de nos préoccupations.

Nous nous proposons simplement de constater ce qui a été réalisé et d'examiner ce qui reste à faire.

Nous montrerons tout d'abord, pour chaque partie du tarif, dans quelles limites varient les taxes douanières comparativement aux limites dans lesquelles elles variaient sous le tarif précédent.

Voici un tableau complet, comprenant les taxes minima et les taxes maxima de chaque catégorie d'articles et comparant la situation de 1927 à celle de 1924 et à celle de 1926 pour la métallurgie et les textiles.

PREMIÈRE PARTIE

Chapitres. Règne animal.	Taxes du tarif précédent en lei or.	Taxes du tarif général en 1927 en lei or
I. Animaux vivants	0,07 - 7 par tête.	0,30 - 93,75 par tête.
II. Produits animaux alimentaires	0,70 - 133,50 50 à 100 k.	14,25 - 2.812,50 les 100 kilos.
III. Fourrures et peaux ..	0,70 - 1.000 les 100 kilos.	0,22 - 14.062,50 les 100 kilos.
IV. Laine et poils	0,50 - 120 les 100 kilos.	3,75 - 7.500 les 100 kilos.
V. Soie naturelle	0,05 - 50 le kilo.	0,75 - 937,50 le kilo.
VI. Diverses substances animales et produits similaires	0,05 - 3.350 les 100 kilos.	1,05 - 11.250 les 100 kilos.

DEUXIÈME PARTIE

Chapitres. Règne végétal	Taxes du tarif précédent en lei or.	Taxes du tarif général en 1927 en lei or.
	Les 100 kilos :	Les 100 kilos :
I. Céréales, graines de plantes diverses, bois et fleurs	0,05 à 350	0,30 à 1.125
II. Textiles végétaux	0,17 à 500	0,37 - 33.750
III. Bois................	0,05 - 1.000	0,69 - 6.570
IV. Papier.............	0,25 - 267	0,39 - 37.500
V. Caoutchouc, celluloïd et autres sucs végétaux	0,35 - 700	1,05 - 75.000

TROISIÈME PARTIE

Chapitres. Règne minéral.	Taxes du tarif précédent en lei or.	Taxes du tarif général en 1927 en lei or.
	Les 100 kilos :	Les 100 kilos :
I. Eaux minérales, sels, terres, pierres et produits céramiques...	0,05 à 6.700	0,06 - 16.875
II. Combustibles minéraux	0,17 - 3,50	1,05 - 11,25
III. Asphalte. Huiles minérales, paraffine et ozokérite	0,70 - 40	3,90 - 41,25
IV. Métaux et produits métallurgiques	0,02 - 6.700	0,03 - 46.875
V. Divers produits combinés avec du métal	5 - 11.700	55 - 1.500.000

QUATRIÈME PARTIE

Chapitres Divers produits combinés	Taxes du tarif précédent en lei or.	Taxes du tarif général en 1927 en lei or
I. Produits chimiques ..	0,17 - 200 les 100 kilos.	0,30 - 1.875 les 100 kilos.
II. Médicaments et parfu- merie	0,01 - 33,50 le kilo.	0,30 - 300 le kilo.
III. Couleurs et laques ...	2 - 43,50 les 100 kilos.	6 - 1.875 les 100 kilos.
IV. Explosifs	20 - 133,50 les 100 kilos.	75 - 225 les 100 kilos.

On voit par ce tableau que les droits représentent en 1927 : pour les animaux vivants, environ 14 fois les droits de 1924 ; pour les produits alimentaires animaux, 2 fois les anciens droits ; pour les peaux et fourrures, 14 fois ; *pour les laines et poils, 64 fois* pour la soie, 66 fois (si on n'y compte pas les surtaxes de luxe) ; *pour le papier, 140 fois* ; pour les caoutchouc, celluloïd et autres sucs végétaux, 107 fois ; pour divers produits combinés avec les métaux, *1.282 fois* les anciens droits.

***

Mais outre cet aperçu sommaire, étudions comment opèrent les nouveaux droits sur les différentes branches de l'industrie, si le tarif a atteint son but protecteur pour l'Industrie et s'il n'a pas dépassé son rôle.

Etudions donc les réformes essentielles sur les diverses industries et la manière de voir des auteurs du tarif d'avril 1927.

Tout d'abord, récapitulons un peu quelles étaient les plaintes et les revendications des producteurs avant la révision de 1927, et passons ensuite aux réformes réalisées.

SECTION V

Exposé des plaintes et revendications des producteurs, avant la révision douanière et l'influence des nouveaux droits sur les différentes branches de l'industrie. 1° Industrie du lait et des fromages ; 2° industrie des peaux ; 3° industrie de la laine ; 4° industrie de la soie naturelle ; 5° industrie des huiles ; 6° industrie des spiritueux ; 7° industrie du sucre ; 8° industrie du chocolat et des bonbons ; 9° industrie des textiles végétaux ; 10° industrie de la soie artificielle ; 11° industrie du bois ; 12° industrie du papier ; 13° industrie de l'imprimerie et des arts graphiques ; 14° industrie du caoutchouc ; 15° industrie de la faïence et de la porcelaine ; 16° industrie du verre ; 17° industrie du pétrole ; 18° industrie du fer.

LES PLAINTES ET LES REVENDICATIONS DES PRODUCTEURS

Les plaintes et les revendications des producteurs, spécialement celles des industriels, étaient, en résumé les suivantes :

a) Ils étaient forcés de payer des intérêts immenses, dus à la difficulté de trouver des capitaux disponibles ;

b) Les impôts étaient augmentés pour les industries, car la majorité étant constituée en sociétés anonymes, elles sentaient le poids des impôts plus que les autres catégories économiques, parce qu'elles étaient les seules qui ne pouvaient cacher leurs revenus ;

c) La crise des transports et leur excessif renchérissement par rapport à la normale formait un empêchement très sensible au développement de l'industrie ;

d) La défectuosité des autres moyens de communication : télégraphe, téléphone, etc..., était une cause d'infériorité des industries roumaines par rapport aux industries étrangères (les industries transylvaines, avant la guerre, pouvaient communiquer d'urgence avec l'ancienne capitale en quelques heures, alors qu'actuellement, à cause du manque de moyens directs, les dépêches mettent quatre à cinq fois plus de temps qu'auparavant) ;

e) La difficulté d'avoir des techniciens spécialistes (pour la teinture de la laine, pour les tanneries avec des matières minérales, et autres, on doit faire appel dans des conditions très onéreuses, à des spécialistes de l'étranger) ;

f) Le danger du dumping exercé par l'étranger et enfin :

g) Le manque d'une bonne organisation verticale présente une charge de plus pour les industries roumaines. Ainsi par exemple, dans l'industrie de la laine pour les principales opérations (qui consistent dans l'assortiment de la laine, son lavage, cordage, filage et tissage) la Roumanie a manqué de spécialistes pour chacune de ces opérations et c'est pourquoi elle a manqué d'organisation sur l'échelle verticale. En Roumanie étant donné que dans la majorité des cas, un même spécialiste s'occupe de toutes les opérations, on ne peut travailler continuellement à chacun des degrés d'industrialisation. Dans ces conditions les industries roumaines seront, d'une manière évidente, inférieures aux industries étrangères, par exemple à l'industrie allemande qui a une bonne organisation verticale, parce qu'il y a des travailleurs spécialistes à chaque degré d'industrialisation et qu'on y travaille continuellement à chaque opération industrielle ;

h) Au-dessus de toutes ces difficultés des industries roumaines, il y a le grand désavantage de l'instabilité monétaire, avec tous les risques qui en découlent pour tous les facteurs de la production.

LES RÉFORMES DU NOUVEAU TARIF

Etant donné ces conditions de la production nationale, l'auteur du tarif douanier d'avril 1927 a dû en tenir compte, pour accorder une juste proportion, autant à l'industrie qu'à la monnaie nationale, qui se serait vue secouée si le tarif douanier avait permis une importation au-dessus de la capacité habituelle de consommation des articles importés de l'étranger.

Nous étudierons dans l'ordre des articles du tarif douanier, les réformes d'avril 1927, à l'égard de certaines industries en commençant par celles qui sont liées au sol roumain.

1. — L'industrie du lait et des fromages.

A l'égard de cette industrie et de toutes celles qui ont comme matières premières, les produits de l'élevage du bétail, ou bien les produits agricoles, la délégation économique du Gouvernement, par suite de la demande du ministère de l'Agriculture et des Domaines, a résolu de leur accorder une protection largement augmentée, par rapport aux tarifs précédents, pour assurer leur existence dans le pays.

Ainsi, par exemple, on a fixé des droits de douane très élevés sur le champagne et les vins étrangers, pour protéger la viticulture roumaine.

En ce qui concerne spécialement l'industrie du lait et des fromages, retenons ce qui suit :

Il est dans l'intérêt de l'économie nationale que cette industrie progresse, pour plusieurs raisons. En Roumanie, dans les régions où les fabriques de fromages s'approvisionnent en matière première, l'élevage du bétail prend un développement tout à fait inconnu avant la fondation de ces fabriques.

Mais cette industrie a besoin d'encouragement. La concurrence de la Suisse lui est dangereuse parce que ce pays qui a une industrie très ancienne et bien développée, peut produire beaucoup moins cher qu'en Roumanie. La Suisse dispose de très riches ressour-

.ces ; les machines de ses fabriques étant anciennes sont complètement amorties, à la différence du matériel roumain.

En outre, les fromages fins, avant d'être mis en consommation, ont besoin de plusieurs mois de préparation, et il est nécessaire que, pour leur fabrication, on investisse des capitaux importants qui restent infructueusement enfermés, surtout si, dans la saison de la vente, l'insuffisance de la protection douanière empêche l'écoulement.

L'industrie intérieure a fait de grands sacrifices pour l'importation des machines les plus chères, pour amener des travailleurs spécialistes de l'étranger et aménager des services spéciaux pour rassembler des matières premières. .

En face de ces dépenses et de ces difficultés, les vieux droits de douane étaient insuffisants, surtout à l'époque de l'augmentation du *leu*.

Le vieil article 27 de 1924 établissait comme droit : 60 lei or par 100 kilogrammes pour « fromages et fromages cuits de toutes sortes » de même que pour le lait condensé et le lait pulvérisé. On établissait ainsi un même droit pour des produits subissant différents procédés d'industrialisation, pour des produits menacés d'une manière différente par la concurrence, ainsi que pour les produits spéciaux de l'étranger, dont le pays avait intérêt à réduire la taxation, sous l'empire de différents intérêts.

Par le tarif d'avril 1927, *le lait condensé* est moins taxé que le *lait « pulvérisé »*, parce que ce dernier subit un plus grand procédé d'industrialisation que le premier.

On augmente les droits sur les *fromages communs*, pour diminuer la force de la concurrence étrangère. Pour les fromages italiens spéciaux, on établit un droit plus petit, pour satisfaire ainsi au désir d'accorder des facilités à l'Italie pour exporter ces articles.

Pour « tous autres fromages » — article où sont compris les Gervais, les Neufchâtel, Brie, etc., — on établit un droit à peu près double de celui qui est établi sur les fromages spécialement dénommés, parce que tous ces fromages étrangers peuvent être fabriqués maintenant en Roumanie, par les entreprises roumaines.

Ainsi, au lieu du vieil article 27, on a fait les articles suivants :

TARIF 1924.	TARIF GÉNÉRAL 1927.
Lei or, les 100 kilos :	Lei or, les 100 kilos :
Art. 27. — Fromages et fromages cuits de toutes sortes, ainsi que le lait condensé et le lait pulvérisé .... 60 »	Art. 24. —Lait condensé 112 50
	Art. 25. —Lait pulvérisé .... 180 »
	Note. — Le lait condensé et le lait pulvérisé mélangés à du sucre ou à d'autres substances édulcorantes sont soumis à une surtaxe de 50 %.
	Art. 30. — Fromages communs, comme fromages blancs (télémea) fromages dits de bourdouf conservés dans les barils et fromages cuits communs, frais ou salés 101 25
	Art. 31. — Fromages spéciaux secs comme le Parmesan, le Lodigiano, Reggiano et tous autres fromages similaires secs de toute provenance . 90 »
	Art. 32. — Tous autres fromages 247 50

Nous croyons nécessaire que cette sorte de taxation et cette spécialisation en nomenclature subsis-
tent pour le maintien de la protection nécessaire à
cette industrie.

2. — L'industrie des peaux.

Voici quelles étaient les doléances de l'industrie
des peaux, de la chaussure et des courroies de transmission avant l'établissement définitif du tarif d'avril
1927.

Jusqu'en 1927, on payait pour les peaux brutes
salées, 0,70 lei-or par 100 kilogrammes et pour les
peaux séchées ou cendrées 1,50 lei-or par 100 kilogrammes.

Les industriels ont demandé que l'importation des
peaux brutes soit libre et exemptée de tous droits
douaniers. Raisons : on n'abat pas suffisamment de
bêtes à cornes dans le pays par rapport aux nécessités des tanneries indigènes, et, par conséquent, on
doit importer tous les ans de *grandes quantités de
peaux* brutes. Cette vérité peut être aisément constatée par la statistique officielle du ministère des
Finances, concernant le commerce extérieur.

Aucun pays étranger n'impose l'importation des
peaux brutes par des droits de douane ou par d'autres taxes.

Dans le nouveau tarif on tient partiellement compte

de ces doléances et on réduit les vieux droits aux droits statistiques, comme il suit (art. 85).

Peaux du gros bétail :

a) Brutes.   .   .   -   .   .   .   .   o,22 lei-or par 100 kgr. (1)
b) Salées.   .   .   .   .   o,3o   —
c) Séchées ou cendrées.   .   .   .   o,45   —

En ce qui concerne l'importation de pelleterie tannée (les anciens articles 61-67) *courroies* (art. 68-74) et *chaussures* (art. 75-80), les industriels demandent que l'industrie nationale *soit suffisamment protégée contre l'importation.*

Raisons : L'industrie roumaine peut satisfaire complètement à toutes les exigences de la consommation intérieure. De plus, la production tant quantitativement que qualitativement de certaines catégories de marchandises est telle qu'on peut même en exporter. Mais il faut encore constater le fait que les industries similaires étrangères appliquent souvent le dumping. Elles disposent également de crédits suffisants et à faible intérêt et peuvent par conséquent accorder aux importateurs roumains de longs délais de paiements. En considérant, à l'inverse, le manque de capitaux qui gênait et qui gêne encore les fabricants roumains, comme aussi le faible pouvoir d'achat des commerçants et des consommateurs roumains, il est facile de comprendre que les industries étrangères ont un jeu très simple pour accaparer, par diverses facilités, les marchés roumains.

1. Tous ces droits font partie du tarif général.

D'ailleurs, on a constaté que malgré l'augmentation des droits du 4 septembre 1926, on n'était pas pas encore arrivé à une protection suffisante contre l'importation, parce que, même à la suite de cette augmentation, on a constaté une importation excessive, inconnue dans une pareille mesure, même après la guerre.

Le nouveau tarif : Voici la situation des principaux articles industriels de cette partie du nouveau tarif, en comparaison avec celle des articles correspondants de l'ancien tarif. On y fait de nouveaux articles, des modifications de nomenclature, différentes « spécialisations » tarifaires et, en général, une augmentation des droits :

TARIF 1924.	TARIF GÉNÉRAL 1927.
Lei or, par 100 kilos :	Lei or, par 100 kilos :
ART. 61. — Toutes sortes de *cuirs tannés* pour les *semelles* et les *courroies* .... 85 »	ART. 86. — Cuirs de gros bétail tannés pour semelles ou parties de semblables cuirs, sauf les croupons et les petits morceaux :
	a) Tannés avec des matières végétales .... 210 »
	b) Tannés avec des produits minéraux .... 375 »
	ART. 87. — Croupons pour semelles des cuirs susdits :
	a) Tannés avec des matières végétales 337 50
	b) Tannés avec des produits minéraux .... 468 »
	ART. 88. — Les mêmes pour courroies de transmission :
	a) Tannés avec des matières végétales 337 50
	b) Tannés avec des produits minéraux .... 450 »

On voit donc une innovation dans le mode de taxation selon les différentes méthodes de tannage. Elle s'explique par la considération que les cuirs tannés avec des matières minérales sont à peu près trois fois plus légers que les cuirs tannés avec des matières végétales. La taxation à la douane étant faite par poids, si on continuait à maintenir la taxation uniforme pour cuirs sans tenir compte de leur mode de tannage, on arriverait à importer seulement des cuirs tannés avec des matières minérales, et on causerait ainsi des dommages à la majorité des tanneries roumaines, car on introduirait dans le pays des cuirs étrangers tannés avec des matières minérales moins chères que ceux de l'intérieur, la majorité des industries roumaines tannant avec des matières végétales.

Nous observons encore que l'ancien article correspondant comprenait les cuirs tannés à la fois pour les talons et pour les courroies. Sous le nouvel article 86 ne sont compris que les cuirs tannés pour semelles. Les cuirs pour courroies sont compris dans l'article 88.

Nous croyons que l'ordre des articles n'a pas été bien fait, l'article 88 actuel devant suivre immédiatement l'article 86, l'expression « les mêmes » de l'article 88 se référant aux « cuirs du gros bétail » et non aux « croupons ».

Art. 63. — Cuirs tannés du gros bétail dits « toval », « blancuri », « télétin », « spalt », « vax » pour tous emplois comme aussi toutes espèces de cuir tanné du gros bétail, à l'exception des vernis .... 100 »	Art. 89. — Cuirs de gros bétail tannés pour autres emplois que pour semelles et courroies de transmission, de couleur naturelle ou blanche, dite « toval » (« vax »), « blanc », « télétin », « spalt », « inft », soit même avec des reliefs par pressage :

Note. — Cuirs de box, noirs ou couleurs. 200 »

a) Tannés avec des matières végétales .... 150 »
b) Tannés avec des matières minérales .... 600 »
Art. 90. — Les mêmes, 'en couleurs :
a) Tannés avec des matières végétales 562 50
b) Tannés avec des matières minérales .... 732 »
Art. 91. — Cuirs de veau tannés avec des matières végétales :
a) Noirs.......... 507 »
b) Colorés 562 50
Art. 92. — Cuirs de veau tannés avec des produits minéraux dits « box-calf » (1)...
a) Noirs........ 1.575 »
b) Colorés 1.594 50
Art. 93. — Cuirs de veau tannés avec des produits minéraux imitant la peluche ou le velours (chevronné) :
a) Noirs........ 1.575 »
b) Colorés 1.594 50

On fait donc trois nouveaux articles pour les cuirs de veaux.

Art. 64. — Cuirs tannés de mouton, brebis, agneau, porc, chèvre, chevreau, dits :
« ghems », maroquin, basane, sous n'importe quelle forme .... 120 »
Note. — Les cuirs dits : « chevreau » .... 300 »

Art. 94. — Cuirs de mouton, brebis et agneau, tannés avec des matières végétales, servant aussi de doublures (basane) :
a) Noirs.......... 562 50
b) Colorés .... 675 »
Art. 95. — Les mêmes, tannés avec des produits minéraux, cuirs dits : « *chevrette* » :
a) Noirs........ 900 »
b) Colorés ..... 1.125 »
Art. 96. — Cuirs de chèvre, bouc et chevreau, tannés avec des matières végétales, dites « ghems » :
a) Noirs.......... 562 50
b) Colorés 787 50
Art. 97. — Cuirs de chèvre, bouc et chevreau, tannés avec des produits minéraux, dits *chevreaux* :

1. Dans une précédente rédaction, on disait « *cuirs* dits boxcalf ».

a) Noirs........ 1.200 »
b) Colorés ..... 1.350 »
Art. 98. — Cuirs de porc, tannés, sous toutes formes et en toute couleur .... 540 »
Art. 99. — Cuirs véritables de crocodile, serpent, dauphin, phoque, éléphant, rhinocéros ou tous autres animaux exotiques, tannés n'importe comment, ainsi que les imitations de ces cuirs .... 1.125 »
Art. 100. — Tous autres cuirs non dénommés 1.125 »
Art. 101. — Vernis noirs ou colorés de cuirs de gros bétail 562 50
Art. 102. — Vernis de cuirs de petit bétail comme aussi les cuirs dorés, argentés ou bronzés .... 1.407 »
Art. 103. — Toutes sortes de cuirs pour gants, cuirs dits de daim, d'antilope, glacés, parchemins, etc..., **faits avec** n'importe quelle sorte d'animaux et de n'importe quelle couleur .... 1.350 »
Art. 104. — Toutes sortes de cuirs de gros bétail, veau, mouton, brebis, agneau, chèvre, chevreau, etc..., tannés avec des matières végétales ou produits minéraux, en une ou plusieurs couleurs, unis ou avec des reliefs, dits maroquin, saïtian,etc., servant à tapisser les meubles, à relier les livres, à fabriquer les valises, etc..., ou faire des costumes ou d'autres confections .... 900 »

Art. 66. — Petits morceaux de toutes sortes, n'ayant pas plus de 5 cm. pour chacune des dimensions ainsi que les petits morceaux de fourrure plus petits de 9 cm. p. et sans coutures .... 5 »

Art. 105. — Petits morceaux de toutes sortes de cuirs tannés n'ayant pas plus de 5 cm. pour chacune des dimensions, non cousus et non collés entre eux 52 50

Le nouvel article ne comprend donc plus les *petits morceaux de fourrures*. A remarquer que le droit est décuplé.

Art. 67. — Résidus de peaux et autres restes gras de la préparation des peaux (dégras des peaux) .... 1 »	Art. 108. — Résidus de peaux et autres restes *secs*, provenant du travail des peaux .... 6 »

Il y a ici un faible changement de nomenclature et, nous ne pouvons savoir pour quelles raisons, une sensible augmentation de droit.

On introduit encore deux articles nouveaux, pour les cuirs artificiels et les semelles :

> Art. 106. — Cuirs artificiels (factices) sous toute forme, ouvrages de restes de peaux 282
> Art. 107. — Semelles, demi-semelles et talons coupés de cuirs du gros bétail : Le droit double du cuir dont ils sont fabriqués.

On a apporté également de grandes modifications au régime de la chaussure.

Nous avons montré en détails la situation de certains articles dans les deux tarifs, non seulement pour indiquer l'importance de l'augmentation des droits en 1927, mais aussi pour mettre en évidence le progrès fait par le nouveau tarif, par ses multiples discriminations et pour pouvoir ainsi en déduire la complexité des préoccupations d'ordre économique qui ont conduit à cette différenciation.

Donc, en résumé, la situation des droits de douanes pour l'industrie des peaux est la suivante (1) :

1. Nous avons utilisé pour cette industrie, de même que pour les suivantes, les déclarations qui nous ont été faites par M. l'Ingénieur Eugène Lotru, conseiller de l'Office d'Etudes du ministère des Finances, où l'on a continué les travaux préparatoires du tarif douanier, commencés déjà en 1925. Nous remercions encore ici M. Lotru.

On établit un régime libre-échangiste pour les *peaux brutes*. C'est pour cette raison que la délégation économique du Gouvernement a résolu de ne pas décourager l'exportation du bétail vivant, et aussi parce que, d'autre part, on avait constaté que cette exportation n'était pas faite seulement dans le but de pouvoir assurer au pays une consommation suffisante des peaux de bétail de l'intérieur. C'est ainsi qu'on a résolu le problème des peaux brutes en diminuant les droits à 0,22 lei-or par 100 kilos.

Pour les *cuirs de veau* (boxcalf), étant donné la grande concurrence faite par l'étranger, on a fixé des droits très élevés.

Pour les *chevreaux* (cuirs de chèvre) qui ne se font pas dans le pays et qui sont environ cinq fois moins chers que le boxcalf, on a fixé des droits élevés, simplement pour ne pas arriver à remplacer le box dans la consommation intérieure, en maintenant ainsi les prix dans le même rapport pour ces deux sortes de cuirs.

Pour les chaussures, la protection s'élève jusqu'à 80 % de la valeur. Elle a été élevée dans cette mesure pour protéger les petits industriels. En Roumanie à la différence d'autres pays, l'industrie de la chaussure n'est pas une grande industrie. Dans les villes et autour des villes, les cordonniers font à la main un travail qui, à l'étranger, se fait avec des machines, dans les fabriques. Les fabriques de chaussures roumaines ne produisent que pour l'armée et seulement dans une très petite mesure pour la population civile. La population paysanne porte, en grande majorité, des sandales (« opinci »).

On a évalué que seulement 10 % environ du total de la population de la Roumanie utilise des chaussures faites par les cordonniers nationaux. Pour donner à ceux-ci un encouragement suffisant, on a calculé la protection douanière en rapport avec les prix du marché, dans le but d'empêcher les chaussures fabriquées d'arriver de l'étranger à très bon marché.

3. — Industrie de la laine

En Roumanie, la quantité de laine produite est beaucoup plus grande que la quantité nécessaire à la consommation intérieure.

Malgré cela, on observe dans les statistiques une grande importation de laine. Voici l'explication de ce fait. La qualité de la laine produite en Roumanie est inférieure ; elle est utilisée pour le drap paysan ou militaire. Une bonne partie de la production de la laine de Roumanie est employée dans ce but ; quant au reste, environ trois quarts de la production, on est obligé de l'exporter. Mais pour remplacer le manque de laine fine, et seulement pour ce genre de laine, on importe de l'étranger.

Ainsi, la critique qui soutient que la Roumanie fait avec la laine, un commerce extérieur irrationnel en exportant en quantité trop grande, étant ensuite

obligée d'importer avec des prix élevés, est injustifiée.

La vérité est que, cette industrie en Roumanie a
fait un progrès très sensible. Jusqu'après guerre,
la Roumanie faisait l'importation des *draps ;* ensuite,
après guerre, cette importation a diminué et on a
commencé à importer des fils de laine, pour travailler les draps dans les fabriques ; et ces derniers
temps l'importation du drap a sensiblement diminué ; et l'importation des fils est, elle aussi, en
décroissance — car les filatures sont en progrès —
et maintenant on n'importe plus que des fils de laine
très fins.

Il est intéressant de noter que cette évolution
s'est faite en Roumanie grâce à l'augmentation gra-
duelle de la protection douanière.

Le tarif d'avril 1927 a tendance à accélérer cette
évolution. En effet, le tarif précédent établissait
une très petite protection pour les gros fils de laine ;
quant aux fils fins, bien que la protection en fut
suffisamment grande, son effet n'était pas suffisamment sauvegardé à cause d'une *note*, qui prévoyait
la réduction des taxes douanières dans certains cas.
Par le tarif d'avril 1927, on augmente non seulement
les droits sur les fils fins, mais encore on supprime
aussi la note de réduction, ce qui fortifie et assure
suffisamment la protection douanière (on a aussi
augmenté la protection pour les gros fils ayant
jusqu'à 10.000 mètres par kilo. Mais cela n'a pas inté-
ressé les industriels.)

Nous montrerons dans l'annexe à notre ouvrage comment les droits et les changements de nomenclature ont évolué en 1927.

Nous croyons que les droits tels qu'ils ont été établis par le tarif Manoïlesco sont suffisamment bons pour favoriser en Roumanie, la fabrication des fils fins : et avec eux le progrès de toute l'industrie des tissus de laine (1).

4. — Industrie des soies naturelles.

Un des résultats du régime douanier prohibitionniste a été la fondation, après la guerre, de 4 fabriques de soie les plus importantes : les fabriques Sighisoara, Trebici, et D' Cerckez.

Ces fabriques ont commencé à travailler avec des fils importés. Actuellement, il y a aussi dans le pays des filatures.

Les droits de douane sur les fils ont été augmentés comparativement aux tarifs précédents, grâce à l'insistance mise par le Ministère de l'Agriculture et des Domaines, pour protéger l'élevage des vers à soie dans le pays.

En général, par le tarif d'avril 1924, voulant maintenir par des droits élevés le régime prohibitionniste existant jusqu'à présent, on a fixé pour la soie une taxe d'environ 100 % de sa valeur. On a fait ainsi une illégalité, en passant sur les prescriptions du

---

1. Font exception à cette constatation les taxes établies sur les tapis.

Al. Hallunga   17

décret-loi 4061 du 6 octobre 1920, par lequel on précise que par voie de décret on ne peut faire d'augmentation de taxes douanières que jusqu'à 50 % de
la valeur des marchandises imposées.

5. — Industrie des huiles.

Pour les huiles de fleurs de soleil et pour les huiles
fabriquées avec les autres graines oléagineuses, on
a fixé par le tarif d'avril 1927, un droit beaucoup
plus élevé comparativement au tarif précédent, pour
empêcher l'importation.

Cet obstacle à l'importation est justifié par ceci,
qu'il y a dans le pays assez de matières (1) et de
fabriques bien outillées et capables de satisfaire
complètement les exigences de la consommation
intérieure. Avant la guerre, il n'y avait que de
simples *presses* pour les huiles, alors que maintenant il y a des grandes fabriques comme « Phœnix »
de Filaret, « Olivia » et autres. L'extraction des
huiles peut se faire actuellement par des procédés
chimiques, ne donnant aux huiles aucune odeur,
aucun goût désagréable, et non comme auparavant
lorsque les huiles étaient extraites par la presse et
demeuraient non rectifiées.

Il n'a pas été mis de protection trop grande aux
huiles comestibles, aux huiles d'olive, étant donné
qu'elles ne sont pas fabriquées dans le pays et qu'elles
sont considérées comme strictement indispensables

---

1. Outre les matières nécessaires pour l'huile d'olives.

à l'alimentation. Outre les huiles extraites par des méthodes chimiques, méthodes dont on soutient qu'elles font disparaître la partie de vitamine utile à l'alimentation, l'organisme humain demande comme nourriture la partie huileuse contenant la vitamine extraite de l'écorce des olives cuites. On soutient encore que la raison, inexplicable pendant quelques temps, du fait que la population des temps de guerre souffrait longtemps et souvent de certaines maladies comme la jaunisse, était le manque d'huile d'olive. Dans cet ordre d'idées, lorsqu'on est intervenu pour réapprovisionner la Russie affamée, le délégué Nansen, parmi les premières propositions, a demandé pour la population russe, une provision suffisante d'huile d'olives. Ainsi s'expliquent les droits peu élevés sur les huiles comestibles.

Nous croyons que la fixation des droits telle qu'elle a été faite en tenant compte non seulement des producteurs, des commerçants et du fisc, mais encore de l'intérêt des consommateurs doit être maintenue telle quelle à l'avenir.

6. — Industrie des spiritueux.

Par le tarif d'avril 1927, on a fixé pour les spiritueux des droits très élevés. On a cherché par cette sorte de droit à protéger surtout la viticulture roumaine. Ainsi, on a mis des droits qui vont jusqu'à 500 % de la valeur sur le champagne.

On a encore cherché par le tarif élevé à diminuer la consommation des spiritueux dans le pays.

En troisième lieu, on a désiré un tarif fiscal pour les articles de cette industrie, puisque les statistiques du passé ont montré que le fisc a obtenu de bons résultats dans cette direction.

7. — Industrie du sucre.

L'objet des droits de douane d'avril 1927 est de prohiber dans son entier, l'importation du sucre. La production intérieure satisfait la consommation intérieure et la dépasse même, laissant aussi une quantité disponible pour l'exportation. Mais la sur-production des dernières années ne nous autorise pas à procéder à une diminution de droits de douane, devant le danger du dumping, qui serait facilement exercé par l'étranger.

Les droits d'avril 1927 sont en apparence plus élevés, relativement aux droits du tarif antérieur. Ils atteignent souvent (pour le sucre raffiné par exemple), quatre fois ceux de 1924. En réalité, l'augmentation est plus petite qu'elle ne paraît, puisqu'on a cherché par le nouveau tarif, à englober à côté des droits de douane proprement dits, les droits communaux, les décimes, etc., qui auparavant devaient être perçus séparément.

8. — Industrie du chocolat et des bonbons.

La production de ces industries satisfait complètement la consommation intérieure. Les droits sont suffisamment protecteurs pour les produits fabriqués.

Pour la fabrication du chocolat, on a établi des droits moins élevés sur l'importation des matières premières : les graines de cacao.

Toutefois, sur le beurre de cacao, on a mis des droits très élevés, en tenant compte qu'il y a en Transylvanie, une fabrique qui pourrait produire suffisamment pour satisfaire toute la consommation intérieure. Cependant notons que le beurre de cacao produit dans le pays est de qualité sensiblement inférieure et plus chère par rapport au prix de la Hollande, pays de monopole, spécialisé dans la production du beurre de cacao ; que les fabricants, qui n'ont pas encore apporté de machines pour faire le beurre de cacao dans leurs fabriques, préférant continuer à l'importer de l'étranger, sont obligés ainsi de faire des sacrifices inutiles qu'un tarif douanier établi d'une manière irréprochable, ne leur aurait pas imposé.

La Roumanie veut l'encouragement de l'industrie nationale, mais non de quelques industries naissantes comme celle du beurre de cacao qui ne pourront jamais arriver à lutter, dans un régime de libre concurrence, avec les grandes industries spécialisées de l'Occident.

9. — Industrie des textiles végétaux.

Etant donné qu'il n'y a pas dans le pays de filatures qui produisent plus que pour leurs besoins, on est obligé d'importer les fils. Malgré cela, on n'a pas mis de droits trop petits ; la Roumanie étant un pays en pleine transformation industrielle elle peut espérer avoir aussi des filatures suffisantes pour satisfaire au besoin intérieur. Toutefois, pour le moment, et tant qu'on aura besoin d'importer, on a donné, par une note de réduction du tarif, la possibilité d'importer avec des droits faibles.

Cependant pour les tissus, dans le but de maintenir l'encouragement du tissage national, on a fixé des droits élevés supérieurs mêmes à ceux de l'ancien tarif.

Jute. — Bien que pays agricole, ayant donc besoin de sacs de jute, la Roumanie n'a pas jusqu'à présent cette industrie chez elle. Elle achète des sacs tout confectionnés à l'étranger, car l'installation de quelques fabriques pour le travail du jute coûterait fort cher.

Malgré cette situation, les droits de douane ne sont pas trop petits, car l'Etat paraît disposé à encourager une semblable industrie. Cependant il est évident que cette dernière ne serait pas viable, si l'on tient compte que le pays n'a pas non plus la matière première.

C'est pourquoi il est heureux que dans le tarif d'avril 1927, on ait inclus une note grâce à laquelle les syndicats et les coopératives agricoles pourront importer des sacs de jute avec des droite réduits.

Coton. — Par le tarif d'avril 1927, on a diminué

un peu les droits de douane sur le coton brut et sur le coton paysan.

On a mis de grandes taxes sur les fils de coton non blanchis et non teints pour donner la possibilité de faire, à l'intérieur, des chemises et de la toile.

Dans le pays, il y a des filatures qui accaparent presque la moitié de la consommation intérieure et l'on espère, grâce à la protection douanière, encourager suffisamment les filatures.

10. — Industrie de la soie artificielle.

Il y a dans le pays des fabriques de soie artificielle et nous ne croyons pas qu'elles pourraient s'y développer en raison de la consommation restreinte.

D'ailleurs les statistiques ont montré dans cette industrie de la soie artificielle une surproduction mondiale par rapport à la consommation mondiale.

En Roumanie, on a posé le problème tarifaire de la soie artificielle en liaison avec la concurrence que lui ferait la soie naturelle. Si on encourageait l'industrie de la soie artificielle il y aurait d'une part concurrence d'une soie dont la qualité lui est supérieure par la résistance, d'autre part on découragerait l'industrie de la soie naturelle, solution défectueuse pour la Roumanie, pays qui cherche à maintenir et à répandre la production des vers à soie.

Pour cette raison, on n'a pas donné d'encouragement à l'industrie de la soie artificielle. L'entrée dans le pays d'une grande quantité d'articles de soie artificielle n'empêchera pas le consommateur habituel des articles de luxe de continuer à consommer la soie naturelle. En tout cas, la concurrence de la soie végétale ne pourra pas être mortelle pour la soie naturelle, puisqu'il est facile d'entrevoir que chaque espèce de soie aura son champ de consommateurs, de même que la laine ne craint pas la concurrence du coton et réciproquement.

11. — Industrie du bois.

Par le tarif d'avril 1927 on a élevé sensiblement les droits sur les objets de menuiserie et les meubles, qui sont faits à l'intérieur.

Il est intéressant de noter qu'avant guerre on exportait en général du bois brut en troncs, après guerre on a commencé à travailler les troncs et à exporter les planches ; mais actuellement on exporte aussi des objets de menuiserie, puisque l'on a une industrie des meubles en plein développement. Il y a en Transylvanie des fabriques de meubles qui peuvent rivaliser avec les grandes fabriques de l'étranger.

Par la qualité toujours améliorée des produits de cette fabrique, on explique l'assurance de protection douanière qui leur est donnée par le tarif d'avril 1927.

12. — Industrie du papier.

Il existe en Roumanie un trust de toutes les fabriques de papier, soutenu par un puissant parti politique, qui a réussi par le tarif d'avril 1927 à se maintenir une belle protection, à l'abri de laquelle, cette industrie est en plein développement.

Mais il y a un problème, très délicat, dans la question de la protection du papier. Nous nous demandons si cette protection qui renchérit le papier n'est pas, en Roumanie, un obstacle au développement intellectuel qui est peut-être plus intéressant que le développement industriel.

L'opinion de M. l'Ingénieur Lotru qui a coordonné tous les travaux de préparation du tarif douanier et qui a fait des propositions de modification, est que pour le papier, il faudrait un régime de libre-échange surtout pour le papier d'imprimerie ; car le développement intellectuel doit primer même le développement industriel (1).

Notons encore que l'industrie du papier est depuis trop longtemps protégée et elle aurait dû avoir tout le temps pour se fortifier et vivre par ses propres moyens.

---

1. Nous devons peut-être à cette idée une grande modification qui n'a pas encore été suffisamment observée, celle d'admettre l'importation autorisée, avec l'aide de *notes de réduction*, non pas conformément à des avis et à de longues formalités exigées par le tarif précédent, mais seulement avec l'autorisation du ministère des finances ; on pourrait faire importer par le syndicat des journalistes ou la Caisse des Ecoles, avec des taxes réduites à un quart.

Nous croyons qu'une future révision douanière destinée à compléter l'œuvre commencée par le Gouvernement Averesco, ne pourra laisser sans modification la taxe douanière sur le papier.

13. — Industrie de l'imprimerie et des arts graphiques.

A la suite du tarif d'avril 1927 on établit un ré-gime de libre-échange pour les livres étrangers brochés. Nous ne disons pas que cela a été aussi l'intention des auteurs du tarif ; mais le régime du libre-échange est dû au fait que dans le nouveau tarif, on n'avait prévu aucune nomenclature pour cet article de sorte que l'administration a dû, en faisant une assimilation, établir ce régime pour le dit article.

Par le nouveau tarif, on veut protéger les ou-vrages roumains, dans ce sens que les ouvrages écrits en roumain et imprimés à l'étranger sont soumis à des droits très élevés.

14. — Industrie du caoutchouc.

D'après l'opinion de M. Lotru, puisqu'il n'y a pas dans le pays de sérieuses industries du caoutchouc, il faudrait instituer un régime de libre-échange pour les produits fabriqués de cette industrie.

Mais on pose ici un intéressant problème tari-faire, si nous tenons compte de ce que l'industrie du caoutchouc a commencé à être considérée en

Roumanie comme une industrie de défense nationale, le caoutchouc étant employé pour les armes, les automobiles, différents moyens de locomotion, etc...

En vue de la création de quelques fabriques dans le pays,on a accordé au commencement une protection à quelques articles, protection qui monte jusqu'à 30 %. Mais comme nous sommes loin de satisfaire aux nécessités de toute la consommation interne par la production intérieure, on a inclus, dans le tarif d'avril 1927 une note par laquelle on réduit les taxes douanières à des taxes statistiques.

Pour la matière première, on a établi par le tarif d'avril 1927, des droits plus grands que ceux des tarifs précédents.

On a longuement discuté autour de la taxation des préservatifs et des doigts de caoutchouc, en soutenant que les droits d'avril 1927 ne sont pas du tout protecteurs.

En réalité, ils n'augmentent pas (1) par le nouveau tarif de plus de 1 % *ad valorem*, mais ils sont plus grands que ceux correspondant au tarif précédent.

15. — Industrie de la faïence et de la porcelaine.

Cette industrie présente une importance spéciale parce que le sol roumain contient des matières premières qui lui sont nécessaires.

Il y a certaines taxes très petites ; d'autres au

1. D'après les relations de M. Lotru.

contraire représentent une protection plus grande que celle du tarif précédent. Cette augmentation de. droit a été faite avec tendance à revenir au tarif Costinesco et dans le but de refaire cette industrie pour laquelle on avait toutes les possibilités de consolidation.

16. — Industrie du verre.

Pour les articles qui sont fabriqués dan s le pays, on a établi une protection plus grande que celle du tarif précédent,

Pour certains articles qui ne sont pas produits à l'intérieur du pays et qui ne sont pas de grande utilité, on a fixé des taxes fiscales.

Enfin, pour d'autres articles comme les glaces, les vitres épaisses 'qui ne sont pas fabriquées dans le pays, les verres pour les lunettes d'approche et les loupes, on a établi le régime du libre-échange.

Une protection suffisamment élevée a été donnée aux vitres minces, aux bouteilles, aux verres travaillés, et autres. Ce sont des articles pour lesquels l'industrie du verre a depuis très longtemps une protection importante en Roumanie. Peut-être le temps serait-il enfin venu de diminuer cette protection pour laisser le jeu de la concurrence stimuler l'industrie de la verrerie en Roumanie, à s'armer de forces naturelles nécessaires à une existence naturelle. Mais on n'a pas eu cette possibilité et on ne la prévoit pas encore pour le moment, car

presque toutes les grandes fabriques de verre de
la Roumanie se sont spécialisées, l'une dans l'industrie des bouteilles, l'autre dans celle des objets
travaillés, une autre dans celle des glaces, de sorte
que l'on pourrait voir actuellement l'effet d'une concurrence efficace.

L'industrie du verre est le type de l'industrie née
en Roumanie sous l'influence du tarif douanier. Mais
comme, à côté cette protection, elle a encore des
possibilités de grand développement, dues entre
autres à l'abondance du gaz naturel, utilisé avec
succès dans ses opérations, nous croyons qu'il
ne faut pas fixer trop loin, le moment où l'Etat
renoncera à ces soutiens artificiels.

17. — Industrie du pétrole.

Dans l'industrie du pétrole, nous avons à remarquer un progrès important en Roumanie. Dix ans
avant la guerre, il n'y avait pas du tout de raffineries dans le pays. A la veille de la guerre, les raffineries manifestaient une activité qui promettait.
Aujourd'hui, grâce à elles, on obtient tous les produits spéciaux.

L'industrie du pétrole doit son progrès à la politique d'exportation de la Roumanie, qui ne permet
pas l'exportation du pétrole brut. De la sorte, les
raffineries de la Roumanie ont une activité intense,
produisant des quantités qui vont jusqu'à deux
millions de tonnes.

Presque tous les articles (essence, huile minérale, ozokérite) sont suffisamment protégés. On n'a mis de petites taxes normales que sur quelques articles spéciaux qu'il n'y avait pas dans le pays.

Les taxes élevées sont mises sur les produits métallurgiques nécessaires à l'industrie du pétrole. Mais elles ont été établies en majorité d'accord avec les délégations d'industries pétrolières.

18. — Industrie du fer.

L'industrie du fer constitue en Roumanie un problème beaucoup plus politique qu'économique. Cette industrie, est une industrie parasite, entretenue par un tarif douanier protectionniste.

Il ne pourrait y avoir en Roumanie d'industrie métallurgique puissante, parce que son sous-sol manque de minerai de fer pour la consommation et en même temps de charbon pouvant être transformé en coke et indispensable à la siderrurgie (réduction du minerai de fer en fonte par les hauts fourneaux).

C'est pourquoi l'industrie du fer ne pourra jamais être en Roumanie une industrie économique rationnelle.

La protection de cette industrie n'est basée que sur le principe de la défense nationale.

Dans ce sens, pour les minerais de fer, pour le coke, et toutes les autres matières premières nécessaires à l'industrie métallurgique on a établi des taxes statistiques.

Tous les produits métallurgiques qui représentent dans l'industrie nationale les outils de production ainsi que tous les produits semi-fabriqués (comme les tiges d'acier non taillées ou autres) sont soumis à des taxes douanières qui ne dépassent pas 20 % de leur valeur. Nous notons spécialement ici les charrues, bêches, piques et les outils nécessaires aux ouvrières.

Tous les autres produits métallurgiques qui peuvent être fabriqués dans le pays sont soumis à des droits d'environ 30 % de leur valeur ; quant aux produits qui sont en liaison directe avec la défense nationale, ils ont des droits qui dépassent même 50 % dans le but de mettre les installations à l'abri en temps de paix et de les assurer pour le temps de guerre.

En outre, on protège encore par une taxe de 40 à 50 % de leur valeur, *certains articles de base*, comme le fer laminé, le fil de fer et autres, articles de grande production et de grande consommation. Si ces articles, formant la base de la production, étaient laissés à la libre concurrence, les fabriques seraient obligées de fermer leurs portes.

SECTION III

CE QUI RESTE A FAIRE

Diverses critiques et propositions. — 1. Les propositions de M. Garoflid. — 2. La critique de M. Madgearu. — 3. Le nouveau tarif et les commerçants. — 4. Le tarif douanier doit être confectionné par le Parlement.

La grande modification de 1927 a marqué tout d'abord un pas vers la libération du cadre étroit des anciens tarifs. Les spécialisations détaillées du nouveau tarif étaient strictement nécessaires pour la Roumanie, pays en plein progrès d'industrialisation et ayant grands besoins de défense pour sa monnaie. Les articles tarifés se sont tellement multipliés (1887 articles par rapport à 874 articles que l'ancien tarif comprenait et le nombre d'alinéas presque doublé par rapport à celui de l'ancien tarif) qu'il est naturel que le *travail de collaboration* nécessaire à un pareil ouvrage n'ait pas donné lieu à une parfaite coordination et à une mise au point suffisante. Ainsi, on a pas toujours tenu compte de l'incidence des taxes de certains produits sur d'autres produits en étroit rapport de production avec les premiers.

Ces lacunes, tolérées dans tout travail d'initiative ont été comblés par un errata publié dans le *Moniteur officiel* quelques jours après la publication du tarif, et l'on annonce encore une nouvelle révision plus complète au commencement de l'anné 1928, date jusqu'à laquelle les effets du tarif pourront être visibles aussi sous d'autres aspects.

Au cours d'une telle révision, il faudra tenir compte de quelques propositions qui ont été faites à la suite du nouveau tarif et que nous trouvons intéressantes.

1. — M. A. Garoflid (1) croit que seules deux catégories d'industries méritent une protection douanière :

En premier lieu, les industries qui trouvent dans

1. Dans l'interview accordé au journal l'*Argus*, le 3o avril 1927.

le pays des matières premières nécessaires à leur fabrication, et en second lieu, les industries nécessaires à la défense du pays.

M. Garoflid propose encore qu'en plus du tarif douanier minimum, du tarif général (de 50 % plus élevé que le premier), et des taxes douanières pour toutes marchandises importées, on institue un *tarif spécial* qui comprenne des articles auxquels on puisse appliquer des réductions, même sous le tarif minimum, réduction faite aux pays qui accorderaient à leur tour un régime spécial aux produits d'exploitation roumains.

En ce qui concerne la *mesure de protection douanière,* M. Garoflid propose des réductions suivantes (1) :

« Les articles d'importation qui pourraient subir une
« réduction de protection seraient :
« 1° Les ustensiles et machines nécessaires à la production
« agricole et industrielle ;
« 2° Les marchandises dont la fabrication dans le pays ne
« présente pas de base sérieuse de développement ;
« 3° Le charbon et le fer. »

M. A. Garoflid dit aussi par l'*Argus* que :

« *Les articles dont il faudrait encourager l'exportation
sont* :
« 1° Les bestiaux, la viande débitée et préparée ;
« 2° Les fruits, légumes verts et conservés ;
« 3° Le vin ;
« 4° La farine et le blé. »

Al. Hallunga   18

La protection de l'industrie métallurgique et du charbon.

« L'objection d'après laquelle la réduction des taxes d'importation pour le charbon et le fer, ferait péricliter l'industrie métallurgique et celle du charbon, n'est pas fondée. Ces industries doivent être encouragées, de préférence par l'Etat par des primes suffisantes.

Il serait bon que le ministère des Finances inscrive dans le budget une subvention qu'il accorderait aux fabriques métallurgiques et aux mines de charbon, dont le bon fonctionnement est nécessaire à l'économie nationale et au bien du pays.

L'encouragement de ces deux industries importantes par voie budgétaire, opprimerait moins l'économie nationale que le tarif protecteur d'aujourd'hui, qui augmente le prix du fer et du charbon de 4o à 5o % , retardant ainsi le progrès économique du pays, car la production indigène du fer, par exemple, ne répond que médiocrement aux nécessités de la consommation.»

L'exportation des articles agricoles.

« Mais, en échange, l'économie nationale profiterait de l'encouragement de l'exportation des articles agricoles. L'exportation des fruits et du vin donnerait une solution à l'économie paysanne de Bessarabie ; l'exportation des farines et du blé dans des conditions favorables pousserait à l'intensification de l'agriculture. Quant à l'exportation des bestiaux non seulement elle satisferait à la nécessité de vie actuelle de la production agricole de la Transylvanie et de la Bukovine, mais encore elle assurerait l'avenir de toute l'agriculture roumaine ».

Pour des raisons, que nous ne pouvons dévoiler

ici, nous considérons le développement de l'élevage et l'engraissement des bestiaux comme l'une des questions les plus vitales de l'économie roumaine. Ce développement ne peut être assuré aujourd'hui que par l'exportation. Cette exportation doit être aidée à tout prix ; autrement l'avenir de la production agricole et par suite l'alimentation de la population est en danger (1).

2. — M. V. Madgearu, dans son article de l'*Argus* du 1er mai 1927 s'exprime comme suit :

« Par les dernières propositions de réforme agricole le « gouvernement a reconnu que la Roumanie est un Etat « agraire, et il a affirmé la nécessité d'une orientation de « notre politique économique toute entière dans la direction « de l'agrarianisme. »

En conséquence de cette direction de la politique économique, il est naturel de supposer que le gouvernement sera préoccupé de créer, des conditions générales favorables au développement de l'agriculture, même avant de songer aux mesures de faveur spéciales pour les premières branches d'activité économique du pays.

Le tarif douanier décrété constitue à ce point de vue une *contradiction flagrante de la directive agrarienne* du gouvernement Averesco, annihilant par ses effets préjudiciables au développement de l'agriculture, tous les sacrifices budgétaires imposés au pays par l'application du programme de réforme de M. C. Garoflid.

« Cela est d'autant plus bizarre que l'Office des Etudes du «Ministère des Finances qui est l'auteur réel du tarif douanier « a élaboré il y a exactement un an, une sorte de communiqué « publié le 26 avril 1926 dans les journaux par lequel il illustre

1. Cité d'après l'*Argus*.

« avec des exemples *les exagérations* du tarif douanier mis
« en application par l'ancien gouvernement, le 1er avril 1926
« alors que dans le nouveau tarif, le même organe maintient
« les mêmes exagérations avec quelques « atténuations » de
« peu d'importance et beaucoup d'aggravations.

« Nous allons en faire la preuve en prenant les exemples de
« l'Office des Études du Ministère des Finances qui concer-
« nent l'agriculture et intéresse de près les agriculteurs de
« toutes catégories, exemples que je citerai exactement. »

« Je commence par les machines et les instruments agri-
« coles et je finis par quelques articles de consommation pay-
« sanne ».

« 1° Les charrues, les herses, les rouleaux, les semeuses,
« les charrues à deux versoirs, les binettes payaient 340 lei
« par 100 kilogrammes d'après le tarif libéral, c'est-à-dire
« que pour une charrue qui pèse environ 66 kilogrammes, il
« aurait fallu payer une douane de 462 lei.

« D'après le nouveau tarif, elles paieront 600 lei pour le
« tarif minimum et 900 pour le maximum, ou l'on paiera
« pour une charrue 396 lei ou 594 lei.

« 2° Les bêches, les piques, les râteaux, les pelles et autres
« instruments agricoles qui payaient par 100 kilogrammes
« 340 lei d'après l'ancien tarif, ont été imposés à une taxe de
« 1.005 lei par 100 kilogrammes, c'est-à-dire trois fois plus
« qu'ils ne payaient jusqu'à présent. »

« D'après le nouveau tarif on paiera :

« Pour les bêches 800 lei, au tarif minimum est 1.200 lei
« au maximum ;

« Pour les faux et les faucilles, 400 lei, et 600 lei, respec-
« tivement ;

« Pour les rateaux, pelles, pics, 700 lei et 1050 lei respec-
« tivement ;

« Pour les fourches 500 lei et 750 lei respectivement.

« 3° Les machines agricoles de toutes espèces qui payaient

« aux 100 kilos 340 lei d'après l'ancien tarif, ont été imposés
« à 1.050 lei ».

« D'après le nouveau tarif, elles paieront 800 lei et
« 1.200 lei respectivement.

« 4° Les batteuses de tous genres dont le tambour a une
« longueur allant jusqu'à 900 mm., qui payaient par 100 kilos
« 340 lei d'après l'ancien tarif, ont été imposées à une taxe
« douanière de 3.000 lei par 100 kgs.

« D'après le nouveau tarif on payera :

« Pour une batteuse à main, 800 lei et 1.200 lei respecti-
« vement ;

« Pour les batteuses à moteur à essence et longueur de
« tambour allant jusqu'à 800 mm., on paye 1.280 lei et
« 1.920 lei respectivement,

« 5° Les machines à moudre de toutes espèces qui étaient
« imposées à 340 lei d'après l'ancien tarif, ont été imposées à
« 2.790 lei par 100 kilos.

« D'après le nouveau tarif elles payeront 2.240 lei et 3.360
« le respectivement.

« 6° Les moulins « paysan » qui payaient une douane de
« 140 lei par 100 kilos ont été imposés à 2.100 lei ce qui re-
« présente une taxe 15 fois plus grande.

« D'après le nouveau tarif, on payera respectivement
« 952 lei et 978 lei.

« 7° Le fil de coton à coudre, en pelotes, bobines, etc.,
« qui payait sous l'ancien tarif une taxe de 200 lei pour
« 100 kilos a été imposé par le nouveau tarif à 5.400 lei les
« 100 kilos, soit une augmentation de vingt-sept fois.

« D'après le nouveau tarif, il payera entre 1.400 et 3.200
« pour le tarif minimum et 2.080 à 4.800 pour le maximum.

« 8° Les courroies de transmission en cordes, qui payaient
« 5.340 lei par 100 kilos ont été imposées à une taxe doua-
« nière de 1.2000 lei par 100 kilos.

« D'après le nouveau tarif, on payera 10.500 lei et 15.750
« lei respectivement aux 100 kilos.

« 9° Les tissus de coton de toutes espèces subissent une
« augmentation de l'ancienne taxe douanière de deux à trois
« fois plus, arrivant jusqu'à une taxe de 14.500 lei par
« 100 kilos.

« D'après le nouveau tarif, ils paieront de 5.500 lei à 12.500
« pour le tarif minimum et 8.240 à 18.750 lei pour le maxi-
« mum. En plus, pour les tissus blanchis, teints ou merce-
« risés, on percevra une surtaxe de 35 % jusqu'à 60 %.

« 10° Le coton paysan (filasse de coton) qui payait 36 lei
« par 100 kilos, a été imposé par le nouveau régime à 180 lei
« par 100 kilos, c'est-à-dire cinq fois plus.

« Et d'après le nouveau tarif, il paiera de 160 à 200 lei pour
« le tarif minimum et 240 à 300 pour le maximum.

« Que résulte-t-il de ces comparaisons suggestives?

« Pour les machines et les instruments agricoles, les atté-
« nuations » des exagérations du tarif du 1er avril 1926 du
« Gouvernement libéral sont à peu près insignifiantes, sauf
« quelques exceptions. Si l'on tient, compte des éventualités
« de l'application du tarif général qui est maximum, les
« nouvelles taxes dépassent même dans beaucoup de cas
« les « exagérations » du tarif douanier libéral. Et en ce qui
« concerne les articles cités de consommation paysanne, le
« coton et les tissus de coton, les « exagérations » se maintien-
« nent à peu près intégralement, et même comme on peut le
« reconnaître facilement, elles sont légèrement dépassées.

« Il est inexplicable que le Gouvernement qui se présente-
« comme partisan de l'agriculture — en concomitance avec
« des lois susceptibles de créer des faveurs spéciales pour
« les agriculteurs apporte au tarif douanier opposé à la dota-
« tion des agriculteurs par des machines et des instruments
« agricoles, surtout au moment où un nouveau partage des
« propriétés rurales a créé des centaines de petits mé-
« nages qui ont besoin d'outillage perfectionné.

« Et malgré cela, il existe une explication. Le nouveau tarif
« douanier a été décrété comme un acte de la puissance

« exécutive outrepassant les prérogatives du parlement.

« L'économiste Schultze Gavernitz examinant le tarif
« douanier prohibitionniste russe de 1891, explique qu'il a
« pu être facilement réalisé sous le régime absolutiste
« puisque dans un tel ordre d'état on ne peut mettre en
« relief vu leur petit nombre, ceux qui dominent la poli-
« tique économique de l'Etat alors que le Parlement les
« découvre exactement. En outre, il est beaucoup plus facile
« d'influencer une autorité administrative absolutiste que
« de lutter avec l'opinion publique et avec les représentants
« des consommateurs au Parlement.

« Si le Gouvernement avait été respectueux des préroga-
« tives fondamentales du Parlement, il aurait eu en lui un
« allié qui l'aurait aidé à rester pour la politique douanière
« dans le cadre de son programme . »

3. — Dans l'article : « Nouveau tarif douanier et
commerçants » publié dans l'*Argus* du lundi 9 mai
1927, on montre que les droits de douane dépassent
souvent la proportion de 100 % par rapport à la
valeur des marchandises franco à la frontière. Ils
sont d'autant plus oppressifs que, la première évaluation de la commission préparatrice du tarif a été
faite sur une base de 1200 lei pour une livre sterling, au lieu de 830 lei au moment de la publication du tarif.

Voici les exemples donnés dans cet article : « Ainsi l'article 1129, câbles et cordes en fils de fer. La marchandise
au cours de 1200 lei la livre sterling a été évalué 33 et 40 lei
le kilo. La protection convenue de 15 %, la douane 4,95 et
6 lei par kilo. Or, dans le tarif douanier nous voyons que les
deux derniers chiffres ont été élevés respectivement à 17,20
et 20,80 par kilo. Si nous tenons compte du cours de la livre

sterling, nous voyons que les chiffres convenus avec les négociants établis dans la commission, ont été ensuite augmentés de cinq fois. Et, ici, il est question d'un article employé spécialement dans les industries pétrolières, minières et la navigation : trois branches qui doivent être protégées le plus possible.

ARTICLE 1166. — *Les ouvrages de fer montés pour les constructions métalliques.* L'évaluation par la commission est de 26 lei par kilo, la protection de 30 %, la douane de 7,80 lei. L'évaluation d'aujourd'hui est de 18 lei par kilo, mais la taxe douanière majorée à 12 lei par kilo, bien que la protection soit d'environ 70 % au lieu de 30 % comme il était convenu.

Pour les tonneaux de fer (art. 1193), la douane revient à 157 % de sa valeur.

Les exemples de ce genre sont si nombreux que l'on peut dire que le nouveau tarif est en complet désaccord avec les vues de la classe commerçante.

Mais que l'on ne croie pas que le nouveau régime avantage au moins l'agriculture.

Ainsi, que l'on a majoré les droits des articles nécessaires aux agriculteurs, articles qui ne sont pas fabriqués dans le pays et ne s'y peuvent pas remanier.

On a été plus loin. En même temps, que les majorations trop grandes, on a réduit les taxes d'importation jusqu'à un décime pour divers syndicats et coopératives, en les avantageant au détriment des autres importateurs.

Les commissions consultatives étant composées d'agriculteurs et de consommateurs choisis dans les syndicats et les coopératives privilégiés par le nouveau tarif douanier, les véritables agriculteurs et consommateurs n'ont pas été représentés.

Quelques exemples vont le prouver. Pour les brins de manille et autres (art. 535) la taxe douanière du tarif est fantastique : 42 % de la valeur. Bien que les négociants aient

protesté les « représentants des agriculteurs » (en réalité
ceux des syndicats) et les « représentants des consommateurs » (en fait les délégués des coopératives se sont tus,
étant donné qu'ils ont un privilège de réduction de la taxe
de 9/10 de sorte que l'importation de cet article si nécessaire
à la production agricole est un monopole de certaines institutions.

On peut dire la même chose des taxes sur les toiles de
jute (article 526), les sacs de jute (art. 530), etc., qui sont
des articles de monopole en faveur des syndicats et des
coopératives.

Pour les instruments agricoles (art. 1255), l'industrie a
demandé une protection de 20 %, le commerce 10 %, etc.
Le résultat a été que la taxe est de 30 % sur la valeur ce qui
signifie, en tenant compte du tarif Costinesco que la taxe
d'avant guerre a décuplé en lei-or. »

Devant cette situation accablante pour le commerce, comme mesure transitoire jusqu'à la révision,
on a demandé la réduction du coefficient monétaire
d'au moins trente fois.

En outre, on répète l'ancienne demande de tous les
ennemis des privilégiés du commerce, de supprimer
les privilèges accordés aux coopératives, aux syndicats et à tous ceux qui importent à l'aide des notes
du tarif.

4. Au-dessus de toutes ces critiques et observations, par lesquelles nous croyons synthétiser tout
ce qui a été écrit sur le dernier tarif, il reste la plus
sérieuse demande, celle de la présentation du tarif
douanier devant le Parlement. La révolte de l'opinion publique, les oppositions répétées des juriscon-

sultes en leur qualité d'auxiliaires de la justice à se baser sur un tarif non constitutionnel, appliqué conformément à un décret-loi périmé, les considérations que nous avons déjà montrées plus haut en ce qui concerne le mode d'élaboration du tarif douanier, montrent suffisamment la nécessité de posséder dans la première session à cette réforme importante.

SECTION IV

CONCLUSIONS

Le tarif 1927, ouvrage scientifique. — Protection de l'industrie. — Protection de la monnaie nationale. — Fixation des côtes de protection rationnelles, sauf certaines exceptions. — Vue d'ensemble.

Comme conclusion, nous résumons autant les qualités que les lacunes du tarif de 1927.

Nous ne pouvons assez insister pour montrer notre satisfaction relativement au mode scientifique de préparation de ce tarif.

Même le partage en groupes de produits et l'ordre de suite des articles est en progrès par rapport au passé.

Le travail d'une nomenclature complète correspondant aux nouveaux progrès scientifiques, et à la structure économique de la Roumanie d'après guerre, est sans aucun doute, un grand progrès par rapport au passé.

En second lieu, les cotes actuelles de protection sont, sauf de petites exceptions, très raisonnablement établies. On a tenu une juste proportion entre les taxes des divers groupes de produits tenant compte autant du degré d'industrialisation des divers produits que des autres considérations que nous avons développées dans la partie IV, premier chapitre, quand nous avons montré les besoins qui ont imposé la réforme actuelle.

En troisième lieu, le nouveau tarif n'a pas du tout perdu de vue l'un de ses premiers buts, celui de protéger non seulement l'industrie mais au premier rang la monnaie nationale, préparant ainsi un terrain de future stabilisation.

Nous ajouterons dans cet ordre d'idées que, bien que le tarif soit suffisamment protecteur, il n'a pas été porté à l'exagération. Il y a des articles pour lesquels on peut dire que la Roumanie est restée même libre-échangiste. Par exemple : le fil. les glaces, les verres de lunettes, les instruments d'optique, etc.

D'autre part, le tarif a quelques parties vulnérables. Non seulement il établit une cote de protection supérieure à 50 % de la valeur, ce qui est ainsi un tarif illégal et inconstitutionnel, mais il élève certaines cotes de protection même à plus de 400 %

De plus, en ce qui concerne certains articles pour lesquels il ne pouvait être question de protection industrielle, on a fixé des droits trop élevés. Un exemple : les olives. Même avec tendance de protection de la monnaie nationale, on ne peut établir des taxes sans tenir compte de la mesure dans laquelle est nécessaire au consommateur l'importation de certains articles étrangers. Dans l'exemple choisi, nous croyons exagérer de prendre au consommateur 5,55 ou 33,75 lei-or pour 100 kilogrammes d'olives (selon qu'elles sont fraîches ou conservées). A cause du régime établi pour de semblables articles et indé-pendemment des raisons pour lesquelles ces taxes ont été constituées, le nouveau régime douanier a été considéré comme tellement protecteur qu'il serait de nature à mettre obstacle en grande partie à l'im portation en Roumanie de quelques Etats étrangers. On a pu voir la gravité de ce fait dans des circons-tances suffisamment importantes. Ainsi, quand à la fin du mois de mai dernier le gouvernement a fait des démarches à Berlin pour obtenir un emprunt, on a soulevé la question du tarif douanier comme l'une de celles qui domine tout le reste des questions éco-nomiques relatives à la Roumanie. Les relations com-merciales germano-roumaines ne pouvaient prendre dans de telles conditions, le développement désiré, le Reich ne peut voir aucun avantage dans l'offre d'un emprunt.

Nous ne disons pas que ces résultats défavorables du tarif diminuent les qualités indiquées plus haut. Cependant, il ne faut pas manquer non plus d'objec-tivité là où l'on voit de réelles qualités à côté de simples petits défauts.

D'ailleurs, le temps, depuis lequel le nouveau tarif est entré en vigueur, est trop court pour pouvoir nous prononcer d'une manière décisive. L'avenir nous montrera peut-être que les défauts que nous avons observés passeront inaperçus à côté des grandes qualités qui peuvent avoir pour effet une consolidation bien fondée de l'économie nationale.

CINQUIÈME PARTIE

Comment établir un tarif douanier (1)
sur des bases scientifiques.

———

Le problème du tarif douanier.

1º Les régimes douaniers, dans presque tous les pays, varient d'après les idées et les circonstances économiques ;

2º L'importance restreinte du choix d'un régime idéal des tarifs douaniers ;

3º Principes extraits de la recherche des tarifs des différents Etats : *a*) le tarif d'un pays doit refléter sa structure économique ; *b*) il faut tenir compte de la politique douanière des autres Etats ;

4º Quelques règles de tarification : *a*) étudier les tarifs des pays ayant une structure économique similaire ; *b*) entrevoir les possibilités de progrès du pays ; *c*) ne pas instituer des tarifs pour des raisons fiscales; *d*) tenir compte de tous les facteurs déterminants de la politique commerciale ; *e*) accorder une attention spéciale à la *mesure* des cotes de protection et à la fixation des délais irrévocables pendant lesquels l'industrie pourra jouir d'encouragement ; *f*) considérer l'incidence des droits de douanes sur les différentes branches de production ; *g)* établir des clauses très précises ; *h*) se protéger contre le dumping; *i*) ne pas établir le tarif pour une période trop courte ; *j*) prendre en considération les résolutions des organisations internationales fortes pour la stabilité des tarifs, l'établissement de nomenclatures semblables, etc ;

5º Méthodes d'élaboration des tarifs douaniers ;

6º Tarifs douaniers, bases des conventions internationales.

Exemple de principe de politique commerciale. Critique ;

7º Conclusions.

1. Nous nous occupons spécialement des tarifs douaniers d'importation.

Au cours des recherches et des discussions de politique et de législation douanière, ceux qui participent à cet ouvrage ne peuvent pas toujours s'entendre, étant donné qu'ils ne sont pas conduits par certains principes généralement connus.

En pareille circonstance, on peut voir clairement l'inefficacité du bon sens quand il n'est pas soutenu par des connaissances spéciales, et l'on peut constater la faillite des leaders improvisés, guidés seulement par des idées fixes ou par l'opportunisme politique.

Nous reconnaissons, étant donné la structure sociale actuelle, que dans les réformes d'économie politique, la réussite de toute idée économique est conditionnée par la nécessité politique du moment. Les grandes révisions doivent leur accomplissement à un support politique ; les mesures économiques ne trouvant des conditions. favorables de réussite que lorsque les circonstances politiques sont opportunes. Et l'échec des axiomes économiques ne s'explique que par leur tendance à se transposer en faits, au moment où le point de vue politique ne l'admet pas.

Mais, de toute façon, au cas où les besoins politiques réclament une réforme, il est indubitablement nécessaire que celle-ci soit basée sur des éléments sûrs, sur des connaissances solides et sur des recherches sérieuses.

Il faut que le législateur du tarif douanier connaisse les plus grands problèmes du tarif, qu'il se pénètre de certains principes strictement nécessaires, qu'il connaisse la manière dont les tarifs douaniers agissent sur la structure des différents pays dans les derniers temps ; il doit prendre en considération les nouveaux desiderata et les recommandations des organisations internationales sérieuses, il doit utiliser l'expérience et les règles de travail qui ont donné de bons résultats auparavant, et il ne faut pas oublier que le tarif douanier doit être établi de telle sorte qu'il ne soit pas en contradiction avec les grandes exigences de la politique des tarifs conventionnels.

1° Le premier problème et le plus étendu que se pose le réformateur du tarif douanier est celui du système de politique commerciale qu'il est autorisé à adopter pour les différentes marchandises, soit le système du libre échange, soit le système protectionniste.

Dans le petit nombre de traités de politique douanière qui existent et dans les cours d'économie politique, on insiste suffisamment sur les avantages et les inconvénients de l'application du libre échange ou du protectionnisme. Nous ne nous engagerons pas dans cette controverse classique, étant donné que nous la considérons accessible à tous les esprits versés dans cette matière.

Nous n'entrerons pas non plus dans les détails pour étudier dans quelle mesure il est juste de montrer le libre-échange comme il arrive en général, comme un régime toujours applicable, et dans quelle mesure il est faux d'affirmer que le protectionnisme doit être considéré seulement comme un régime transitoire.

Nous noterons seulement certaines observations révélées par des faits économiques indubitables, et nous essayerons de montrer que les régimes douaniers, dans presque tous les pays et à toutes les époques, ont varié d'après les idées et les circonstances économiques respectives.

L'évolution nous montre que les Etats qui se trouvent dans des circonstances économiques semblables et sous l'influence d'idées économiques analogues, pratiquent une politique douanière similaire. Mais, si quelquefois certains Etats ont pris des mesures douanières sans tenir compte de ces forces imposées par les circonstances, ils ont eu à en souffrir, et leurs principes conducteurs ont été mis à l'index par les économistes.

D'une part, notons le *cas de l'Angleterre* et des pays libres-échangistes. L'époque, à laquelle l'Angleterre a inauguré le libre-échange était justement celles où les idées *d'Adam Smith* pénétraient partout, et où la situation économique de cet état était en pleine *prospérité*. La politique de libre-échange de l'Angleterre était alors naturelle.

D'autre part, nous avons le *cas de l'Allemagne* et des Etats protectionnistes. En Allemagne après la guerre de 1870, les puissants sentiments nationaux de ce pays s'exprimaient par les idées exposées auparavant par *Frédéric Liszt*, qui observe que *sa nation n'est pas encore suffisamment forte économiquement*, n'étant pas encore la « nation normale » avec une économie nationale dans la dernière phase de développement n'étant pas encore passée de l'agriculture et du commerce à l'industrie. Dans ces circonstances, on a considéré naturellement que le régime douanier doit être protectionniste ou prohibitionniste.

La politique de ces Etats correspondait donc ainsi aux conditions naturelles dans lesquelles ils se trouvaient.

Par contre, d'autres fois, nous avons des exemples de politique douanière erronée. Pour l'époque actuelle, nous n'hésiterons pas à citer le cas des Etats-Unis.

L'économie vigoureuse de ces Etats est connue ; ils constituent, dans toute la puissance du mot, « la nation normale ». D'autre part, les Etats-Unis, à côté de la Chine et de la Russie forment un exemple classique d'Etats qui peuvent se satisfaire complètement par eux-mêmes, rien qu'avec leurs propres produits.

Leur sûreté est suffisante, indépendante du système économique protectionniste ou libre-échangiste.

Le protectionnisme exagéré d'aujourd'hui ne peut que diminuer les possibilités des Etats-Unis. Les murailles qui s'élèvent devant les marchandises étrangères, gênent tant les échanges, qu'on arrive à voir plusieurs faits aux conséquences fâcheuses ;

d'une part, les Etats-Unis restent un simple accumulateur de capitaux, d'autre part, les Etats européens n'ayant plus de voie ouverte à l'exportation, comme avant-guerre, ne trouvent pas l'occasion de payer leurs dettes aux Etats-Unis, problème qui restera pendant, tant que la politique des Etats-Unis demeurera la même. Il y a un ensemble de conditions dont un état doit tenir compte non seulement lorsqu'il établit une politique douanière, mais encore lorsque les conditions primitives ont changé, et quand, comme suite naturelle, une révision douanière s'impose.

Un autre cas (1) : Si pour quelques marchandises, un Etat établit une politique protectionniste, il faut éviter certaines fautes des protectionnistes. Ainsi semble devoir être évitée la théorie dangereuse des « industries clés » expérimentée en Angleterre, après la guerre. Les fabricants d'articles donnaient des arguments excellents pour revendiquer cette qualité d'industriel-clé, mais on oublie *qu'une industrie est toujours la clé d'une autre*. Ce criterium incertain pour les faveurs officielles crée trop de désavantages, ce qui nuit aux principes généraux proposés.

Enfin, voici un dernier cas, tout à fait récent, qui montre les inconvénients provenant d'une mauvaise organisation de la politique commerciale d'un Etat. Nous reproduisons d'après M. Viator dans l' « Argus », du 30 mai 1927, ce qui suit :

1. Lacour-Gayet, *op. cit.*

« L'incident « Arcos » et la rupture des relations entre l'Angleterre et les Soviets entrent dans la sphère de la grande politique internationale qui n'a pas sa place ici. Nous voulons établir ici un seul fait : *c'est que tout le trouble provient de la manière dont la Russie a organisé son commerce extérieur.* Si quelque entreprise particulière étrangère, avait été écrasée par la police londonienne, brisant ses caisses de fer, toute l'opinion publique anglaise se serait élevée contre cette mesure avec la plus grande énergie. Avec l'entreprise « Arcos » les choses sont ainsi. La Russie est un Etat communiste où tout le commerce et toute l'industrie sont nationalisés. Donc, toute société commerciale comme « Arcos » par exemple, est un organe de l'Etat. On ne peut procéder à aucune mesure de sûreté publique vis-à-vis d'une semblable société, sans entrer en conflit, même avec l'Etat russe. Voici la démonstration la plus frappante de l'inconvénient, ou de l'impossibilité de faire du commerce avec un Etat commerçant, lui-même exportateur et importateur en même temps. »

Que deviendrait un peuple où toute entreprise commerciale serait une entreprise du gouvernement ? Personne ne pourrait adresser une lettre pour se plaindre d'une fourniture défectueuse, sans mettre en jeu des querelles diplomatiques. Le non respect du contrat deviendrait un cas de guerre, et n'importe quel arbitrage concernant la qualité de la marchandise, serait porté devant le Tribunal de la Haye.

Voilà les inconvénients des relations économiques entre les Etats capitalistes et un Etat, l'unique de cette espèce, communiste.

2° Dans les temps actuels de réalisation pratique urgente, il nous intéresse peu de savoir quel est le régime idéal des échanges.

Comme on le sait, il y a beaucoup de puissants arguments militant en faveur du libre-échange.

La raison elle-même, dévêtue des préjugés de n'importe quel intérêt immédiat, ne trouve pas d'autre régime conforme à la nature des choses, que le libre-échange. A cet égard, à côté de l'abondance des économistes cités par des travaux semblables au nôtre, nous citerons un écrivain inconnu comme économiste, M. Charles Richet. Dans *L'Homme stupide*, sans employer le style économique, il est tout-à-fait convaincant. (1).

1 « Un industriel, si la protection le garantit contre l'invasion de
« marchandises étrangères, ne va pas être assez fou pour renouveler
« son outillage, perfectionner ses techniques et intensifier sa produc-
« tion ! A quoi bon ? Pourquoi se donner cette inutile peine ? Pour-
« quoi se livrer à des dépenses superflues ? Il n'a rien à craindre.
« La France entière le défend. Elle charge d'un droit de 20 % tous
« les produits étrangers. Il peut donc travailler 20 % plus mal. Toute
« protection est un précieux encouragement à la routine .. »
« Imaginons qu'un ingénieux horticulteur ait construit chez nous,
« à très grands frais, une serre chaude où il cultive les ananas.
« Chaque ananas lui coûtera environ 19 francs. Il ne peut pas les
« vendre à moindre prix ; car il y perdrait. Et alors il dit à son
« gouvernement : « Protège-moi, protège une industrie nationale. J'ai
« dans mes vastes serres deux cents ouvriers qui mourraient de faim
« si je ne réussissais pas à vendre mes ananas 20 francs. Que devien-
« draient-ils si tu n'imposais pas de 19 fr. 50 chaque ananas venant
« du Brésil, car là-bas les ananas poussent en pleine terre, on peu
« les vendre 25 centimes et ils sont bien meilleurs que les miens.
« Mais tu ne peux te désintéresser des miens, qui sont des ananas
   nationaux !
« Si les doléances de cet astucieux ndividu étaient écoutées, on

Vus par cet écrivain, *le protectionnisme exagéré et le protectionnisme prolongé outre mesure* reflètent suffisamment le ridicule.

En France, le « Comité d'action économique et douanière » n'étant pas sous l'influence du courant protectionniste, observe avec mélancolie combien nous sommes loin du troisième des 14 points du président Wilson : « la suppression autant que possible de toutes les barrières économiques et l'établissement de quelques conditions commerciales égales pour toutes les nations qui s'associent à la paix » et combien il serait facile de montrer où peuvent conduire les exagérations du protectionnisme. La cessation ou la suppression complète de la concurrence, le contingentement de la production, la fixation en commun par les producteurs du prix et des conditions de vente, les taxes douanières faites par quelques producteurs coalisés, les industries de transformation exportatrices ; tous ces phénomènes économiques, pour lesquels en dernier lieu, c'est toujours le consommateur qui paye, se retrouvent facilement dans quelques industries contemporaines.

Très souvent la routine envahit les entreprises,

« imposerait de 19 fr. 50 tous les ananas de sorte qu'il ne serait plus « permis à un français d'avoir un ananas au-dessous de 20 francs.

« La protection est une prime à la malfaçon. La protection est un « stimulant à la paresse. La protection est un secours à l'incurie. « La protection favorise un citoyen pour en incommoder dix mille.

« Pour le commerce et pour les échanges (plus que pour le reste si « possible) les hommes sont dépourvus du bon sens le plus élémen- « taire, les conducteurs d'hommes, en ces matières, délirent avec « solennité, solidité et stupidité ! » (*op. cit.*, p. 149 éd. Flammarion, Paris, 1919).

pour lesquelles la concurrence n'oblige pas à adapter l'outillage et les méthodes aux progrès du jour. Toujours coûteuse pour le consommateur, préjudiciable pour l'exportateur, dont les produits, grevés par un prix de coût excessif, ne trouvent pas d'acheteur ou sont arrêtés par des barrières élevées en représailles, une protection excessive est toujours néfaste, même pour les producteurs qu'elle entendrait défendre (1).

Mais, en dehors de cela, pour prendre comme exemple la Roumanie, nous apporterons un nouveau point de vue, inspiré par la situation et les idées économiques actuelles de la France.

La Roumanie, par sa configuration par son histoire et ses affinités, est désignée comme pays de transit, et contrée d'échange fort propice (2). Faut-il que la Roumanie, par une forte armature douanière fasse de trop grands sacrifices pour développer jusqu'à l'exagération, le type des grandes industries, vers lesquelles ne semblent l'orienter ni les traditions, ni ses ressources en matières premières, ni le souci de son équilibre social, ni même sa natalité ?

Mais, toutes ces idées en faveur du libre-échange ne peuvent représenter que « le régime idéal », ainsi que nous le disions plus haut. Tous doivent les avoir

---

1. Lacour-Gayet, *op. cit.*

2. Conférence de M. Gheron Netta à l'Institut économique roumain, 1927, et les conclusions de la conférence internationale de Dresde de juin 1927, destinée à rétablir les anciennes routes de commerce du nord au sud.

présentes à l'esprit. Mais personne ne doit forcer la nature des choses. Pour la conduite de sa politique douanière, l'état doit s'informer et tenir compte des circonstances et des idées économiques spéciales, à partir du moment de l'organisation de son tarif douanier, en cherchant le progrès sans ébranlement trop risqué.

3º Le législateur des tarifs douaniers doit se conformer aux principes généraux de tarification. De la recherche faite sur les tarifs des différents états nous avons extrait quelques principes que nous exposons ici :

a) *Le régime douanier doit refléter la structure économique du pays.* — Le régime douanier doit varier avec la structure économique de l'Etat. Mais en outre il doit tendre au progrès économique du pays.

La première exigence de l'organisateur d'un tarif douanier est, en effet, la connaissance exacte de cette structure économique de l'Etat. Mais la seconde exigence, la plus importante consiste en la connaissance des progrès possibles du pays. Le tarif douanier de la Roumanie ne peut pas être celui de 1906, alors qu'elle était un pays « éminemment agricole ». Il ne peut non plus être similaire à celui de l'Angleterre, pays à industrie puissante et au commerce intense. La Roumanie actuelle n'est plus un pays exclusivement agricole ; son commerce et son industrie sont en progrès.

Le tarif douanier est l'axe de la politique économique générale de l'Etat. C'est pourquoi il ne faut négliger aucun des côtés de l'économie nationale, afin que par l'existence du tarif, il ne se produise aucune espèce de déséquilibre.

b) *Il est très utile de tenir compte de la politique douanière des autres états.* — Il est d'un grand intérêt de prévoir les suites de rapports commerciaux éventuels avec les autres états. Par exemple, à la suite de la guerre mondiale, presque tous les Etats, même les plus grandes puissances économiques du monde, ont agrandi leur protection douanière. Les pays à change apprécié, les pays à change *déprécié*, les pays guerriers et les pays pacifiques, les pays de tradition libre-échangiste, — comme l'Angleterre elle-même — sont entrés dans la voie commune du protectionnisme (1).

En présence des murailles qui s'élèvent partout devant les marchandises d'exportation, il est certain que l'Etat qui voudrait demeurer libre-échangiste serait victime de l'invasion des produits étrangers, qui, malgré toute la possibilité de concurrence entre eux sur le marché, conduiraient à l'empêchement de la production nationale et à une balance commerciale en déficit. C'est surtout à l'époque agitée des fluctuations monétaires que la question de l'importation et de la balance commerciale doit faire l'objet de préoccupations importantes étant donné leur rôle dans la solution du problème du change.

1. Exemples et données par Lacour-Gayet. V. *op. cit.*, p. 14.

Les orientations politiques et économiques mondiales forment donc ainsi le premier élément de stabilisation d'un tarif douanier.

4º Après avoir considéré ces deux principes généraux, nous croyons utile que l'organisation du tarif tienne compte des règles suivantes :

a) Il faut étudier les tarifs des Etats ayant une structure économique similaire à celle du pays qui revise son tarif.

Cette recherche est pleine de suggestions utilisables. Dans l'Amérique du Nord, il y a des Etats qui ont une structure ressemblant à celle de la Roumanie. L'expérience de ces Etats comprend des enseignements dignes d'être pris en considération. Dans notre continent, la Serbie, la Bulgarie, la Hongrie, la Tchéco-Slovaquie, la Pologne offrent comme constitution beaucoup de points de rapprochement avec la Roumanie.

L'étude de leurs tarifs douaniers nous indiquera toutes les manières de tendre chez les autres Etats au progrès, ainsi que les mesures de surveillance et d'action qui doivent nous préoccuper.

b) Il faut entrevoir les possibilités de progrès de l'Etat, et par suite le tarif doit être composé de telle sorte qu'il puisse faire face aux petits changements de structure possible dans le délai pour lequel on établit en général un tarif, satisfaisant autant que possible les exigences qui pourraient apparaître à la suite des progrès techniques apportées aux marchandises imposables à la douane.

c) Il est peu recommandé d'instituer un tarif pour des raisons fiscales.

« Le tarif doit être dicté par des considérations économiques supérieures » (1).

En tenant compte dans le tarif douanier des réels besoins économiques du pays, on satisfait indirectement les exigences du fisc d'une manière plus naturelle et plus acceptable.

d) Il faut tenir compte de tous les facteurs déterminants de la politique commerciale (transports, lois d'encouragement à la production, encouragement à l'exportation, tarifs d'exportation, possibilités de crédit, etc...)

On aura en même temps en vue les *limites* et les *buts* généraux de la politique commerciale dans son ensemble.

Les phénomènes observés dans cet ordre d'idées doivent être approfondis, en les examinant au point de vue de l'ensemble pour découvrir des lois et des rapports de réciprocité.

e) Il faut organiser des taxes douanières *mesurées*, d'autant plus que dans les états protectionnistes c'est une question généralement négligée par les auteurs. Les gouvernements devraient y apporter une grande attention, surtout les gouvernements protectionnistes.

Pour la réglementation de la protection, il est nécessaire de chercher un moyen de calculer les

1. M. Manoilesco, *Problème budgétaire*, 1924, Bucarest, Stroila.

droits en **tenant** compte de tous les éléments économiques :

1° Faire la révision des catégories d'industries à protéger.

2° Réduire la protection accordée à quelque catégories d'industries (1).

3° On connaît la tendance des industriels, habitués depuis longtemps à la protection, à maintenir sans cesse les avantages de celle-ci. L'industriel qui s'est assuré aujourd'hui une situation satisfaisante, élevé dans l'actuel esprit d'entreprise, envisage son industrie sous l'angle de la protection actuelle.

Pour changer cette mentalité il est de l'intérêt du pays et de celui des industriels qui profitent depuis un certain temps d'encouragements, que *l'Etat fixe, d'une façon précise et une fois pour toutes, l'intervalle de temps pendant lequel l'industrie pourra jouir de cet encouragement*; les industriels sauront que l'Etat ne pourra pas continuer indéfiniment à faire des sacrifices pour une industrie qui ne pourra dans un temps déterminé se consolider et se protéger par ses propres moyens ; quand à l'Etat, il pourra reconnaître quelles sont les industries en état de vivre autrement qu'en parasites.

Les industriels apprendront, sous la menace de la cessation de leurs privilèges, à diminuer les dépenses superflues comme celles qu'il font aujour-

---

1. Voir dans ce sens les normes d'après lesquelles a été établi le tarif 1927 (Partie IV, chapitre II, p. 221).

d'hui, et contribueront aussi à mener à une production aux ressources naturelles.

f) Il faut étudier avec le plus de détails possibles le résultat produit par le régime douanier sur les *productions* et la répartition des *richesses*.

Il faut étudier l'incidence des droits de douane, en ayant en vue qu'ils ne doivent pas peser lourdement sur le consommateur. Quelques-uns d'entre eux, d'une façon injustifiée et d'une manière préjudiciable à l'économie nationale, pèsent quelquefois sur le commerçant ou l'industriel importateur de matières premières.

Dans cet ordre d'idée, il faut bien considérer les possibilités suivantes :

1º Quand les charges fiscales de la production sont augmentées, les cotes de protection doivent tenir compte de cette augmentation, de telle sorte que la protection accordée ne demeure pas insuffisante.

En tous cas, quand on fait des modifications douanières en même temps que les autres impôts sont augmentés, il ne faut pas que la protection de l'industrie soit fixée à un chiffre inférieur aux cotes antérieures.

2º Il faut veiller à ce que la force de protection traditionnelle ou strictement nécessaire ne soit pas diminuée par les diverses lois qui aggraveraient les charges de la production nationale.

Par exemple, les lois sociales d'après guerre, en Roumanie, ont imposé de lourdes charges à la

grande industrie. Citons la loi par laquelle les industriels, à la différence du passé, sont obligés de
payer la taxe d'apprentissage, la loi de l'inspection
du travail, et ainsi de suite.

Un tarif douanier a la mission de maintenir la
protection nécessaire, quelles que soient les nouvelles nécessités sociales.

3o Il faut observer l'incidence des droits concernant une industrie quelconque sur toutes les branches
de production dépendant de cette industrie.

4º Il faut encore observer l'incidence du tarif sur
l'agriculture.

5º De même, sur les échanges internationaux.

6º Mais le point controversé des tarifs protectionnistes est spécialement mis en évidence par la hausse
des prix des marchandises.

C'est pourquoi, seules des taxes bien proportion-
nées peuvent répondre au grand besoin de ne pas
peser trop sensiblement sur les intérêts du consommateur.

g) La loi des tarifs doit comprendre les clauses
les plus précises possibles, pour éviter la tendance
à fausser le régime conventionnel entre les états,
tendance constatée à plusieurs reprises.

En effet, l'application normale des conventions
ou des accords conclus sur la base de la clause de
la nation la plus favorisée comporte un tarif double.
D'une part, le tarif *spécial*, qui doit garder un caractère exceptionnel, d'autre part, un *tarif maximum*
qui doit être accordé aux pays qui n'accordent pas

d'avantages corrélatifs et surtout à ceux qui ne font pas bénéficier sur leurs marchés des mêmes *avantages* qu'ils reconnaissent aux concurrents étrangers ; il faut donc appliquer le tarif maximum aux pays qui n'accorderaient pas la clause de la nation la plus favorisée.

Mais beaucoup de conventions conclues seulement sur la base de la clause de la nation la plus favorisée n'ont pas été du tout satisfaisantes, et même ont été préjudiciables, tout au moins à quelques-unes des parties contractantes. Ainsi les conventions conclues par la Roumanie avec la Tchéco-Slovaquie et la Pologne, en sont des exemples éloquents (1).

C'est pourquoi le tarif doit être fait de telle sorte qu'il puisse permettre la conclusion d'accords commerciaux, sans que les concessions accordées par l'Etat à l'étranger puissent mettre en danger le producteur national.

h) La loi des tarifs doit comprendre des dispositions de défense contre les « dumping ».

On connaît assez le déséquilibre auquel sont prédisposés les états frappés par cette méthode économique.

Nous avons déjà vu que la législation contre le dumping n'est pas seulement une conséquence du « dumping au change » apparu en temps de guerre et que le problème est beaucoup plus ancien.

Dès 1907, le Canada a formulé dans sa loi doua-

---

1. Al. Hallunga, *Le régime des conventions commerciales de la Roumanie*, dans *Import-Export*, n° 2 et 4, mai 1927, Bucarest.

nière du 12 avril 1907, *une clause anti-dumping*, dont le contenu était le suivant (1) :

« Dans le cas de produits exportés au Canada, qui sont
« d'une classe ou d'une sorte qui se fabrique ou se produit au
« Canada, si le prix d'exportation ou le prix effectif de la
« vente faite à un importateur au Canada est inférieur au prix
« marchand raisonnable du même produit lorsqu'il se vend
« pour la consommation locale, au cours ordinaire et
« usuel dans le pays de son exportation au Canada, —
« lors de cette exportation, il doit être, en outre des droits
« autrement établis, imposé perçu et payé sur les dits pro-
« duits, à leur importation au Canada, un droit spécial
« (« dumping-duty ») égal à la différence entre le dit prix mar-
« chand raisonnable dudit produit pour la consommation
« locale et le prix effectif de la vente à un importateur au
« Canada ; ce droit doit être imposé, perçu et payé sur le
« produit, lors même que ce produit ne serait pas autre-
« ment frappé de droit.

« Toutefois, le dit droit spécial ne doit en aucun cas dépas-
« ser 15 % *ad valorem.* »

Diverses autres législations se sont inspirées de cette mesure ou ont établi des dispositions très variées relatives au dumping.

Les Etats directement ou indirectement exposés doivent prendre les mesures dont nous parlons plus haut, laissant aux gouvernements la latitude d'imposer d'une manière spéciale les marchandises importées par la méthode du dumping.

1. Voir « Tariff Custom Dictionary ». New-York, 1925 (Diction-naire des douanes des Etats-Unis d'Amérique confectionné sous la direction de M. Culberston, l'actuel ministre plénipotentiaire des Etats-Unis en Roumanie.)

i) Le tarif ne doit pas être établi pour une période de temps trop courte, car tout remaniement qui lui est fait, porte préjudice au commerce. Les commerçants comme les industriels importateurs font leurs calculs sur la base du tarif existant, et il est facile de comprendre que le changement d'un seul élément, par une prévision qui échoue, produit des perturbations qui se traduisent quelquefois par des échecs regrettables.

Le manque de stabilité des tarifs peut amener de graves difficultés et des litiges interminables relativement à l'éxécution des contrats conclus auparavant.

Les affaires commerciales de *longue haleine*, qui peuvent être les affaires *les plus* importantes, ont besoin de conditions stables. Ainsi donc, par le tarif douanier, comme aussi dans toute l'économie chancelante et fort diverse d'après guerre, il faut organiser des conditions stables.

Mais il est certain que, en temps de dépréciation monétaire, comme en temps de guerre, où l'on se trouve devant des circonstances extraordinaires, il est bon que les tarifs soient établis pour des périodes plus courtes.

j) A côté de tout cela, (n'importe quel essai théorique comporte « des tâches illusoires et des essais utopiques ») notons quelques grandes « recommandations » des stimulateurs de l'encouragement du commerce du monde entier, réunis à la conférence économique internationale du 4 mai 1927.

Al. Hallunga   20

Dans les memoranda, préparés pour y servir à la discussion, après avoir montré que la *stabilité des tarifs* a toujours été considérée comme l'un des facteurs essentiels des relations commerciales internationales, que les producteurs et les commerçants attribuent *à la durée* d'un tarif consolidé une si grande importance, qu'ils préféreraient à une réduction accentuée de tarifs, la garantie du maintien d'un régime moins favorable, mais pour un temps plus prolongé ; après avoir montré qu'après la guerre, la perception des droits sur la base de la monnaie or, ou par l'application des coefficients de majoration, ne conduit pas à un état normal, on conclut enfin que tout ce que l'on peut espérer est de trouver une solution qui permette de maintenir la même incidence de droits spécifiques et la *stabilité d'une nomenclature commune* (1).

En ce qui concerne l'unification de la nomenclature douanière, M. Trendelenburg (2) après avoir recherché les limites qui s'imposent en matière de spécialisation de la nomenclature des tarifs, après avoir montré comment a été mise en évidence une spécialisation croissante au cours des dernières années, après avoir dit que si l'on continue une semblable spécialisation, dont la limite ne peut être prévue, la diversité et la complexité des discriminations à établir pour différents articles entraîneront dans le service des douanes des complications

1. V. Brunet, mem. cité.
2. V. mem. cité.

et des retards de plus en plus grands, et qu'il en résulterait pour le commerce international des pertes *proportionnelles aux retards subis* ; après avoir examiné les différences existant entre les tarifs de divers états au point de vue de leur aménagement (divisions d'après les règnes végétal, animal et minéral, ou d'après les différentes branches de production, en établissant des catégories spéciales pour l'agriculture, l'élevage des bestiaux, l'économie forestière et les produits de différentes industries)'; après avoir fait un historique des efforts pour l'unification des tarifs, en montrant que ces efforts ont commencé en 1853 au congrès international de statistique tenu à Bruxelles, et que d'une manière plus approfondie, on a traité cette question, toujours à Bruxelles, à la conférence économique de l'Europe centrale en 1912 ; *il indique ensuite quelques moyens d'arriver à l'unification des tarifs douaniers*.

En premier lieu, il faut éliminer les tarifs *ad valorem*.

Puis, il est évident que les grandes rubriques des tarifs et les divisions en chapitres pourraient être unifiées sans modifications économiques essentielles.

On pourrait aussi faire un accord pour la *classification,* soit d'après les branches productrices, soit d'après l'origine de la matière première, de même pour l'ordre dans lequel, doivent être placées différentes catégories, et pour le régime de certaines marchandises qui, telles que les machines et les jouets, sont moins caractérisées par les matières premières dont elles sont composées, que par leur destination.

La méthode la plus pratique au début serait l'établissement uniforme d'*un cadre de tarif*. L'établissement de ce cadre constituant plutôt un ouvrage technique que de politique commerciale, qui intéresse *tous* les cercles économiques, ne pourrait être confié à certains groupes économiques, comme les unions de commerçants et d'industriels, mais il devrait être entrepris d'après un plan uniforme par l'administration avec l'aide des connaisseurs de la technique douanière. Leur rôle serait de s'occuper du régime des marchandises qui, comme les machines, sont composées de différentes matières, du traitement des articles composés de matières diverses non dénommées dans le tarif, et de la question d'adopter des clauses analogues à celles du tarif tchéco-slovaque pour le régime des marchandises dans la composition desquelles entrent diverses matières précieuses (1). Par l'établissement d'un cadre de ce genre, les différents articles des divers tarifs seraient toujours trouvés à la même place.

Pour l'établissement du cadre du tarif, il faut prendre comme point de départ *des tarifs déjà fort spécialisés*. On prendrait ainsi (2) le tarif belge, le

---

1. A la fin des sections, dans le tarif tchéco-slovaque, il y a des *positions globales* pour les marchandises de ces sections, dans la composition desquelles entrent différentes matières précieuses.

2. Outre le tarif roumain qui est le plus nouveau et qui, comme nous le croyons, peut être utile, grâce à ses spécialisations détaillées.

tarif français, le tarif allemand, le tarif tchéco-slo-vaque, étant donné leurs particularités caractéris-tiques. L'esquisse ainsi obtenue, on pourrait puiser alors dans les tarifs spécifiques des autres états.

Pour l'entente commune en ce qui concerne les détails, des échanges de vues entre les divers groupes des différents pays seront nécessaires, et il est certainement recommandable de commencer par les groupes pour lesquels on peut supposer que les difficultés ne sont pas trop considérables. Par exem-ple : les groupes d'industriels de différents états. Le mémorandum cité comprend, dans cet ordre d'idées, une comparaison très intéressante des tarifs doua-niers de la Belgique, de l'Allemagne, de la France, de l'Italie et de la Tchéco slovaquie.

Toujours *à la conférence internationale, la com-mission pour l'étude des* RESTRICTIONS *du commerce extérieur* (1) *a fait les recommandations suivantes :*

1º Que le projet de convention internationale pour la sup-pression des prohibitions et des restrictions à l'importation et à l'exportation, tel qu'il a été élaboré par le comité écono-mique de la Société des Nations soumis aux gouvernements des Etats membres de la Société, ainsi qu'aux principaux Etats non membres et qui constitue, avec leur commentaire, une base de discussions très satisfaisante pour la Confé-rence diplomatique qui sera convoquée le 14 novembre 1927, aboutisse promptement à un accord général, permettant au plus grand nombre possible de nations, par leur action

1. V. Conférence économique internationale, II, 46, Rapport défi-nitif, p. 24.

commune et simultanée de donner à la production et aux échanges de tous les pays les conditions d'assainissement et de développement nécessaires ;

2° Que d'autre part, il ne soit pas fait obstacle d'une manière indirecte à l'application des principes posés dans ce projet, par exemple par des taxes d'exportation, des contingentements, des réglementations sanitaires ou tous autres procédés que ne justifieraient pas des circonstances exceptionnelles ou impérieuses ;

3° Qu'il ne soit pas fait obstacle, non plus indirectement à l'application de ces principes par des restrictions à la libre circulation des capitaux et notamment par des systèmes de contrôle entravant l'achat ou la sortie des devises étrangères en vue de payer des importations de marchandises.

Se référant à la limitation, à la réglementation et à la monopolisation du commerce (1), la Conférence recommande :

Que lorsqu'un gouvernement dirige ou contrôle une entreprises industrielle, commerciale, bancaire, de transports maritimes, ou autre, il ne soit pas, à ce titre, et en tant que participant à des entreprises de ce genre, traité comme s'il était fondé à bénéficier de droits souverains, de privilèges ou d'immunités fiscales ou d'une exemption des obligations auxquelles sont assujetties les entreprises similaires de caractère privé, étant nettement entendu que cette recommandation ne s'applique qu'aux entreprises commerciales ordinaires en temps de paix.

En ce qui CONCERNE LES DISPOSITIONS LÉGISLATIVES OU RÉGLEMENTAIRES, CONCERNANT LE COMMERCE INTERNATIONAL (2) *la Conférence* RECOMMANDE :

1. *Id.*, p. 24.
2. *Id.*, p. 25.

Que le comité économique de la Société des Nations poursuive en vue de l'obtention de solutions rapides et générales, les études entreprises sur les simplifications des formalités douanières, le rapprochement des législations sur les lettres de changes, les diffusions internationales de l'arbitrage commercial et les répressions des pratiques déloyales de commerce, et que toutes mesures utiles soient prises par la Société des Nations et les gouvernements afin que soit augmenté le nombre des adhésions aux conventions déjà conclues ou à conclure en ces matières.

En ce qui concerne l'*unification de la nomenclature tarifaire* (1), la Conférence recommande :

1° Que le Conseil de la Société des Nations prenne l'initiative d'une procédure appropriée pour l'établissement, en liaison avec les milieux intéressés de la production et du commerce, d'une *nomenclature douanière* méthodique qui soit conforme à un plan général englobant toutes les catégories de marchandises ;

2° Qu'un choix soit effectué et un ordre de priorité fixé entre les différents groupes de marchandises de manière à élaborer progressivement la nomenclature commune, en commençant par les catégories de produits pour lesquelles elle soit le plus aisément réalisable ;

3° Que la nomenclature commune fixée conformément à la procédure ci-dessus, soit soumise au fur et à mesure de son élaboration aux gouvernements et aux milieux intéressés de la production et du commerce, et que cette communication soit accompagnée par des raisons justifiant les principes de la classification douanière et la répartition des positions ;

4° Que, si la mise en vigueur de nomenclatures communes

1. *Id.*, v. p. 27.

pour diverses branches importantes de la production apparaît après l'étude de la consultation prévue au paragraphe précédent comme réalisable sans attendre l'établissement d'une nomenclature complète, l'adoption soit proposée aux gouvernements par la voie d'une conférence diplomatique ou par d'autres moyens ;

5° Que, soit par la voie d'accords bilatéraux, soit par le moyen d'une convention plurilatérale, ou par toute autre procédure, les gouvernements s'engagent à appliquer cette nomenclature commune et à y conformer leurs méthodes de dédouanement et de perception des droits ;

6° Que les gouvernements ayant adopté la nomenclature commune, s'engagent à n'en point vicier l'application par le moyen de spécifications arbitraires ou discriminatoires établies au détriment d'un Etat tiers ;

7° Que, nonobstant les dispositions ci-dessus, les Etats ne soient pas tenus d'introduire, en fait, dans leurs tarifs douaniers, toutes les subdivisions de la nomenclature commune, étant entendu qu'ils se conformeraient pour les positions utilisées par eux, aux règles de classification et aux désignations qui auraient été déterminées en commun ;

8° Que, pour assurer l'exécution des engagements que les Etats pourraient contracter en matière de nomenclature, la Société des Nations propose toute mesure de publicité, d'informations, d'amiable composition ou d'arbitrage, que la nature de ces engagements permettra d'instituer.

RELATIVEMENT A LA SIMPLIFICATION DES TARIFS (1) *la Conférence estime* :

Que l'énorme accroissement du nombre des rubriques des tarifs et les subdivisions excessives des diverses positions, dont la pratique s'est établie après la guerre, constitue dans

---

1. V. Conférence économique internationale, Genève, mai 1927, Rapport définitif, p. 27.

bien des cas un obstacle considérable au développement du commerce international, que les Etats devraient s'abstenir de cette pratique dans toute la mesure du possible, et qu'il devrait être tenu compte des inconvénients qu'elle comporte dans la nomenclature, dont la Conférence recommande l'établissement.

La Conférence considère qu'il y a lieu surtout d'éviter les subdivisions de tarif, qui ne correspondent pas à des articles de nature différente et qui visent seulement à établir une discrimination entre les articles d'origine différente.

Relativement à la *stabilité des tarifs* (1) la Conférence recommande :

1º Que les Etats s'abstiennent d'apporter aux droits de douane des modifications fréquentes ou brusques, en raison de l'instabilité qu'elles entraînent pour les relations commerciales et des difficultés graves ou des litiges qu'elles suscitent en ce qui concerne l'exécution des contrats déjà conclus.

2º Que dans le cas où la stabilité monétaire n'aurait pu être entièrement réalisée, les droits de douane soient perçus au taux de l'or, ou que leur incidence soit périodiquement établie en relation avec un index officiel des prix, ce rétablissement ne devant intervenir qu'à des dates fixées à l'avance, et seulement dans le cas où les altérations des incidences représenteraient un pourcentage appréciable des droits.

3º Que, dans les traités de commerce, il soit fait un usage aussi étendu que possible des garanties constituées par la consolidation des droits ou, dans le cas où la stabilité monétaire n'est pas suffisante pour permettre la consolidation des droits eux-mêmes, par tout autre moyen, de rétablir l'incidence des droits.

1. *Id.*, p. 28.

4° Que les Etats assignent à leurs traités de commerce une durée aussi longue que possible et, s'inspirent à cet égard de la politique qui était pratiquée avant la guerre par un grand nombre de pays.

Nous notons ces essais et ces propositions, car leur prise en considération par les états qui organisent actuellement de nouveaux tarifs, signifierait non seulement un pas de plus vers une unification, qu'il est naturel que tous cherchent à réaliser, mais aussi une réelle facilité pour le commerce extérieur dans les conditions où il se fait actuellement.

De grandes espérances de progrès peuvent être réalisées, en tenant compte de l'orientation et des progrès dans la politique mondiale du commerce extérieur.

5° Après l'énumération ci-dessus, nous trouvons à propos de dire quelques mots sur la préparation et l'élaboration du système douanier.

a) Les travaux de préparation d'un tarif, ayant en vue l'importance d'un tel ouvrage, ne doivent épargner aucun moyen possible.

Un économiste américain (1) trouve que l'organisation et le maintien continuel d'un service ou de Directions spéciales du tarif douanier est très utile.

Au temps où aucune modification ne se préparerait, ce service ferait des études opportunes et suffisantes, en liaison avec les réclamations reçues.

Mais lorsqu'une révision aurait été décidée, ce ser-

---

1. Taussig, *op. cit.*

vice collaborerait fertilement avec les commissions d'études composées *ad hoc*, et fournirait des suggestions autorisées pour faire des enquêtes relatives au tarif.

De même, il faut accorder tout concours à ces enquêtes qui peuvent apporter les éclaircissements les plus intéressants. La visite des fabriques et l'étude faite des différents facteurs de la production donnent aux tarifs douaniers une véritable existence.

b) Le problème complexe du tarif douanier doit être regardé sous toutes les faces imaginables. Il ne faut éviter aucun aspect, si éloigné soit-il, en apparence, des questions de tarif. La monographie historique de l'Etat en question, elle-même, peut éclairer quelques côtés du problème.

c) Le service des tarifs et les commissions d'études doivent se préoccuper de très près du prix de toutes les marchandises prévues dans le tarif. Il est nécessaire d'étudier les prix coûtants de l'intérieur, les prix d'importation, et les prix de détail de chacun d'eux.

Pour l'établissement des valeurs moyennes, on rencontre de grandes difficultés. *Mais l'accumulation d'informations détaillées facilite beaucoup cette mission.*

En se procurant tous ces renseignements on contribue à éviter de grandes erreurs de tarifs, que simplement des valeurs inexactes avaient provoquées autrefois dans la tarification.

d) Une fois le projet de tarif établi définitivement,

— car la complexité du problème et la multiplicité des chiffres des tarifs ne permet sous aucun prétexte l'institution de projets provisoires, — ce projet doit être examiné et voté par le Parlement.

De nombreux et sérieux inconvénients s'opposent à la mise en application du tarif par voie de décret.

Dans notre étude, « le Régime du cadenas douanier » (1) nous montrons les arguments pour et contre l'élaboration du tarif par une autre voie que celle du Corps législatif.

Du reste, la confection du tarif douanier par voie de loi ne signifie pas seulement le respect du prestige parlementaire, mais son droit même.

Il n'est pas du ressort du pouvoir exécutif d'instituer des taxes, même des taxes douanières, sans consulter le Parlement.

Le Parlement fait un arbitrage plus juste et plus direct que tout autre organe entre les besoins des différentes catégories économiques. Cet arbitrage ne doit pas être fait, comme c'est l'habitude, par l'intermédiaire de commissions d'intéressés.

Mais, en outre, le tarif douanier devant être mis en vigueur par voie de loi, il est manifeste qu'il résultera de là une plus grande stabilité dans l'organisation du tarif. Ainsi, on satisfera le desideratum unanime, — outre celui des gens spéculant sur des situations chancelantes, — *de consolider le tarif pour une période de plus longue durée, en vue de*

---

1. V. *Import-Export*, n° 12, 1927.

prévoir les possibilités de progrès et de relations dans les domaines du commerce et de l'indutrie.

6º Mais pour apporter une contribution sensible à l'installation définitive de toute la politique commerciale du pays, en dehors de l'œuvre de tarif établie par le tarif général et le tarif minimum, on demande encore pour le commerce extérieur une quantité de précisions relatives à la politique des conventions commerciales.

Il peut arriver qu'un tarif douanier réponde dès le premier jour de son application aux plus hautes exigences du commerce, mais qu'il devienne inefficace à la suite des régimes établis par des conventions.

C'est pourquoi la fixation de certaines règles générales, dont les délégués des Etats, à la négociation des conventions commerciales, ne pourront pas s'écarter, est strictement nécessaire.

De pareilles règles ont toujours existé, mais de façon plus ou moins précise. En Roumanie, par exemple, les délégués contractaient, quelquefois d'après l'opportunité, le plus souvent sans données statistiques, et poussés en premier lieu par les exigences diplomatiques.

Le gouvernement Averesco (1) a donné à la publicité quelques principes importants de politique commerciale, que voici :

Principes généraux pour la conclusion des conventions commerciales fixés par la délégation économique du gouvernement :

1. V. *Argus* du 25 mars 1927.

Politique d'importation de la Roumanie :

1. — La Roumanie signera des conventions commerciales sur la base de son tarif douanier qui présente la structure suivante :

Tous les articles du tarif comportent deux genres de taxes douanières :

Les taxes de tarif *minimum autonome.*

Les taxes de tarif *général autonome,* qui sont toujours de 5o % plus élevées que les taxes du tarif minimum.

Les taxes des tarifs minimum et général seront établies par voie de loi et ne pourront être modifiées que par des lois.

D'une manière exceptionnelle des taxes douanières seront établies par voie de Décret royal, pour un nombre maximum de 100 (cent) articles du tarif douanier, nommés spécialement par des lois (marchandises susceptibles de dumping de la part de l'étranger). Ces articles seront mis au régime du *tarif réservé* qui comporte comme les autres tarifs : des taxes minima et des taxes générales autonomes.

2. — Les conventions commerciales comprendront dans leur partie de tarif :

1° Une liste A d'articles avec taxes consolidées.

La consolidation ne peut se faire en aucun cas au-dessous du niveau du tarif minimum autonome en vigueur à la date de la convention. Pour tous les articles consolidés on accorde bien entendu pour toute la durée de la convention la clause de la nation la plus favorisée.

On n'accordera, en vertu de l'adage « dout des » la consolidation des taxes qu'à un nombre très restreint d'articles.

Les articles suivants ne pourront en aucun cas entrer dans la liste A :

a) Les articles industriels ou agricoles qui sont produits en Roumanie dans les industries ou les entreprises susceptibles d'un grand développement naturel (trouvant dans le pays les matières premières ou d'autres avantages naturels permanents) ;

b) Les articles du tarif réservé.

2° Une liste B d'articles avec tarif minimum autonome (non consolidé) et avec la clause de la nation la plus favorisée.

A ces articles, le pays étranger qui conclut une convention commerciale avec la Roumanie bénéficiera des avantages suivants :

a) A la signature de la convention, il bénéficie, en vertu de la clause de la nation la plus favorisée, de toutes les taxes de la liste B qui seraient déjà consolidées par les autres nations; cela équivaut à une consolidation de ces taxes pour le pays contractant pendant toute la durée des conventions conclues antérieurement ;

b) Plus tard le pays contractant bénéficiera par le même mécanisme de toutes les consolidations futures ;

c) A la conclusion de la convention il bénéficie sur la base de la clause de la nation la plus favorisée du tarif minimum autonome en vigueur pour tous les articles de la liste B.

Le tarif autonome représente une différence de 5o % par rapport au tarif général applicable aux pays avec lesquels la Roumanie a des conventions ou pour lesquels elle n'admet pas que les mêmes articles figurent dans la liste B.

d) Plus tard, ce tarif minimum peut être modifié de toutes façons et élevé autant que l'on veut; toutefois son application donne constamment l'avantage relatif décrit plus haut.

3. En aucun cas, la clause de la nation la plus favorisée ne sera accordée à l'intégralité du tarif douanier ; au demeurant, toutes les marchandises qui ne sont pas prévues dans les listes A et B jouissant du régime de la clause payeront les taxes du tarif général.

POLITIQUE D'EXPORTATION DE LA ROUMANIE.

1. On poursuivra la consolidation des taxes d'importation dans d'autres pays, même au-dessous des taxes fixées par leur régime actuel conventionnel, mais seulement pour un nombre limité d'articles spéciaux dont le placement à l'étranger présente quelque difficulté. Ainsi : la farine de blé, l'alcool, les bestiaux, les fruits et le vin, les huiles de graines, les charpentes, les produits chimiques d'exportation de la Roumanie.

2. On ne poursuivra pas la consolidation des taxes d'importation dans d'autres pays au-dessous des taxes conventionnelles déjà accordées aux autres pays pour les articles de grande exportation de la Roumanie, c'est-à-dire qui ne présentent pas de difficultés de placement à l'étranger, comme par exemple : le blé, les céréales en général, le pétrole et ses dérivés, et les autres articles de grande consommation qui ont des prix mondiaux.

Même si on obtenait une semblable réduction, elle ne présenterait pas d'avantage commercial pour la Roumanie. En échange, elle constituerait pour les pays avec lesquels elle traite, un sacrifice qui, dans un régime de la réciprocité, demanderait sa contre-partie.

3. Mais pour tous les articles du n° 2, on obtiendra en tout cas, comme condition *sine qua non* des conventions, la clause de la nation la plus favorisée.

Nous ne voulons pas dire qu'il faille prendre comme modèle cette élaboration de principes. Nous les avons considérés dignes d'être enregistrés et relevés dans la mesure qui convient.

En ce qui les concerne, nous allons faire les observations suivantes :

a) On établit, ainsi que nous l'avons vu, un tarif minimum au-dessous duquel on ne peut en aucun cas descendre.

De pareils tarifs minima, très appréciables théoriquement ont eu des suites désagréables en France, pays qui a fait cette innovation. Dans certains cas, la France a été obligée d'accorder aux étrangers ce qu'ils prétendaient ; dans d'autres cas (cas avec l'Italie et la Suisse) elle a dû recourir à la guerre des tarifs;

b) On décide de ne faire de consolidation de taxes que pour un nombre fort restreint d'articles (liste A).

Ceci est une mesure fort utile pour l'économie nationale quand on sait que le tarif a été établi intentionnellement, seulement pour un intervalle restreint de temps et que, étant donné l'époque transitoire, avant la stabilisation monétaire, dans laquelle se trouve la Roumanie, il n'est pas prudent de s'engager pour une longue durée.

Mais nous doutons qu'il y ait des Etats qui acceptent d'accorder à la Roumanie des facilités, tant que celle-ci n'accordera à l'étranger l'objet principal des contrats internationaux, — la stabilité des conventions (en espèce, la consolidation pour tous les articles qui fo nt l'objet de la convention;

c) On établit une liste avec un nombre d'articles limité à l'avance (liste B) à laquelle on accordera le régime de la clause de la nation la plus favorisée.

Nous croyons que la tendance à allonger cette liste au cours des négociations, conduira ou bien

Al. Hallunga   21

à l'impossibilité de conclure des conventions commerciales, ou bien à l'abandon graduel de la rigidité du principe.

d) En aucun cas, le régime « de la clause de la nation » ne sera accordé pour l'intégralité du tarif douanier.

Ceci a été un de nos grands desiderata, répété plusieurs fois, et dont l'adoption, de la part du gouvernement roumain nous donne des motifs de grande satisfaction (1). Nous avons montré dans une autre occasion en quoi l'application générale et sans conditions de la clause est très préjudiciable;

e) Pour les articles d'exportation roumains dont le placement à l'étranger présente quelque difficulté, comme les bestiaux, la viande découpée, les fruits, les légumes frais ou préparés, le vin, la farine de blé, on poursuivra la consolidation des taxes qui sont accordées au pays par l'étranger, et leur fixation, même au-dessous de leur régime actuel conventionnel. Nous ne comprenons pas comment les Etats étrangers accorderaient à la Roumanie de semblables avantages, sans que celle-ci acceptât jamais de diminution au-dessous du tarif minimum.

Peut-être un tarif *spécial*, comprenant des articles pour lesquels on pourrait faire des diminutions sur le tarif minimum, faciliterait-il un régime spécial pour les produits d'exportation roumains. Un semblable tarif ne serait pas trop risqué puisqu'il ne pourrait

1. V. Al. Hallunga, *Conventions commerciales* dans *Import-Export*, n° 2, 1927.

être, dans sa totalité, demandé par tous les Etats,
tous n'ayant pas les mêmes sortes de produits pour
l'exportation en Roumanie.

Ce tarif spécial ne pourrait être demandé par tous
les Etats en vertu de « la clause de la nation la plus
favorisée », car il est établi que cette clause ne
serait appliquée aux Etats contractants que pour une
partie des articles du tarif.

Ainsi un pareil tarif serait possible sans mauvaise
suite. Il est soutenu par M. D. Garoflid, dans *l'Argus*
du 30 avril 1927.

Ce sont les questions de politique tarifaire que
nous avons cru opportun de rassembler ici, étant
persuadé qu'elles seules peuvent constituer les éléments du problème du tarif douanier.

Par ces quelques pages de politique commerciale,
nous avons compté former une esquisse complète,
susceptible de fournir tous les stimulants suffisants
pour le rassemblement du matériel nécessaire à un
législateur dans la matière du tarif douanier.

CONCLUSIONS

Dans la période actuelle d'après-guerre, les principes de base des tarifs douaniers ont des influences, non seulement d'ordre économique mais aussi d'ordre financier. A cause de ces influences, le problème tarifaire est devenu très compliqué.

La multiplication des facteurs de ce problème nous a été montrée par l'étude que nous avons faite sur les révisions douanières. Nous avons vu, en effet, que ces révisions supposent l'examen *article par article* de la protection nécessaire à l'industrie nationale contre la concurrence étrangère. Elles supposent aussi la fixation du taux auquel doit monter le droit douanier, de manière à compenser les *charges spéciales* qui pèsent sur la production roumaine; elles réclament la pondération de l'incidence de la protection (élevée au niveau proclamé indispensable par l'industrie) sur les branches de production qui en dépendent, c'est-à-dire l'incidence de cette protection sur l'agriculture, sur les échanges internationaux, sur la consommation et sur le coût de la vie.

Par les réformes douanières des temps présents, on doit également rechercher avec beaucoup de réflexion l'organisation de conditions aussi stables que possible, qui puissent garder leur efficacité malgré les fluctuations monétaires et qui permettent des conclusions de conventions et d'accords commerciaux avec les pays importateurs en Roumanie, sans que les concessions accordées à ceux-ci puissent mettre en danger le producteur national.

Nous avons vu qu'un programme aussi chargé et aussi complexe est dû en grande partie aux circonstances troubles résultant de la guerre mondiale. Le tarif douanier pouvant être considéré comme l'axe de la politique économique générale de l'Etat, les problèmes économiques en rapport avec celui-ci se sont multipliés par suite de la dernière guerre, tant à cause du changement de la structure économique des différents Etats et de la multiplication des frontières qu'à cause des courants d'opinion internationale nés de l'expérience de la guerre. Le courant presque général de protectionnisme actuel est dû, non seulement à la nécessité de protéger les industries intérieures, mais surtout et aussi à l'obligation de défendre la monnaie nationale ; il s'oppose également au danger qui, de nos jours, se montre de plus en plus grand : la possibilité du dumping exercé par l'étranger.

En étudiant la réforme tarifaire d'avril 1927, nous avons montré que ses directives ont correspondu en grande partie aux exigences d'une bonne politique tarifaire. Par les nouveaux articles introduits et les multiples spécialisations, sous-divisions et notes tarifaires, la nouvelle réforme établit et unifie un tarif correspondant à celui d'un pays ayant des possibilités bien marquées d'industrialisation, à la place de l'ancien tarif de pays agricole. De même, le second grand but, celui de la protection de la monnaie nationale a été suffisamment atteint par les nouveaux droits établis.

Si l'on a dit que les intérêts du consommateur ont été parfois sacrifiés, nous avons répondu clairement que la révision actuelle *n'a pas voulu la baisse des prix par l'intermédiaire du tarif*. Par cette révision tarifaire, nous avons simplement voulu l'introduction de certaines conditions tendant à la stabilité, POUR PRÉPARER LE TERRAIN D'UNE STABILISATION MONÉTAIRE et faire ainsi un grand pas vers la consolidation de l'économie roumaine.

Dans son ensemble, la réforme d'avril 1927 se montre favorable à la Roumanie. Les modifications prochaines devront porter simplement sur les détails, les grandes limites devant rester les mêmes.

Nous ne pourrons apporter de précisions qu'avec les statistiques de l'avenir ; nous pourrons alors nous rendre compte de la mesure en laquelle l'œuvre d'avril est bienfaisante à l'économie nationale.

Certes, nous ne croyons pas que c'est simplement du tarif douanier qu'on peut attendre l'expansion de la production intérieure et le progrès de la nation.

Le meilleur tarif du monde même ne peut faire que beaucoup moins. Mais il peut avoir l'effet d'un stimulant pour le déploiement des initiatives privées et en tout cas, celui de ne pas empêcher leur libre cours.

Le tarif douanier ne peut créer de nouvelles existences économiques, mais il peut leur préparer le chemin et les protéger contre les dangers étrangers qui pourraient les menacer ; il ne peut changer e cours naturel des choses, mais il peut le constater, l'indiquer avec autorité ; il ne peut changer la façon d'être des hommes, mais il peut leur montrer de nouveaux aspects de la vie, non expérimentés par eux jusqu'alors.

Aucun tarif douanier et la meilleure loi du monde ne peuvent faire que la Roumanie soit riche en minerai de fer ou en coke métallurgique, de même qu'on ne peut réussir tout d'un coup à persuader les individus qu'ils organisent rapidement et raisonnablement leurs industries (en diminuant, par exemple, les dépenses superflues) ou qu'ils recherchent sans cesse de meilleures méthodes de vente des marchandises dans des conditions plus favorables que par le passé. Mais il faut, en plus des tarifs douaniers et de bonnes lois, jouir d'un certain intervalle de temps — d'une époque transitoire d'efforts et de sacrifices — pour arriver à un appui réciproque des individus et des lois dans le but de provoquer un agrandissement de la production du pays. Rien ne serait exclu. Les séries ininterrompues de luttes et d'efforts héroïques sont caractéristiques dans le passé glorieux de l'Etat roumain.

ANNEXES

DIFFÉRENTES DONNÉES RELATIVES AU PROBLÈME DU TARIF DOUANIER QUI POURRAIENT ÊTRE UTILISÉES DANS DIVERSES QUESTIONS DE POLITIQUE DOUANIÈRE.

1º Courte esquisse géographique et historique sur la Roumanie ;

2º Le revenu des droits de douane de 1862 à 1902.

3º Résumé général des importations et des exportations de 1901-1922 ;

4º La moyenne annuelle du cours de la monnaie roumaine (le leu) comparée à l'or, après la guerre ;

5º Les importations et les exportations de la Roumanie après la guerre, en lei-or et en lei-papier ;

6º La balance des paiements de la Roumanie ;

7º Les variations du commerce extérieur de la Roumanie en lei-or, pendant les années 1914-1925 (en représentation graphique).

8º Exemples de l'évolution des tarifs douaniers de 1924-1926 et 1927, relativement à la nomenclature et aux droits ;

9º Indices des taux des tarifs des différents pays.

———

1. — Courte esquisse géographique et historique sur la Roumanie.

La Roumanie est un royaume de l'Europe orientale, limité par la Russie, la Pologne, la Tchéco-Slovaquie, la Hongrie, l'Yougo-Slavie, la Bulgarie et la Mer Noire.

Elle a une surface de 304.000 Km.c. et une population de 17 millions d'habitants.

La capitale du pays est Bucarest.

Les principales richesses de la Roumanie sont : les céréales, le bois, le pétrole et le bétail. Nous nous occupons plus en détails de la structure économique du pays, dans le chapitre IV de la première partie et dans la troisième partie.

Esquisse historique. — Les Roumains descendent des colons que Trajan a établis en Dacie. Aux XIII et XIV siècles respectivement, ceux-ci fondèrent les principautés de la Valachie et de la Moldavie. Mais ils durent payer tribut à la Turquie de 1392 à 1716, puis en souffrir le joug à la suite de leur alliance avec le Tsar Pierre 1er contre la Porte.

Occupée en 1829 par les Russes, la Roumanie obtint par le traité d'Andrinople la remise en vigueur des capitulations supprimées en 1716 et le droit de choisir des *hospodars*. En 1859, Cuza fut élu hospodar de la Moldavie et de la Valachie. Cette union personnelle fut reconnue par la Porte en 1861 et en 1878, le Congrès de Berlin reconnut l'indépendance des deux Principautés sous le nom de Roumanie.

La Roumanie devint un royaume en 1881. Au commencement du xxe siècle, elle a participé aux guerres balkaniques et à la guerre mondiale, faits qui lui ont facilité la réacquisition de la Dobroudja, de la Transylvanie et de la Bessarabie.

Esquisse géographique. — Le sol de la Roumanie présente trois configurations : les montagnes, les collines et la plaine.

Les montagnes contiennent de grandes richesses minières, dues à la diversité des formations géologiques.

On y trouve des granits, des porphyres, des calcaires, etc...

A leur sommet il y a des forêts séculaires de sapins, chênes, hêtres, bouleaux, érables, etc...., qui sont exploitées méthodiquement.

Dans la région des collines, on cultive d'habitude la vigne et les arbres fruitiers. Les vignes occupent une surface de 88.000 hectares et produisent en moyenne 7 millions d'hectolitres annuellement. Quant aux arbres fruitiers, on a dit qu'ils produisent tant de pommes, poires et prunes qu'il paraît n'exister en Roumanie que des forêts d'arbres fruitiers. Dans la même région, il y a encore une autre grande richesse du pays : le pétrole, surtout dans le département de Prahova, où il paraît être inépuisable. La houille est abondante et se trouve près de la surface du sol.

Il y aussi du fer, mais il n'est pas extrait d'une façon très rationnelle.

La région basse est formée d'immenses plaines où on cultive généralement les céréales.

Le géographe Reclus disait que la plaine roumaine paraît une seconde Lombardie par la beauté du ciel et des horizons et aussi par l'exubérance du sol.

La structure économique de la Roumanie, — Etat agraire avec tendances et grandes possibilités d'industrialisation, — ressort précisément de l'examen du chapitre « Le bilan du régime douanier de 1924 », où nous donnons des chiffres exacts.

2. — Revenu des douanes pendant les années 1862-1902

Années	Lei
1862	3.366.630
1863	3.587.593
1864	4.756.380
1865	6.484.462
1866	5.411.946
1867	8.228.048
1868	9.051.077
1869	8.069.206
1870	7.322.457
1871	8.475.360
1872	10.084.855
1873	8.232.758
1874	8.390.314
1875	7.803.220
1876	8.171.965
1877	10.027.114
1878	16.329.093
1879	12.534.153
1880-1881	15.965.408
1881-1882	15.649.493
1882-1883	16.761.241
1883-1884	20.076.362
1884-1885	15.939.273
1885-1886	16.902.962
1886-1887	18.016.968
1887-1888	21.201.695
1888-1889	21.969.958
1889-1890	22.925.330
1890-1891	23.810.045
1891-1892	29.276.752
1892-1893	30.115.957
1893-1894	37.127.238
1894-1895	30.133.810
1895-1896	30.954.789
1896-1897	33.569.199
1897-1898	31.671.802
1898-1899	35.711.750
1899-1900	22.340.826
1900-1901	17.802.126
1901-1902	25.198.194

Note. — L'année 1880-1881 comprend 15 mois, du 1er janvier 1880 au 31 mars 1881 (*Anuaral statistic al Ronâniei*, 1904, XIVe partie, Finances de l'Etat).

3. — Résumé général des Importations et Exportations de 1901-1922 (*).

ANNEES	QUANTITÉS EN TONNES			VALEURS EN LEI			DROITS PERÇUS EN LEI		
	Importations	Exportations	Importations et exportations réunies	Importations	Exportations	Importations et exportations réunies	A l'importation		Ce que représenten les droits de douane
1901	484.368	2.984.859	3.469.227	292.435.760	353.830.877	646.266.637		22.960.367	7,85 %
1902	462.333	3.318.260	3.780.593	283.344.549	374.819.219	658.163.768		26.658.000	9,40
1903	470.075	3.238.186	3.708.261	269.923.710	355.630.307	625.554.017		23.926.126	8,86
1904	525.294	2.269.108	2.794.402	311.371.613	261.872.339	573.243.952		25.148.098	8,08
1905	731.039	3.463.945	4.194.984	337.537.985	457.101.394	794.639.379		26.596.865	7,87
1901-1905 (moyenne) ...	534.622	3.054.872	3.589.494	298.922.723	360.650.827	659.573.550		25.056.491	8,38
1906	734.352	4.213.331	4.947.683	422.114.125	491.360.178	913.474.303		41.205.113	9,76
1907	934.792	4.199.963	5.134.755	430.509.115	554.018.631	984.527.746		47.227.508	10,97
1908	871.190	2.822.725	3.693.915	414.058.479	379.430.871	793.489.350		49.764.156	12,02
1909	716.020	3.297.254	4.013.274	368.300.099	465.056.619	833.356.718		46.915.847	12,74
1910 (**)	771.516	4.488.628	5.260.144	409.715.576	616.504.872	1.026.220.448		52.631.747	12,85
1906-1910 (moyenne) ...	805.574	3.804.380	4.609.954	408.939.479	501.274.234	910.213.713		47.548.874	11,63
1911	986.300	5.390.280	6.376.580	569.745.027	691.720.408	1.260.465.435		67.330.259	11,82
1912	1.213.957	4.326.735	5.540.692	637.905.560	642.103.783	1.280.009.343		72.777.491	11,41
1913	1.374.116	4.569.076	5.943.192	590.012.640	670.705.335	1.260.717.975		55.406.075	9,39
1914	1.145.298	3.127.449	4.272.747	504.240.522	451.890.823	956.131.345		56.559.465	11,22
1915	290.607	1.412.633	1.703.240	332.942.161	570.182.097	903.124.258		24.650.697	7,40
1911-1915 (moyenne) ...	1.002.056	3.765.234	4.767.290	526.969.182	605.320.489	1.132.289.671		55.344.797	10,50
1919	413.939	109.140	523.079	3.762.300.013	104.384.720	3.866.684.733	Imp.	57.831.120	1,54
							Exp.	4.896.350	4,69
1920	304.485	1.467.118	1.771.603	6.980.290.494	3.447.847.697	10.428.138.191	Imp.	296.223.881	4,24
							Exp.	434.967.529	12,62
1921	615.451	2.713.138	3.328.589	12.145.404.533	8.263.008.727	20.408.413.260	Imp.	975.355.259	8,03
							Exp.	556.327.665	6,73
1922	583.668	4.069.963	4.653.631	12.325.366.301	14.039.296.233	26.364.662.534	Imp.	1.154.086.240	9,36
							Exp.	1.511.558.049	10,77

NOTE. Pour les années 1916, 1917 et 1918 nous manquent les données statistiques, à cause de la guerre.

4. — La moyenne annuelle du cours de la monnaie (le leu) comparée à l'or après la guerre

(Le $ considéré à la parité de l'or.)

100 *lei ont représenté* :

1. $ à New-York.

1919	1920	1921	1922	1923	1924	1925
4,262	1,925	1,243	0,702	0,485	0,497	0,450

2. Lei-or à New-York.

22,07	9,97	6,438	3,630	2,510	2,570	2,330

1. La valeur en $ représente la moyenne arithmétique du cours journalier des 100 lei, enregistré en moyennes arithmétiques mensuelles à la Bourse de New-York.

La valeur moyenne ci-jointe est la moyenne arithmétique des valeurs moyennes mensuelles.

2. La valeur de 100 lei-papier a été calculée en or, comptant la parité du $ = 5,18 lei-or.

5. — Les importations et les exportations de la Roumanie après la guerre, en lei-or et en lei-papier

Années	Lei papier		Lei or	
	Importations	Exportations	Importations	Exportations
1919	3.762.300.013	104.384.720	830.339.612	23.037.707
1920	6.980.290.494	3.447.847.697	695.934.962	343.750.415
1921	12.145.404.533	8.263.008.727	780.949.511	531.311.461
1922	12.325.336.301	14.039.296.233	447.310.796	509.626.453
1923	19.516.026.000	24.594.129.000	489.852.252	617.312.637
1924	26.192.449.394	27.823.601.568	673.147.949	715.066.560
1925	30.097.931.355	29.024.956.947	746.428.697	719.818.932

6. — La Balance des paiements de la Roumanie pendant les années 1922-1925

(établie par M. Eugène Lotru. V. *Argus* du 2 mai 1926).

ACTIF	1922	1923	1924	1925	PASSIF	1922	1923	1924	1925
	Millions Lei	Millions Lei	Millions Lei	Millions Lei		Millions Lei	Millions Lei	Millions Lei	Millions Lei
A. *Le commerce extérieur.*					A'. *Le commerce extérieur.*				
1. L'exportation des marchandises	14.027	24.594	27.823	29.000	1. Importation de marchandises ..	12.325	19.516	26.192	30.000
La balance commerciale A — A'	+ 1.714	+ 5.078	+ 1.631	— 1.000					
B. *Services effectués.*					B'. *Services reçus.*				
2. Les voyages des étrangers en Roumanie	400	500	600	650	2. Les voyages des Roumains à l'étranger	400	450	400	450
3. Les transports de n/navigation	180	250	350	350	3. Nos légations à l'étranger	100	150	200	250
4. Les transports de transit	80	100	150	150	4. Les primes des sociétés de réassurances et transports	100	100	100	100
5. Les légations étrangères dans le pays	200	250	300	350	Total services	600	700	700	800
6. Honoraires, professionnistes, etc.	100	100	100	150					
Total services	960	1.200	1.500	1.650					
La balance des services B — B' ..	+ 360	+ 500	+ 800	+ 850		—	—	—	—
La balance économique (A + B) — (A' + B')	+ 1.962	+ 5.578	+ 2.431	— 150					
C. *Importation de capitaux.*					C'. *Exportation de capital.*				
7. Nouvelles investitions de capital étranger	3.000	2.000	2.000	1.500	5. Les dividendes du capital étranger investi	2.500	3.200	3.500	3.800
8. Nouveaux crédits de capital étranger	1.000	1.000	1.000	3.000	6. Les intérêts des comptes étrangers	500	950	1.250	1.750
9. Economies transmises par les émigrés	900	800	700	600	7. Intérêts et annuités de la dette publique	800	1.750	2.380	3.210
10. Les dividendes des capitaux roumains à l'étranger	100	100	150	150	8. Intérêts et annuités de la dette privée	200	330	800	2.000
Total de l'importation de capitaux	5.000	3.900	6.850	5.250	9. Economies des étrangers envoyées chez eux	180	200	170	150
Balance de mouvement des capitaux C — C'	+ 820	— 2.530	— 1.250	— 5.660	10. Retraites de capital de notre pays	—	—	—	—
					Total de l'exportation de capital..	4.180	6.430	8.100	10.190

7. — Les Variations du Commerce extérieur de la Roumanie pendant les années 1914-1925

(en lei-or)

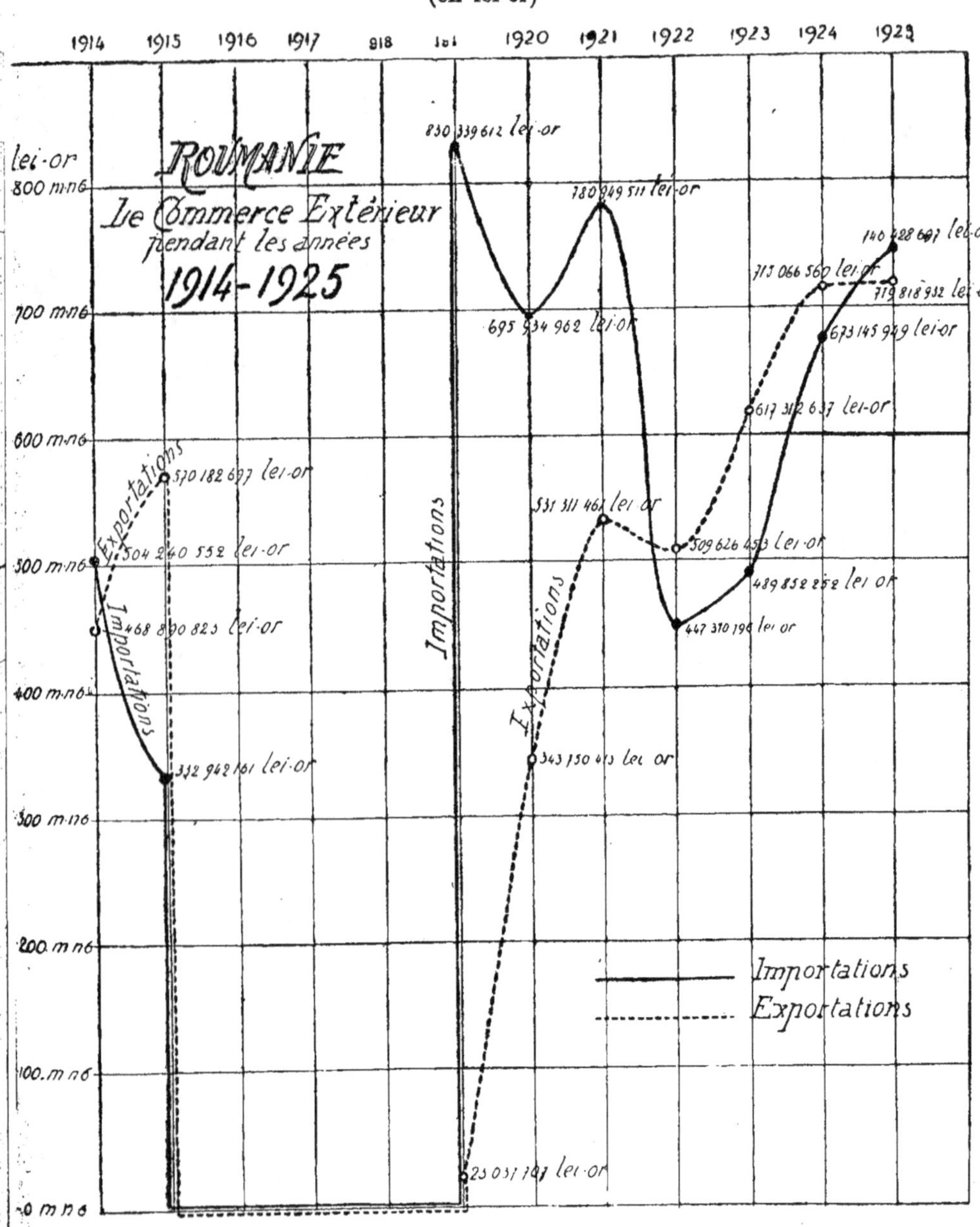

Al. Hallunga

8. — Exemples de l'évolution du tarif douanier en ce qui concerne la nomenclature et les droits, en 1924, 1926, 1927.

TARIF 1924			TARIF 1926			TARIF 1927		
N° de l'art.	Nomenclature.	Droit en lei-or.	N° de l'art.	Nomenclature.	Droit en lei-or.	N° de l'art.	Nomenclature.	Droit en lei-or.

Comme jusqu'à la date de l'impression de cet ouvrage, on n'a pas encore traduit la nomenclature complète du dernier tarif, nous nous voyons forcés de faire un simple renvoi aux tarifs mentionnés plus haut, en comparent les articles suivants.

3. (*) *L'industrie de la laine.*

TARIF 1924.	TARIF 1926.	TARIF 1927.
Art. 88, 89, 90, 93, 94, 95, 100, 104, 106, 107, 108.	Art. 462/88, 463/89, 464/90, 465/90, 469/93, 470/94, 471/95, 481/100, 485/104, 489/106, 490/106/107, 491/108.	Art. 139, 140, 141, 142, 145, 146, 147, 157, 162, 171, 172, 173.

4. *L'industrie de la soie naturelle.*

150, 151, 152, 153, 159, 162, 164, 167.	533/150, 534/151, 535/152, 536/153, 542/159/60, 543/159/160, 544/159/160, 545/159/162, 535/160/162, 551/164, 552/164, 553/164, 560/167,	225, 226, 227, 228, 233, 234, 235, 236, 237, 238, 244, 245, 246, 253.

5. *L'industrie des huiles.*

TARIF 1924.	TARIF 1927.
213, 221, 222, 223.	353-382.

(*) Pour l'industrie du lait et l'industrie des peaux, v. p. 246-256.

6. *L'industrie des spiritueux.*

224, 230. | 475-483.

7, 8. *L'industrie du sucre.*

257, 259, 263. | 486, 492, 502.

9. *L'industrie des textiles végétaux.*

TARIF 1926.	TARIF 1927.
561/320, 565/321, 566/322, 568/333, 571/336, 572/337, 576/339, 582/358, 596/318, 597/324, 602/350, 614/319, 616/328, 671/383.	504, 505, 514, 521, 522, 528, 530, 577, 582, 583, 586, 594, 607.

10. *L'industrie de la soie artificielle.*

540. | 543-546.

11. *L'industrie du bois.*

TARIF 1924.	TARIF 1927.
277, 278, 285, 286, 290, 291, 293.	698, 699, 714, 728, 1346, 1348, 1350.

12. *L'industrie du papier.*

424-427. | 800-812.

13. *L'industrie de l'imprimerie.*

437, 440. | 842, 844, 846, 851, 852.

14. *L'industrie du caoutchouc.*

455, 463. | 863, 868, 874, 881, 883, 886, 888.

15. *L'industrie de la faïence et de la porcelaine.*

525, 531. | 992, 999, 1007.

16. *L'industrie du verre.*

532, 533, 535, 537, 540, 541, 546, 548, 550, 558, 561.	1015, 1020, 1024, 1026, 1044, 1051, 1052, 1054.

17. *L'industrie pétrolière.*

565, 573.	1072, 1075, 1088, 1094.

18. *L'industrie du fer.*

TARIF 1926.	TARIF 1927.
1, 6, 9, 17, 64, 85, 105, 123, 126, 129, 169, 172, 193, 198.	1095, 1100, 1102, 1105, 1112, 1122, 1113, 1247, 1252, 1256, 1262, 1286, 1290, 1292, 1334.

9. — Indices des taux des tarifs des différents pays (1)

	1913 (3)	1925 (3)
Allemagne (2)	12	12
Argentine	26	26
Australie	17	25
Autriche (4)	18	12
Belgique	6	8
Canada	18	16
Danemark	9	6
Espagne	33	44
Etats-Unis	{ 33 (5) / 16 (6)	29
France (2)	18	12
Hongrie (4) (7)	18	23
Indes	4	14
Italie	17	17
Pays-Bas	3	4
Pologne	»	23
Royaume-Uni	»	4
R. des Serbes, C. et S.	»	23
Suède	16	13
Suisse	7	11
Tchécoslovaquie	18	19

1. Extrait de la publication, taux-indices des tarifs. Publications de la Société des nations, II, questions économiques et financières, Genève 1927, II, 34, C. E. I. 37.

2. Les taux à l'heure actuelle sont encore supérieurs à ceux de 1925.

3. Nous reproduisons seulement une des méthodes de comparaison, la méthode B1, à titre exemple.

4. Les chiffres d'avant-guerre se rapportent à l'Autriche-Hongrie

5. Tarif de 1913.

6. Tarif de 1914.

7. Les taux actuels sont inférieurs à ceux qui sont indiqués pour 1925.

*Classement sommaire des pays d'après le niveau de leurs tarifs
en 1925.*

a) Indices des tarifs de plus de 40 % : Espagne.
b)   —   de plus de 25 % : Etats-Unis d'Amérique.
c)   —   entre 20-25 % : Argentine, Hongrie, Pologne.
d)   —   entre 15-20 % : Royaume des S. C. et S.
                          Australie, Canada, Tchéco-Slovaquie, Italie.
e)   —   entre 10-15 % : Autriche, France, Allemagne,
                          Inde, Suède, Suisse.
f)   —   entre 5-10 % : Belgique, Danemark.
g)   —   au-dessous de 5 % : Pays-Bas, Royaume-Uni.

BIBLIOGRAPHIE

Ouvrages cités ou consultés :

ALLIX (E.). — *Traité élémentaire de science des finances et de législation financière française,* 5e édit., 1927. Paris, Rousseau.

ARNAUNÉ. — *Le commerce extérieur et les tarifs de douane.* Paris, Alcan, 1902.

AUGIER (Ch.) ET MARVAUD (M.). — *La politique douanière de la France.* Paris, Alcan, 1911.

ASLAN (Ph.). — *Finantele Romaniei.* Bucarest.

BAICOIANU (C.). — *L'histoire de notre politique douanière et commerciale depuis le règlement organique jusqu'à nos jours.* Bucarest, 1904.

BAUER (Général). — *Mémoires historiques et géographiques sur la Valachie.* Francfort, 1788.

BIBESCO (George prince). — *Règne de Bibesco.* Paris, Plon-Nourrit, 1893.

BOGDAN. — *Les relations de la Principauté de la Valachie avec la ville de Brashov.* Bucarest, 1905.

BIBLIOGRAPHIE *générale des sciences juridiques, politiques, économiques et sociales de 1800 à 1925-1926,* par A. Grandin, publiée par Sirey. Paris, 1926, t. II (*Douanes, législation et tarifs,* p. 617 et *Roumanie,* p. 510-512).

BREZOIANU. — *Les anciennes institutions de la Roumanie 1317-1866.* Bucarest, 1881.

BRUNET (J.). — *La stabilité des tarifs douaniers.* Genève, 1927. Société des Nations (préparé pour le comité préparatoire de la Conférence Economique Internationale).

CANTEMIR (Demetrius prince). — *Descriptio antiqui et hodierni status Moldaviae*, 1716.

CAGNAT (René). — *Etude historique sur l'impôt indirect chez les Romains*. Paris, Imp. Nationale, 1882.

CHATIN-OLLIER. — *La politique douanière et la stabilité dans les relations douanières*. Paris, Dalloz, 1925.

COLSON (F.). — *De l'état présent et l'avenir des Principautés de Moldavie et de Valachie*. Paris, 1839.

CORSON. — *Des attributions du pouvoir législatif et du pouvoir exécutif en matière douanière*. Thèse Rennes, 1912.

COSTINESCO (E.). — *Le tarif douanier de 1904*. Bucarest, 1904.

CREANGA. — *Les finances roumaines sous le régime de l'occupation allemande*. Paris, 1919.

CRÉPIN. — *Le cadenas*. Paris, 1899, thèse Lille.

DAUVIN. — *Monographie du douanier*. Caen, 1907, thèse.

DJUVARA. — *La guerre roumaine*. Paris, 1919.

DUDESCO. — *L'évolution économique contemporaine des peuples balkaniques*. Paris, 1917.

DUMITRESCO (J. Gr.). — *La politique commerciale*. Correspondance Economique, n° 1, 1926.

EMILIAN (A. St.). — *L'industrie en Roumanie*. Bucarest, Socec, 1919.

FILITTI. — *Les principautés roumaines sous l'occupation russe*. Bucarest, 1904, éd. de « L'indépendance roumaine ».

FONTANA-RUSSO. — *Traité de politique commerciale*, trad. française Giard et Brière. Paris, 1908.

GHEORGHIU (Démètre J.). — *Aperçus sur la situation économique et financière mondiale*. Ed. Félix Alcan, Paris, 1919.

GHEORGHIU (Dumitru J.). — *Préfata* (Préface au tarif douanier). Bucarest, Sorec, 1921.

GIDE (Ch.). — *Cours d'économie politique*, 2 vol. Paris, Larousse, 1922 et 1925.

GIGNOUX. — *L'après-guerre et la politique commerciale.* Paris, Colin, 1924.

GRIGORI BARBU. — *Les relations économiques.* Paris, 1911.

GIOGARTU. — *Industria metalica.* Bucarest.

HALCHIOPOL (G.). — *Historique du tarif douanier.* « L'économiste roumain », 1926, Bucarest.

HALLUNGA (Al.). — *Conventüle comerciale* (Les conventions commerciales), Import-Export, n° 2. Bucarest, 1927.

JANCOVICI. — *Traité de paix de Bucarest.* Paris, 1918.

JRAVIAN-PAPIU. — *Tezaur de monuments istorice.* Bucarest, Ed. Rasidescou, 1864.

JORDACHESCO. — (Th. V.). — *La politique douanière de la Roumanie depuis la Dacie Trajane.* Paris, Rousseau, 1924.

JÈZE (G.). — *Cours de science des finances et de législation financière française*, 6ᵉ édit. Paris, Giard, 1923.

LACOUR-GAYET (J.). — *La réforme douanière.* Comité d'action économique et douanière, 14, rue Blanche. Paris, 1926.

LAMY (A.). — *La révision du tarif douanier actuel de la France.* Paris, thèse, 1909.

LESCURE (Jean). — *Change déprécié droit de douane et équilibre des budgets.* Dans « Revue politique, et parlementaire ». Paris, 1921.

LHOSTE (P.). — *Pourquoi et comment la France doit-elle réviser son tarif douanier ?* Paris. Société d'études et informations économiques, 1925.

MANOILESCO (Mihail). — *Problema bugetara.* Bucarest, Stroila, 1924.

MANOILESCO (M.). — *Balanta Platilor si balanta economica.* Bucarest, Import-Export, 1926.

METES. — *Relatüle comerciale intre Muntenia si Transilvania.* Sighisoara, 1921.

MITILINEOU. — *Colectiunea de tratate ale Romaniei.* Bucarest, 1874.

MINESCO. — *L'action diplomatique de la Roumanie pendant la guerre*. Paris, 1922.

MARTENS (G. F.). — *Nouveau recueil de traités*. Götingue, 1818.

NECULCEA. — *Tariful vamal si conventüle comerciale*, 1911. Bucarest.

NEGULESCO (P.). — *Histoire du droit et des institutions de la Roumanie*. Paris, Jouve et Boyer, 1898.

NOGARO (B.) ET MOYE (M.). — *Les régimes douaniers*. Paris, Colin, 1910.

OUALID (William). — *La politique économique* dans : La vie publique dans la France contemporaine. Paris, Alcan, 1925.

PALLAIN (G.). — *Les douanes françaises*. Paris, Dupont, 1897, 3 vol.

POP (Grégoire). — *Import-Export*. Colectiune, etc. Bucarest, Câmpineanu, 1921.

PERREAU (P.). — *La révision du tarif douanier de 1892*. Paris, 1910, thèse.

POPESCO (Çezar). — *Politica vamala*. Buletinul Industriei. An I, n° 2-3.

POPP (A. N.). — *Studii asupra industriilor incurajate de Stat. Bucuresti*. Albert Baer, 1926.

RADULESCO (S.). — *La politique financière de la Roumanie*; thèse Paris, 1923.

ROUSSAVIE. — *La loi du cadenas* (13 décembre 1897). Sarlat, 1901, thèse Poitiers.

STAMATIN. — *Le commerce extérieur de la Roumanie*. Paris, 1914.

TAUSSIG (F. W.). — *Libre-échange, tarif douanier et réciprocité*, 1924, Marcel Giard « Bibl. internationale de sc. et lég. financière).

TRANCO JASSY ET STROE GEORGES. — *La Roumanie au travail*, Bucarest, Luceafarul, 1927.

TRENDELENBURG. — *Nomenclature et classification douanières.*
Possibilités d'unifier la nomenclature douanière.Genève,
1927. S. d. N., C. I. E.

TRENDELENBURG. — *Mémoire sur la législation des divers pays
concernant la protection contre le dumping, notamment
le dumping des changes.* Genève,1927, S. d. N., C. I. D.

TRUCHY (H.). —*Cours d'économie politique*, 2e édit., t. II.Paris.
Sirey, 1927.

VINER (J.). — *Memorandum sur le dumping.* Genève, 1926, S. d
N., section économique et financière.

XENOPOL (N.).— *La richesse de la Roumanie.* Bucarest, Socec, 1916.

DOCUMENTS, REVUES ET JOURNAUX CONSULTÉS.

Annuaire statistique de la Roumanie (1922, 1923, 1924, 1925).

Annales du Commerce Extérieur.

Argus (années 1926 et 1927).

Bulletin statistique de Roumanie, 1926. Bucarest (notamment les
études de M. I. Teodoresco, M. Emile Giurgea et
M. Istrati).

Commerce extérieur de la Roumanie, publication du ministère
des Finances de Roumanie.

Conférence économique internationale. Genève, 1927, n° 37'
« Taux indices des tarifs ».

*Convention commerciale entre la Roumanie et l'Autriche-Hon-
grie,* Bucarest, 1875.

*Exposé des motifs de la loi pour l'encouragement de l'industrie
nationale,* de 1912.

*Exposé des motifs du projet de loi douanière française 1927.*Do_
cuments parlementaires, la Chambre, 11 août 1926.

Etudes et rapports sur la grande industrie encouragée par l'Etat
(faits et mis à notre disposition par MM. Dr Hesselman,

Ing. Seibulesco, Ing. Munteanu, Ing. Floresco et Ing. Ioanitziu).

Rapports des ministres des Finances pour les modifications du tarif douanier roumain. (Monitorul oficial).

Revue d'économie politique, 1920-1927.

ERRATA

Pages	lignes	Au lieu de :	Lire :
3	11	spécialiseréconomiquement	spécialiser économique-[ment.
33	18	orme	forme
42	9	9,38	8,38
79	4	tou	tout
144	2	insignifiantes	importantes
221	1	Ministère	Ministre
221	2	au conseil des ministères	au Conseil des Ministres
318	27	dout	do ut
327	10	e	le
330	5	l'Yougo-Slavie	la Yougo-Slavie
338	7	forcés	forcé
338	11	comparent	comparant

TABLE DES MATIÈRES *

Pages

Introduction   1

PREMIÈRE PARTIE

La politique douanière de la Roumanie jusqu'en 1927

Chapitre premier. — *Historique de la politique douanière en Roumanie.* Historique des régimes douaniers. L'importation. Principes   9

Chapitre II. — Le régime de l'exportation en Roumanie.   74

Chapitre III. — *Régime des conventions commerciales de la Roumanie.* Court aperçu historique. Situation actuelle. Dates exactes auxquelles expirent les conventions et les accords actuellement en vigueur . .   98

Chapitre IV. — *Bilan du régime douanier de 1924.* Commerce extérieur. Production agricole. Animaux domestiques. Richesse forestière. Production industrielle. Production minière. Situation financière. Augmentation de la richesse publique   117

Chapitre V. — *La Roumanie a-t-elle une politique traditionnelle ?*   150

DEUXIÈME PARTIE

La politique douanière de l'Europe et des États-Unis d'Amérique après la guerre   160

(*) Voir également la table analytique des matières en tête de différents chapitres et sections.

TROISIÈME PARTIE

Situation actuelle de la production industrielle . . 188

QUATRIÈME PARTIE

Révision douanière d'avril 1927

Chapitre premier. — *Nécessités qui ont imposé la révision du tarif de 1924* 198
Chapitre II. — *Révision douanière du mois d'avril 1927* . 217

CINQUIÈME PARTIE

Comment établir le tarif douanier sur des bases scientifiques. 286

Conclusions 324
Annexes. 329
Bibliographie. 343

7885. — Imprimerie Jouve et Cie, 15, rue Racine Paris.— 11-27.